[CSSCI来源集刊]

Financial Law Forum

金融法苑

2018 总第九十八辑 北京大学金融法研究中心 ◎ 主办

► 主编：洪艳蓉 ► 本辑执行主编：彭雨晨

中国金融出版社

责任编辑：黄海清
责任校对：李俊英
责任印制：程　颖

图书在版编目（CIP）数据

金融法苑．2018：总第九十八辑/北京大学金融法研究中心编．—北京：中国金融出版社，2018.12

ISBN 978－7－5049－9854－5

Ⅰ.①金…　Ⅱ.①北…　Ⅲ.①金融法—研究—丛刊　Ⅳ.①D912.280.4－55

中国版本图书馆 CIP 数据核字（2018）第 251659 号

出版
发行　中国金融出版社

社址　北京市丰台区益泽路 2 号
市场开发部　（010）63266347，63805472，63439533（传真）
网 上 书 店　http://www.chinafph.com
　　　　　　（010）63286832，63365686（传真）
读者服务部　（010）66070833，62568380
邮编　100071
经销　新华书店
印刷　保利达印务有限公司
尺寸　185 毫米×260 毫米
印张　14.25
字数　310 千
版次　2018 年 12 月第 1 版
印次　2018 年 12 月第 1 次印刷
定价　30.00 元
ISBN 978－7－5049－9854－5
如出现印装错误本社负责调换　联系电话（010）63263947

致　谢

本辑出版得到深圳物明投资管理有限公司捐赠的“《金融法苑》发展基金”的大力支持，特此致谢！

《金融法苑》

声 明

向《金融法苑》投稿即视为授权本刊将稿件纳入北京大学期刊网（www. oaj. pku. edu. cn）数据库、《中国学术期刊网络出版总库》及CNKI系列数据库、“北大法宝”（北大法律信息网）期刊数据库、台湾元照出版公司月旦法学知识库、本刊确定的其他学术资源数据库、学术性微信公众号，包括但不限于通过北京大学金融法研究中心网站（www. finlaw. pku. edu. cn）和微信公众号（“Pkufinlaw”和“北京大学金融法研究中心”）对外传播。本刊支付给作者的稿酬已包含上述数据库和微信公众号著作权使用费。如有异议，请在来稿时注明，本刊将作适当处理。

刊稿仅反映作者个人的观点，并不必然代表编辑部或者主办单位的立场。

目　录

Contents

专　论

证券法制

案例研讨

金融科技法制

金融刑法

海外传真

专 论

证券发行与证券交易的监管区隔

——来自美国1933年《证券法》的经验

■ 吴幼铭*

摘要： 我国证券市场对公开转让股权、老股转售等问题定性不明的主要症结在于无法从监管上区隔证券发行与证券交易行为。两种行为的监管目的、监管手段等不尽相同，有必要对其进行区分。美国证券立法是证券发行与证券交易区隔监管的典型立法例，不妨考察美国证券法制，选取发行人、交易商、承销商作为在证券流转中的重点关注角色，纳入证券发行监管，将其他角色纳入证券交易监管。其中，承销商的界定最复杂，可以分为以包销为手段的承销商，以代销为手段的承销商，其他参与证券发行的承销商。回归中国法语境，不可过于灵活解释承销商，不妨通过解释"变相发行"将上述三类承销商角色涵盖到证券发行监管中，对判断公开转让股权、老股转售等问题有一定的裨益。

关键词： 证券发行　证券交易　变相发行

一、我国《证券法》下证券发行与证券交易的监管困境

我国《证券法》语境下的"证券发行"与"证券交易"似乎泾渭分明，通过主要关注交易主体之间的差异就可以将二者明确划分。①将涉及证券发行人的证券买卖行为认定为证券发行行为，反之，将非证券发行人之间的证券买卖行为作为证券交易加以规范。然而，将这种适用民商事法律关系的判断标准适用于监管法下似乎会产生模糊地带。最突出的一点是，将证券发行的

---

* 供职于英国年利达律师事务所上海代表处。

① 虽然《证券法》第十条第二款对于"公开发行"未直接要求"发行人"这一要件，但是结合《证券法》其他条文，可以发现《证券法》的立法者对于证券发行的主体默认为发行人。例如，《证券法》第十一条："发行人申请公开发行股票、可转换为股票的公司债券……"，又如第二十八条："发行人向不特定对象发行的证券……"。国内学者也大多认为证券发行行为的一方主体应当为发行人。例如，范健、王建文：《证券法》（第二版），69页，法律出版社，2010；刘俊海：《现代证券法》，48页，法律出版社，2011；叶林：《证券法》（第四版），81页，中国人民大学出版社，2013；吴弘主编：《证券法教程》（第二版），27页，北京大学出版社，2017。

一方限定为民事法律关系上创设证券的发行人，而忽视其他主体的作用，导致证券发行的监管范围会遗漏一些民事法律关系上属于非发行人与非发行人之间证券买卖行为，但是在经济实质上属于证券发行的行为。而监管机构又似乎发现了这一漏洞，以期运用“变相发行”等概念作为兜底，却未对这种术语进行详细定义，使得“证券发行”与“证券交易”两者的界限愈发模糊，混沌不清。

在实践中，名义上为证券交易，实质上为证券发行的例子屡见不鲜。太平洋证券上市采用了“私募 + 换股”的方式，即非上市公司太平洋证券向四名特定对象私募发行，再由这四名对象以太平洋证券的股份与上市公司云大科技的股东所持云大科技股份进行换股，太平洋证券的股东从 20 人增至近 3 万人。其随后凭借证监会办公厅向上海证券交易所的发文《关于太平洋证券股份有限公司股票上市有关问题的批复》（证监办函〔2007〕275 号）直接上市。[①] 最终，太平洋证券未经过证监会发行审核委员会或重大重组审核委员会的审核而完成上市。

无独有偶，其相似情形却被法院认定为“擅自发行股票”。在 2010 年《最高人民法院公报》发布的上海安基公司、郑戈擅自发行股票案中，被告人郑戈委托中介及个人向社会不特定对象转让自己及其他股东的股权。该行为被法院认定为“擅自发行股票”，构成《刑法》第一百七十九条规定的擅自发行股票罪。

二、 证券发行与证券交易监管逻辑的分野

为了厘清证券发行与证券交易的边界，首先需要知晓监管区别的理念以及意义。

在证券发行中，对于购买证券的投资者而言，证券发行监管最为核心的问题在于如何解决发行人与投资者之间巨大的信息不对称。[②] 所以，一级市场中证券发行行为的监管逻辑以发行人发行证券需要披露完整的相关信息作为最高纲领，围绕这个核心展开发行人、中介人等一系列法律义务，以保障投资者获取足够的信息从而作出投资决策，避免欺诈与虚假陈述之情形。即使公众无法完全理解披露的信息，也可以借由市场中的中介机构帮助投资者消化这些信息，并通过交易将这些信息反映在证券市场的价格之中。

在证券交易市场，除了将上述信息披露作为通用原则之外，还需要考虑其他证券发行未涉及的内容，例如防止内幕交易、市场操纵等不公平交易行为，协调上市公司、大股东与中小股东之间的权利义务关系，监管交易所在内的证券交易中涉及的主体，以维系整个交易市场包括为证券提供流动性在内的正常运作机能。

---

① 参见《太平洋证券股份有限公司 A 股股票上市公告书》，12 页。

② 参见北京大学课题组：《证券发行法律制度完善研究》，载黄红元、徐明主编：《证券法苑》第十卷，176 页，法律出版社，2014。

此外，虽然信息披露是整个证券市场的共识，但是证券发行与证券交易在信息披露方面存在不同的关注点[①]，前者主要关注证券发行人的信息，披露程度要求较高，进而配套中介人制度，提高了整个交易成本；后者披露程度要求较低，而且在目前场内集中交易的背景下，信息披露内容通常重视交易标的的信息而非交易相对人的信息[②]。后者较为简易的信息披露制度也是为了顺应证券交易市场本身流通证券的功能。因此，若是证券发行与证券交易监管选择上发生混乱，则会出现不平衡的情况，最为突出的一点就在于不同的信息披露规范导致不同的交易成本。[③] 如何区分证券发行市场与证券交易市场，继而选择相适应的监管模式，就成为整个证券市场监管最为基础的问题之一。

三、美国1933年《证券法》对证券发行与证券交易的区分标准

美国证券立法是证券发行与证券交易区隔监管的典型立法体例。总体而言，美国1933年《证券法》主要关注证券发行的行为，而美国1934年《证券交易法》着重监管证券交易的行为。[④] 判断一个证券买卖行为的性质，需要结合证券发行与证券交易的时间先后性，首先判断其是否属于证券发行行为。所以，证券发行与证券交易区分的相关立法逻辑与监管理念需要首先主要考察美国1933年《证券法》的内容。

（一）美国证券立法的构思：证券发行与证券交易的注册区分模式

在制定1933年《证券法》时，美国国会考虑到证券发行可能会涉及公众利益而将其纳入注册制的监管范畴；而有些证券买卖行为，或由于实践操作中无法实践逐一信息披露，例如证券交易；或由于购买者已经能够充分保护自己，例如证券私募发行，可以豁免注册制的监管。因此，通过是否需要进行注册，在一定程度上，就可以区分证券发行行为与证券交易行为。

具体而言，美国1933年《证券法》第5条原则上禁止所有州际证券的买卖行为，除非证券经过注册或者属于豁免情形。这将注册制监管的范畴放置于更广义的证券买卖行为，通过观察证券买卖行为涉及的利益主体与范围，选取需要注册监管的证券发行行为以及豁免注册监管的证券交易行为。

此外，美国1933年《证券法》并未直接定义“发行”的概念，而是意图联系该法案第5条

---

① 美国1933年《证券法》第5条以及美国1934年《证券交易法》第12条均有注册（信息披露）的要求，两者之间披露内容的比较请参见 Harold H. Neff, Forms for Registration of Securities under the Acts of 1933 and 1934, 51 Harvard Law Review (1938)。

② 证券交易过程中，证券发行人也会定期披露财务数据等信息，但是此时证券发行人已经退出证券买卖行为，不再作为证券交易相对人。

③ 当然，证券发行与证券交易监管措施还存在着其他不同，例如证券交易中我国存在买卖限制规则，而证券发行监管上则不会采取买卖限制规则。具体讨论可以参见本文讨论的老股转售/存量股发行的内容。

④ Report of Special Study of Securities Markets, pt. I, H. R. Doc. No. 95, 88th Cong., 1st Sess. 569 (1963).

"销售""买卖"的概念来理解发行。这就意味着证券发行与证券交易实则是一体两面的关系，即这两种不同的行为都涵盖在广义的证券买卖行为之下，统摄在民事买卖法律关系之下。而证券买卖行为可能由于情景的不同而被划分为需要注册监管的证券发行行为和可以豁免注册监管的证券交易行为，对两种行为的定性并不是割裂判断，而是适用同一个标准进行区分，即证券发行和证券交易是证券买卖的两个侧面。

基于以上立法模式的选择，美国立法在术语的选择上与我国《证券法》的用语存在一定差异。为了统一本文的用语，请参见下图的相关术语翻译①：

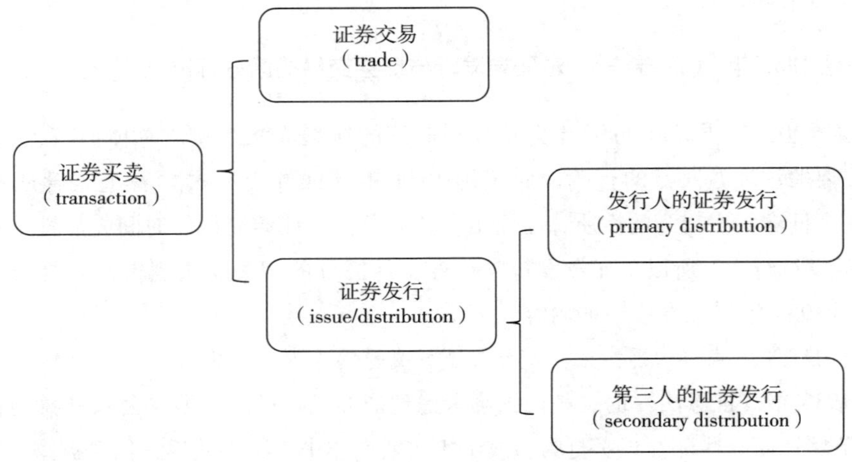

资料来源：笔者根据 James D. Cox, Robert W. Hillman, Donald C. Langevoort, Securities Regulation: Cases and Materials, Seventh Edition, Wolters Kluwer（2013）, p. 337 绘制。

图 1　本文相关术语的翻译

（二）美国 1933 年《证券法》的区分方式：主体扮演角色的路径

在宏观地介绍美国 1933 年《证券法》注册制度在证券买卖行为的适用之后，本文将目光放在更为微观的层面进行观察，探讨在立法技术层面上，美国 1933 年《证券法》如何对证券买卖行为加以识别，进而区分出证券发行行为与证券交易行为。

根据美国 1933 年《证券法》的立法制定报告，可以将美国立法者对第 4（a）（1）条的意图理解为：为证券发行行为与证券交易行为划出一个大致的界线，从而豁免证券交易的信息披

① 在美国法语境下，"distribution"包括发行人发行证券，被称为"一级分销"（primary distribution），以及发行人之外其他人分销证券，被称为"二级分销"（secondary distribution）。这里为了与中国法用语习惯相统一，一并将两种行为译为"证券发行"。

露义务，而对证券发行要求强制披露。[①] 众议院作出这种立法选择并不是不顾及二级市场众多中小投资者，而是由于豁免信息披露义务的原因之一在于实践中不可能要求每笔证券交易逐一披露信息。因此，需要对普通投资者的证券交易行为进行豁免。

从立法模式的角度而言，1933 年《证券法》第 4（a）（1）条通过反面否定的方式，豁免了绝大多数的证券交易行为。这也体现出无法割裂判断证券发行与证券交易行为，两者存在紧密的联系。继而美国立法选取发行人（issuer）、交易商（dealer）和承销商（underwriter）这三类角色作为需要进行监管的情形，确实有其合理考量：

第一，发行人自然是可能向公众进行证券销售的角色，通过公开发行向广大公众进行融资，为其现有或未来业务提供资金支持。

第二，发行人通常会通过承销商公开发行证券，而不是直接进行公开发行。首先，因为许多发行人缺乏必要的公开发行经验，例如定价、销售等。其次，发行人也缺少与证券交易商以及机构投资者沟通的渠道。最后，承销商会扮演守门人的角色，审核发行人是否存在虚假陈述的情形。若是不通过承销商而直接进行公开发行，投资者可能会希望发行人进行折价发行。[②] 因此，发行人与公众之间往往存在承销商作为桥梁，其买卖证券的行为自然需要特别关注。

第三，交易商是在整个交易链条中连接发行人或其关联人与公众投资者之间重要的一环。但是，在实践中交易商的重要性并不非常突出：交易商并不发行证券，也不像承销商那样将证券推向市场。若是在特定指令之下，交易商无法对买卖价格或者数量进行谈判，往往是将买方和卖方撮合在一起。[③] 所以，依据美国 1933 年《证券法》第 4（a）（4）条，经纪商/交易商按照客户的指令在交易所或场外市场进行交易证券行为被豁免，也意味着交易商的绝大多数交易行为已经被豁免。

四、 注册豁免负面清单中的核心角色——承销商的界定

关于美国立法中非豁免的三种角色，界定最为模棱两可的是承销商。这就需要从法律技术

---

① H. R Rep. No. 85, 73d Cong., 1st Sess. 15 & 16 (1933). 当然，证券转售的豁免在美国法下除了 1933 年《证券法》第 4（a）（1）条，还可能引用美国证监会规则 144 进行豁免。美国证监会规则 144 主要豁免的是 1933 年《证券法》第 4（a）（2）条项下通过私募发行的证券转让，而本文所关注第 4（a）（1）条豁免的则是二级市场上的证券交易行为。至于当二者发生竞合时，当事人可以类似于适用民法请求权基础，由当事人选择最有利于其自身的豁免方式。

② Stephen J. Choi, A. C. Pritchard, Securities Regulation: Cases and Analysis, Third Edition, Foundation Press (2012), p. 396.

③ Brandeis, Louis Dembitz, Other People's Money and How the Banker Use it, National Home Library Foundation (1933), p. 71.

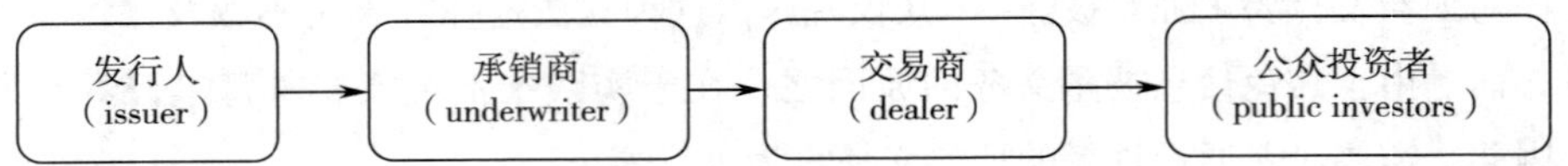

资料来源：笔者根据James D. Cox, Robert W. Hillman, Donald C. Langevoort, Securities Regulation: Cases and Materials, Seventh Edition, Wolters Kluwer (2013) 绘制。

图2 证券发行一般流程

层面，对于承销商角色进行详细的规定。总体而言，可以分为三个层次①：(1) 以发行为目的从发行人或控制人处购买证券；(2) 与发行相关为发行人或控制人提供或销售证券；(3) 直接或间接参与证券承销。

首先需要对“发行人”以及“控制人”进行界定。美国1993年《证券法》第2(a)(11)条项下“发行人”的用语不仅包括第2(a)(4)条所定义的“发行人”，还包括任何直接或间接控制发行人或被发行人控制的人，以及任何与发行人一起间接或直接共同控制的人。关注控制人的原因在于立法者假设控制人与发行人拥有相同的信息优势，而且通常更有可能去利用这种信息优势。②

(一) 以发行为目的从发行人或控制人处购买证券

关于以发行为目的从发行人或控制人处购买证券的承销商，最为典型的例子就是证券公司全额包销发行人发行的证券。证券公司先从发行人处购买全部的证券，两者之间形成买卖关系，其后证券公司再将买入的证券出售给投资者。当然，该类型承销商的外延不仅仅是这种典型类型的全额包销方式，还需要进一步理解其内涵，尤其是“以发行为目的”的含义。

通过梳理美国国会立法资料、美国法院的判例以及美国证监会的看法③，在美国主流观点中，这里的“发行”(distribution) 应当理解为“证券最终被流转至广大公众投资者手中的整个

---

① James D. Cox, Robert W. Hillman, Donald C. Langevoort, Securities Regulation: Cases and Materials, Seventh Edition, Wolters Kluwer (2013), p. 339.

② [美] 帕尔米特著：《证券法》，228页，中国方正出版社，2003。具体而言，有学者将这种判断路径分解为三个因素：(1) 所有者权益 (ownership interest)；(2) 管理职权 (management position)；(3) 私人或商业关系 (personal or business relationship)。See Rutherford B. Campbell, Defining Control in Secondary Distribution, 18 Boston College Industrial and Commercial Law Review (1976), pp. 40-41.

③ 美国参议院在立法时认识到公开发行对于“发行”(distribution) 这一概念是必要的。因此，该法案项下也就不存在不涉及公开发行的承销商。See H. R Rep. No. 1838, 73d Cong., 2d Sess. 41 (1934). 在美国司法实践中，Gilligan 一案不仅将“发行”(distribution) 与“公开发行”(public offering) 相连接，而且更是进一步将 Ralston Purina 一案判断“公开发行”的标准适用于判断“发行” (distribution) 之上。See Gilligan, Will & Co. v. SEC, 267 F. 2d 461, 466 (2d Cir. 1959). 美国证监会也认可将“发行”(distribution) 与“公开发行”(public offering) 相连接的观点，see In the Matter of Ira Haupt & Co. 23 S. E. C. 589 (1946)。

公开发行（public offering）的过程”。[①] 那么，随之而来的问题就是如何理解“公开发行”这一概念。美国法院判例也采取过不同的处理方式。起先，1935 年美国证监会法律总监的报告中指出判断“公开发行”若干的因素：（1）受要约人的数量及相互之间的关系、受要约人与发行人的关系；（2）发行的数量；（3）发行的规模；（4）发行的方式。[②] 在四要素的基础上，美国证监会进一步建立一套情景测试（surrounding - circumstances test）来判断是否属于公开发行。[③] 随着这套测试的发展，受要约人的数量及其与发行人的关系成为最重要的因素，而其他判断标准则成为辅助因素。[④] 显然，美国法院也意识到该标准过于僵硬，在 SEC 诉 Sunbeam Gold Mines Co. 一案[⑤]中，联邦第九巡回法庭并不单纯将其目光聚焦于受要约人的数量，而是寻求基于更广泛的因素来作出决定。联邦第九巡回法庭在判决书中指出，“若是选择特定投资者的方式不存在为选择而产生合乎情理的关系（sensible relation），那么该次发行就会被视为公开发行”。

然而，这种合乎情理关系的判断标准异常主观，直至最为著名的判例 SEC 诉 Ralston Purina Co. 案才将其界定清晰。[⑥] 在本案中，美国联邦最高法院的大法官们指出，美国 1933 年《证券法》的主旨在于保护那些无法获取发行人信息的投资者，使他们在获得完整信息的基础上进行投资决策，而已经取得相关信息的投资者则无须通过注册制度进行保护。[⑦] 至于如何区分向公众投资者发行还是私募发行，美国证监会在 1962 年的报告中还是基本回归了 1935 年的观点。[⑧]

除了上述判断路径，1962 年美国证监会针对 Ralston Purina 案的报告实则出现了另一种对于“发行”（distribution）的理解，即从反面理解：发行（distribution）与投资（investment）往往处

---

① In the Matter of Ira Haupt & Co. 23 S. E. C. 589 (1946).

② Op. Gen. Counsel, SEC Securities Act Release No. 285 (Jan. 24, 1935).

③ SEC v. Federal Compress & Warehouse Co., 88 F. 2d 1018 (6th Cir. 1937).

④ Gray L. Wood, The Investment - Intent Dilemma in Secondary Transaction, 39 New York University Law Review (1964), p. 1047.

⑤ SEC v. Sunbeam Gold Mines Co., 95 F. 2 d 699 (9th Cir. 1938).

⑥ SEC v. Ralston Purina Co., 346 U. S. 119 (1953).

⑦ 在 Ralston 案之后，美国证券市场中私募制度继续发展，总体趋势从 20 世纪 70 年代的限缩到随后逐渐放宽。此外，美国私募制度还出现了安全港规则，使得私募市场更加活跃。相关的具体内容可以参见郭雳著：《美国证券私募发行法律问题研究》，北京大学出版社，2004；又参见梁清华：《美国私募注册豁免制度的演变及其启示——兼论中国合格投资者制度的构建》，载《法商研究》，2013（5）。

⑧ SEC Securities Act Release No. 4552, 27 Fed. Reg. 11316 (1962). 这份报告主要围绕着美国联邦最高法院对于 SEC 诉 Ralston Purina Co. 一案的观点展开。该份报告还提及了考虑因素之一为情势变更（change of circumstances）。当购买之日起发生无法预见的情势变更，对于证券进行转售并不会破坏其原本的投资目的声明。但是，这个因素无疑又增加了判断“公开发行”的困难度，将标准又变得模糊而不可预测。

于对立面。[1] 若是能够证明购买人在购买证券时存在“投资意图”，则其出售该证券则不是“以发行为目的”。

“投资意图”判断标准经过多年实践检验，并由美国学者归纳出若干因素作为参考。[2] 首先，购买证券者经营性质成为非常重要的判断因素。[3] 经纪商或者交易商作为专业参与证券发行和转售的机构，往往不具备投资意图。其次，要考察证券购买者的先前行为。若是之前购买者的行为无法在当时区分出发行还是投资目的，那么结合整体来看，判断其意图就不太困难。再次，考察在转售之前证券所持有的时间周期。[4] 若购买者希望作为承销商发行或分销证券，其特征之一就是立即转手持有的证券；而投资者通常会因为投资目的而持有证券至一定合理的期限。显然，持有某一证券的时间越长，更能够说明持有人的转售是为了实现最初的“投资目的”。[5] 最后，需要给予一定情势变更的例外。例如发生市场突然剧烈的波动，由此产生的转售行为也不能认为购买者在转售时不具有投资意图。

（二）与发行相关为发行人或控制人提供或销售证券

关于与发行相关为发行人或控制人提供或销售证券的承销商，典型的例子是证券公司代销发行人发行的证券。在代销模式下，证券公司与发行人之间存在委托关系，发行人委托证券公司销售其证券，而证券的所有权并未移转至证券公司名下，证券公司仅仅是为了发行人的利益履行作为受托人的义务。

在对该类型承销商的理解上，“为发行人或控制人”是最为关键的因素。美国判例法上最为著名的相关案例莫过于 SEC 诉 Chinese Consol. Benevolent Ass'n，Inc. 案。[6] 抗战时期，国民政府曾经为筹集抗战资金而在美国发行两期债券。同时，Chinese Consol. Benevolent Ass'n，Inc. 设立委员会，基于个人购买者的要求和便利需求，将各方筹集的钱款交给中国银行纽约支行，使其作为卖方的中介，并为债券购买者提交了书面申请书。该委员会的一系列行为看似不符合美国 1933 年《证券法》下对于“承销商”的定义，因为其行为看似都是为了债券购买方的利益，而

① SEC Securities Act Release No. 4552, 27 Fed. Reg. 11316 (1962). 实则早在 1943 年美国联邦第九巡回法庭就认同了存在“投资意图”就足以证明不存在“发行”（distribution），虽然该判决并未对于何为“投资意图”进行进一步的解释。See Merger Mines Corp. v. Grismer, 137 F. 2d 335 (9th Cir. 1943). “If they take the shares with the view to investment, the exemption will apply by operation of law. If, on the other hand, they acquire the shares with a view to reselling them to the public, section 4 (1) will have to be enforced regardless of any attempted exemption set out in the decree.”

② Gray L. Wood, The Investment - Intent Dilemma in Secondary Transaction, 39 New York University Law Review (1964), pp. 1061 - 1062.

③ SEC Securities Act Release No. 4552, 27 Fed. Reg. 11316 (1962).

④ SEC Securities Act Release No. 1862 (Dec. 14, 1938).

⑤ SEC Securities Act Release No. 3825 (1957).

⑥ SEC v. Chinese Consol. Benevolent Ass'n, Inc. 120 F. 2d 738 (2d Cir.), cert. denied, 314 U. S. 618 (1941).

非“为发行人”。

但是，法院认为，发行人的目的是为了推进证券的发行，而1933年《证券法》的目的是为了保护公众投资者，使他们能够获取充分的信息以作出投资决策。因此，“与发行相关为发行人（销售）证券”的理解应当包括频繁地游说他人购买证券，例如本案中的委员会，这通常会导致未经注册的证券向公众发行。此外，本案中整个证券发行的过程包括了由委员会游说他人购买证券，买方发出要约，购买资金通过银行交由国民政府，国民政府接受要约并通过其中介交付债券。因此，该委员会与发行人一起参与了整个发行流程，因而该委员会被认定为承销商，而其债券发行行为就不能被豁免注册。

从以上案例不难得出一点启示，所谓“为发行人或控制人”这一主观要件，并非考虑的是第三人主观是否“为发行人或控制人”，而是应当从发行人或控制人希望推动证券发行这一角度，结合第三人的客观行为是否推动了证券的发行，具体判断其行为是否符合“为发行人或控制人”这一要件。这也就意味着，该类型的承销商无须与发行人或者控制人存在直接的合同关系。

（三）直接或间接参与证券承销

直接或间接参与证券承销的承销商是对上述两种类型承销商的兜底规定。本类型承销商涉及的最难以理解的概念就是“参与”，“参与”标准的判断主要依赖参与证券发行（distribution）的程度。[①] 但是，参与程度的深浅又是一个自由裁量范围极大的判断因素。总体而言，“参与”概念外延的本身极为广泛。从组织未注册证券的公开买卖，到通过广告、研究报告或其他推广手段引起投资者的兴趣，都会被认为是这里的“参与”。[②]

通过美国的司法实践，法官逐渐将“参与”的外延限缩在参与“对于发行而言的必要步骤”。[③] 例如，在Harden诉Raffensperger案[④]中，被告Raffensperger主要在发行过程中对发行的短期票据（short term note）建议最低实际收益率并且为注册声明进行尽职调查（due diligence）。因此，本案被告主张其不能被视为承销商，因为其行为不属于购买、销售或为销售为目的提供发行人的证券，也就达不到“参与”的程度。但是，法院指出在认定“承销商”概念中的“参与”时，应当适用比较宽泛的解释，将证券发行（distribution）步骤中所有必要的主体均纳入其中。本案证券发行人Firstmark希望通过其子公司发行短期票据，由于其是美国证券交易商协会（Na-

① 美国国会报告曾表明：参与承销或者直接或间接参加该证券买卖的人会被视为承销商。其测试方式之一是参与承销过程的程度，而不是仅仅对于承销存在利益关系。See H. R. Rep. No. 152, 73d Cong., 1st & 2nd Sess. 24 (1933).

② James D. Cox, Robert W. Hillman, Donald C. Langevoort, Securities Regulation: Cases and Materials, Seventh Edition, Wolters Kluwer (2013), p. 343.

③ SEC v. North Am. Research & Dev. Corp., 424 F. 2d 63 (2d Cir. 1970).

④ Harden v. Raffensperger, 65 F. 3d 1392 (7th Cir. 1995).

tional Association of Securities Dealers）的成员，而该协会要求成员在聘用其关联公司之前，必须首先雇用独立第三方公司就注册声明展开尽职调查以及建议最低实际收益率。所以，在 Firstmark 发行证券时，被告的一系列工作对于整个发行是必要的，就是达到了“参与”的程度。

五、美国 1933 年《证券法》的经验对我国的启示

随着证券市场的发展，第三人的证券发行（secondary distribution）已经成为一个不得不面对的问题。第三人的证券发行行为不仅触碰了证券市场法规范结构的混沌之虞，也是影响市场机能的重大经济性与公平性的关键因素之一。若是能够通过再次发行绕开证券发行所需要的信息披露环节，那么，对于通过正常证券发行核准程序的发行人而言，是一种竞争上的不公平；对于普通投资者而言，则会有由于信息不对称而导致潜在证券欺诈的可能性。

（一）证券发行与证券交易的判断标准：由主体标准向角色标准的转变

无论是美国 1933 年《证券法》还是美国司法案例的实践，都给我们提供了一个重要启示：不应当割裂地判断证券发行与证券交易，应当认为两种行为具有一体两面的性质，将证券发行与证券交易均视为证券买卖行为，作为一个整体。而两者又是证券买卖行为的两个侧面，一个侧面是涉及需要较高程度信息公开监管的证券发行行为，另一个侧面则是为确保证券流通而豁免信息公开或者实施较低程度信息公开的证券交易行为。

由此，在证券发行与证券交易的判断上，就不能以固定的主体标准进行“一刀切”的区分，而是需要从更为灵活的角色标准进行判断，考察各个主体在证券从发行人至公众投资者之间的流程中起到何种作用，是否推动证券流向公众投资者的进程：若是扮演发行人、交易商和承销商的角色，在证券从发行人到公众投资者之间的流通中起到助力的作用，那么行为人的证券买卖行为就应当被认为是进行证券发行。而除了扮演以上三种角色，行为人的证券买卖行为就应当归入证券交易的范畴。

（二）我国“变相发行”制度的内涵挖掘与实践适用

1. 一种可能的融入模式：对于“变相发行”的解释。回归中国立法，由于我国证券发行制度存在保荐人等制度，不适宜比照美国法过于灵活地解释承销商的概念。因而，不妨从《股票发行与交易管理暂行条例》和《企业债券管理条例》使用的“变相发行”入手，适度扩大解释“证券发行”的意涵，也使得美国法角色判断的路径融入中国法有了可能性。

依照美国现有的经验，“变相发行”的情形可以分为三种类型：（1）向不特定对象转售所购买的证券；（2）为发行人或其控制人向不特定对象销售证券；（3）参与向不特定对象销售证券的其他必要行为。前两者分别对应以包销为手段的中介人以及以代销为手段的中介人，最后一种类型则是兜底规定。需要注意的是，兜底类型中应当以“必要”为限，这是为了限制行政机关过分扩张“变相发行”涵盖的范围，否则就会过度阻碍流通环节。

2. “变相发行”在我国实际应用的可能性。在类型化“变相发行”的基础之上，回归到本文最初所谈及的中国目前面临的一些实际问题，以便检视这种解释方法适用的可能性。

其一，非法集资监管中“变相发行”的可能运用，尤其是以公开转让股份为代表的变相发行。这种变相发行类似于本文总结的第一种类型的情况，即“向不特定对象转售所购买的证券”。在适用过程中需要进一步阐述两方面的问题。一方面，公开转让股份行为本身存在监管必要性。若是股份公司在未上市之前，其股东以公开的方式将其股份转让给对公司毫无认知的大众，就会有因信息不对称而导致投资决策的错误。这时就需要证券发行监管制度保护普通投资者，确保他们取得必要的信息。因此，对于公开转让股份本身存在证券发行监管的必要。另一方面，公开转让股份判断中，如何理解我国证券法绕不开的一对概念——不特定对象和特定对象，是适用该类型变相发行的重要标尺。这一标准拿捏不准，往往会导致对于非上市公司股东过分严苛，从而导致这些公司的股份几乎丧失流动性。① 因此，需要对这里的“不特定对象”加以一定限定，以平衡保护投资者和确保非上市公司股东财产权的利益冲突。不妨参考美国有关“公开发行”的判断标准：(1) 界定“特定对象”和“不特定对象”需要结合发行人与购买股份人之间的关系，受让人能否因特殊的关系而取得必要的信息；(2) 将具有专业知识和风险承担能力的合格投资者直接认定为“特定对象”。

其二，将“变相发行”适用于老股转售或者存量股发行存在的争议问题。所谓“老股转售”或“存量股发行”的概念并不是法律专业术语，这是相较于公司新股发行而言的②，是指将在首次公开发行之前公司已经发行的股份③转让给公众投资者从而取得流通性。对此，证监会在2012年发布《关于进一步深化新股发行制度改革的指导意见》(证监会公告〔2012〕10号)(以下简称《指导意见》),《指导意见》争议最大的一点在于对满足特定条件的老股允许其在发行之时就成为可流通股。这似乎突破了《公司法》第一百四十一条有关公开发行之前股份自上市交易之日起一年内不得转让的买卖限制，从而引发了业内对于此行为的热议。④

对于老股转售或者存量股发行的监管区隔应当回归到其本身在证券法律中行为定性的问题。我国《公司法》对这种行为的监管适用买卖限制规则，其背后逻辑更倾向于将之定性为证券交易行为，从而采取买卖限制防止操纵市场、内幕交易等以维护二级市场交易秩序。⑤ 而证监会

① 彭冰:《非法集资行为的界定——评最高人民法院关于非法集资的司法解释》，载《法学家》，2011 (6)。

② 林仁光:《论老股承销公开说明书不实记载之民事责任是否有证券交易法第三十二条之适用议》，载《证券暨期货月刊》，2004，22 (8)。

③ 此类存量股的来源无非两类：一类是股份公司发起人所持有的股份；另一类是股份公司成立后，公司增资扩股而增发的股份。

④ 例如谢百三:《新股改革乱象横生》，载《金融投资报》，2012-04-14 (01-02)。

⑤ 吴建忠:《上市公司权益披露规则与“慢走规则”法律适用——从〈证券法〉第八十六条和〈上市公司收购管理办法〉谈起》，载《证券市场导报》，2013 (1)。

《指导意见》允许存量股发行，并且要求在招股说明书中披露老股东名称及转让股份数量，以在发行核准中进行审查。这种监管思路则是倾向于将其作为证券发行行为，对老股发行施加较高程度的信息披露义务，确保投资者取得充分的相关信息，以作出相应的投资决策。两种监管模式背后根本性的问题在于对行为在证券法上定性的迥然不同。

所以，老股转让的症结就在于如何对该行为进行正确定性。从老股获得流通性的角度看，依照之前对“变相发行”的解释，老股转让的行为可以落入向不特定对象转售所购买证券的类型。从美国的实践和理论讨论而言，尽管老股持有人在公开发行之前的持有时间可能短则几年，长则十余年，但是持有期间仅仅是判断的因素之一。最为关键的理念是老股持有人是否扮演了从发行人到公众投资者之间的管道作用，进而将证券分销至信息不对称的公众。从这个角度思考，老股或者由公司发起人持有，或者由增资扩股的方式取得或由符合适当性的投资者受让取得。① 因此，老股持有人要么已经与发行人存在一定关系，而能够取得相应信息，要么具有一定专业知识和风险承担能力而成为合格投资者，这些老股持有人无须证券法特别的信息披露保护。但是，将老股转让至公众投资者，直接使得老股能够在交易所进行交易，也就有让投资者处于信息不对称之虞。此外，新发股份以及之后增发股份均需要经过证监会审核，而老股若可以直接转让给公众投资者，存在取得流通性的同时却不必经过审核，这会造成制度上的漏洞。因此，应当将老股获得流通性的环节作为证券发行行为进行监管，这样在理论和实践上均较为合理。② 其后，若是获得流通性的老股股东希望通过二级市场减持老股套利，就需要运用证券交易行为进行监管，例如适用买卖限制。

另外，在我国实践中，老股转让还经常会发生老股股东在新股公开发行时以公开发行方式一并向投资者发售的情形。根据以上分析，此时就面临证券发行与证券交易行为混合的问题，老股发行往往可能会搭上新股发行的“顺风车”，而老股股东不必再承担额外的信息披露义务。这时，在监管上需要重点关注证券交易的监管，例如适用交易比例上限、设置限售期等。③

（责任编辑：孙梦迪）

---

① 参见《全国中小企业股份转让系统业务规则（试行）》第一条第八款。

② 当然，本文主要讨论的是在理论上证券交易与证券发行的定性判断，进而影响监管思路的方向。老股发行与一般意义的新股发行在具体规则上还可能存在不同的操作空间，例如若是已经上市的公司存量股发行，相较于首次公开发行公司新股发行的披露要求可以从简处理。具体的制度设计可以参考美国证交会发布的规则144，参见唐应茂：《美国144规则对我国存量股转让监管的借鉴意义》，载《证券市场导报》，2013（1）。

③ 对于老股股东希望在公开发行时即以公开方式向投资者转让的情况，证监会也有关注，具体可以参见《首次公开发行股票时公司股东公开发售股份暂行规定》（中国证券监督管理委员会公告〔2014〕11号）。

内幕信息秘密性要素的探讨

■ 黄伟文 李晓郛*

摘要： 内幕信息秘密性要素包含形成时间与公开时间两方面。内幕信息形成时间的模糊性表现为“一般标准+特殊标准”的认定模式较为抽象、行政处罚决定书与判决书用词存在歧义、行政机关与司法机关的认定立场不明三方面。同时，内幕信息公开时间的立法与实践标准也未统一。鉴于内幕信息秘密性要素易成为案件争议的焦点，我国内幕信息形成的时间应以“某事项是否已经进入一定的实质性操作阶段并且具有很大的实现可能性”为判断基准，严格规范解释“实质性操作阶段”与“很大的实现可能性”两要素，确立“主体二元论”的公开性标准。

关键词： 内幕交易 秘密性 形成时间 公开时间

一、 问题的提出

我国《刑法》第一百八十条明确规定了内幕交易、泄露内幕信息罪的构成要件，内幕信息的界定成为认定内幕信息交易、泄露内幕信息罪的核心要件。2012 年最高人民法院、最高人民检察院《关于办理内幕交易、泄露内幕信息刑事案件具体应用法律若干问题的解释》（以下简称《解释》）第五条涉及内幕信息秘密性的界定，包括内幕信息“形成之时”和“公开之时”两方面。① 为了探寻内幕信息秘密性在实践中的争议，笔者以“内幕信息交易”为关键词，在证监会

---

* 本文得到2014 年度国家社会科学基金重大项目“法治引领推动自贸试验区建设的难点与路径研究”（批准号 14ZDC016）资助。

黄伟文：华东政法大学2016 级刑法学硕士研究生。

李晓郛：华东政法大学中国法治战略研究中心助理研究员，法学博士。

① 《解释》第五条规定：“《证券法》第六十七条第二款所列‘重大事件’的发生时间、第七十五条规定的‘计划’、‘方案’以及《期货交易管理条例》第八十五条第十一项规定的‘政策’、‘决定’等的形成时间，应当认定为内幕信息的形成之时。影响内幕信息形成的动议、筹划、决策或者执行人员，其动议、筹划、决策或者执行初始时间，应当认定为内幕信息的形成之时。内幕信息的公开，是指内幕信息在国务院证券、期货监督管理机构指定的报刊、网站等媒体披露。”

网站与无讼案例网站进行近年来相关案件的检索。①

通过整理发现，在涉及内幕交易行政处罚的39个案例中，围绕内幕交易秘密性（内幕信息的形成时间或公开时间）展开的有19个案例，约占总数的48%。比如，在“余伟业内幕交易案”② 中，余伟业及其代理律师提出，“内幕信息形成于2014年12月21日”，而证监会认为，“当事人的申辩理由不能成立”；又如，在“徐晓光案”③ 中，徐晓光及其代理律师提出，“当事人在4月9日即在内幕信息即将发布的前一天买入东方电缆，是在得知社会传闻和深入分析该公司各项数据指标后进行的交易，由于该传闻已经在当地较大范围的人群中传播，不属于非法获取内幕信息”。而证监会认为“内幕信息在国务院证券期货监督管理机构指定的报刊、网站等媒体披露前，具有未公开性，对广大市场投资者而言当属一项内幕信息。本案中，如当事人所称当地虽有传闻，但上市公司并未公开披露，所涉信息仍属内幕信息”。涉及内幕信息交易的司法判决有41个，围绕内幕交易秘密性展开的有18个，约占总数的43.9%。如在“冯大明内幕交易案”④ 中，冯大明的辩护人提出，“证监会关于内幕信息敏感期的认定与事实不符”，而法院认为，“证监会认定的内幕信息敏感期准确无误”。由此可看出，实践中，内幕信息秘密性要素往往成为案件双方当事人争议的焦点。所以，准确认定内幕信息的秘密性显得尤为重要。鉴于此，本文以内幕信息的秘密性要素为视角，结合实践案例进行分析，对“形成时间”与“公开时间”存在的问题进行阐述，以期对实务中涉及内幕信息争议的案件有所裨益。

二、 我国内幕信息秘密性要素认定的缺憾

内幕信息的“形成时间”与“公开时间”往往成为案件争议的焦点。争议背后蕴含着我国内幕信息秘密性要素认定模式存在的问题，主要包括两方面：一是内幕信息形成与公开时间立法的模糊性；二是实务中，认定内幕信息形成与公开时间的差异性。本文结合实务中的案例，对我国内幕信息秘密性要素存在的问题进行深入解析。

（一）立法缺憾

首先，内幕信息形成时间的认定标准较为模糊。《解释》第五条规定“重大事件、计划、方

---

① 通过访问无讼案例网站（https://www.itslaw.com）和中国证券监督管理委员会（http://www.csrc.gov.cn/pub/newsite/）（访问时间：2018年4月11日）查找涉及内幕信息交易的判决书和行政处罚决定书。鉴于行政处罚案例较多，集中选取2017年至2018年4月11日间证监会作出的行政处罚决定书；法院判决较少，基本全部涵盖目前可以查询得到的内幕交易的案例。

② （2017）36号行政处罚决定书。

③ （2017）82号行政处罚决定书。

④ （2013）粤高法刑二终字第274号刑事判决书。

案、政策、决定”等的形成时间为内幕信息形成的一般标准；“动议、筹划、决策或者执行”初始时间为特殊标准。但这样的规定存在问题：一般标准中，《解释》采取“列举式+兜底式”的形式规定，包括《证券法》第六十七条第二款[①]、第七十五条的规定[②]。总体来看，“内幕信息形成时间”采取列举的方式。列举模式虽能准确描述事物具体内容，但却存在一个明显的弊端——不能穷尽事物所具有的各种情形。内幕信息形成是一个复杂、多样、变化的过程，过于僵硬地罗列性规定不能完全评价，甚至会造成一定范围的遗漏。兜底性质的条款在一定程度上解决了内幕信息形成时间的列举式弊端，但该兜底性质条款解释仍较为模糊。从《证券法》第七十五条兜底性质条款——“国务院证券监督管理机构认定的对证券交易价格有显著影响的其他重要信息”中可看出：内幕信息秘密性的判断具有一定依附性，即秘密性判断的前提在于该信息是“重大”的。然而，对于“重大性”的标准，学界也存在争议，依附于一个存在争议的前提去设定兜底性质的条款也存在矛盾。另外，在一般情形无法判断时，《解释》又规定了特殊标准——内幕信息形成的动议、筹划、决策或者执行的初始时间。但是，诸如“动议”“筹划”“决策”“执行时间”等措辞，对法官裁判案件仍较为抽象：案件何时才能认定为“动议”、何时事项已经开始“筹划”、何时认定“决策”、何时判断“执行时间”等问题均较为表面。实务中，无论是一般标准或特殊标准，两者规定均较为表面，并未把握内幕信息形成时间的本质特征。

其次，内幕信息公开性标准未统一。内幕信息公开性标准主要有以下两种模式：形式标准与实质标准。[③] 前者指的是内幕信息的公开需要具备一定的法律形式才能认定为信息公开，后者指的是信息是否公开，以市场实际消化为准。当前，涉及内幕信息公开性规定的主要有：《证券

① 下列情况为前款所称重大事件：（一）公司的经营方针和经营范围的重大变化；（二）公司的重大投资行为和重大的购置财产的决定；（三）公司订立重要合同，可能对公司的资产、负债、权益和经营成果产生重要影响；（四）公司发生重大债务和未能清偿到期重大债务的违约情况；（五）公司发生重大亏损或者重大损失；（六）公司生产经营的外部条件发生的重大变化；（七）公司的董事、三分之一以上监事或者经理发生变动；（八）持有公司百分之五以上股份的股东或者实际控制人，其持有股份或者控制公司的情况发生较大变化；（九）公司减资、合并、分立、解散及申请破产的决定；（十）涉及公司的重大诉讼，股东大会、董事会决议被依法撤销或者宣告无效；（十一）公司涉嫌犯罪被司法机关立案调查，公司董事、监事、高级管理人员涉嫌犯罪被司法机关采取强制措施；（十二）国务院证券监督管理机构规定的其他事项。

② 下列信息皆为内幕信息：（一）本法第六十七条第二款所列重大事件；（二）公司分配股利或者增资的计划；（三）公司股权结构的重大变化；（四）公司债务担保的重大变更；（五）公司营业用主要资产的抵押、出售或者报废一次超过该资产的百分之三十；（六）公司的董事、监事、高级管理人员的行为可能依法承担重大损失赔偿责任；（七）上市公司收购的有关方案；（八）国务院证券监督管理机构认定的对证券交易价格有显著影响的其他重要信息。

③ 李有星、董德贤：《证券内幕信息认定标准的探讨》，载《浙江大学学报（人文社会科学版）》，2009(11)。

法》第七十条①、《上市公司信息披露管理办法》第六条②、《证券市场内幕交易行为认定指引》第十一条③、《解释》第四条④和第五条第四款⑤。显然，《证券法》第七十条确立内幕信息形式标准；《上市公司信息披露管理办法》第六条采用形式标准；《证券市场内幕交易行为认定指引》第十一条中存在三种情况，分别是“中国证监会指定的报刊、网站等媒体披露”“被一般投资者能够接触到的全国性报刊、网站等媒体揭露”“被一般投资者广泛知悉和理解”，前两种情形可归结为形式标准，“被一般投资者广泛知悉和理解”则为实质标准；《解释》第五条第四款明确表明我国内幕信息公开采取形式标准，内幕信息只要在国务院证券、期货监督管理机构指定的报刊⑥、网站等媒体披露即为公开，行为人在内幕信息公开后进行相应的交易不构成内幕交易罪。但第四条第三款中内幕交易豁免条款规定“依据已被他人披露的信息而交易”以及第四条第四款“交易具有其他正当理由或者正当信息来源”与第五条第四款所确立的形式标准存在矛盾之处。“依据已被他人披露的信息而交易”中的“他人”并不等同于指定的报刊、网站等媒体，即《解释》在明确规定我国内幕信息公开性的形式标准时，同时又认可其他标准。显然，我国当前的法律、行政法规、部门规章、司法解释对于内幕信息公开性认定的标准并未统一。

（二）实践缺憾

其一，行政处罚决定书与判决书中，形成时间的认定用词存在歧义、混乱。

行政处罚决定书中，内幕信息形成时间的表述主要有：内幕信息的“形成不晚于＋时间”“敏感期为＋时间＋至＋时间”“于＋时间＋形成”“形成于＋时间”“起点为＋时间”五种模式；判决书中，内幕信息形成时间的表述主要有：内幕信息的“敏感期为＋时间＋至＋时间”“起点为＋时间”“形成的起始时间为＋时间”。

从行政处罚决定书来看，内幕信息形成时间以“不晚于＋时间”占绝大多数。如果从文义

---

① 第七十条 依法必须披露的信息，应当在国务院证券监督管理机构指定的媒体发布，同时将其置备于公司住所、证券交易所，供社会公众查阅。

② 第六条 上市公司及其他信息披露义务人依法披露信息，应当将公告文稿和相关备查文件报送证券交易所登记，并在中国证券监督管理委员会指定的媒体发布。

③ 第十一条 本指引所称的内幕信息公开，是指内幕信息在中国证监会指定的报刊、网站等媒体披露，或者被一般投资者能够接触到的全国性报刊、网站等媒体揭露，或者被一般投资者广泛知悉和理解。

④ 第四条 具有下列情形之一的，不属于《刑法》第一百八十条第一款规定的从事与内幕信息有关的证券、期货交易：（一）持有或者通过协议、其他安排与他人共同持有上市公司百分之五以上股份的自然人、法人或者其他组织收购该上市公司股份的；（二）按照事先订立的书面合同、指令、计划从事相关证券、期货交易的；（三）依据已被他人披露的信息而交易的；（四）交易具有其他正当理由或者正当信息来源的。

⑤ 第五条第四款 内幕信息的公开，是指内幕信息在国务院证券、期货监督管理机构指定的报刊、网站等媒体披露。

⑥ “报刊”是指所谓的“七报一刊”：《上海证券报》《中国证券报》《证券时报》《金融时报》《经济日报》《中国改革报》《中国日报》以及《证券市场周刊》。

解释的层面来看，“不晚于”实质上包括不晚于的当日并且当日之前的时间，这与内幕形成时点的性质不符。判断一个行为是否属于内幕信息交易行为的关键在于该行为是否在敏感期内异常交易（不考虑知情人、重大性等因素）。内幕信息敏感期实质是一个时间段，这个特殊的时间段内包括起点（形成）和终点（公开），即内幕信息形成时间其实是一个静态的时点，而非一个时间段，如果用“不晚于+时间”的形式容易引起歧义。在“江阴市九润管业有限公司的内幕交易案”中，证监会认定内幕信息形成的时间为不晚于12月22日，但是在处罚决定书中又认为“12月22日内幕信息最终形成，12月16日是内幕信息形成过程之中的一天，内幕信息知情人任向东将此时与第三方签订大宗交易合同解释为按照事先计划交易，没有说服力”①。这里，“12月16日是内幕信息形成过程之中的一天”是为反驳当事人交易行为（12月16日）合法性所提出的理由，但是该理由与证监会认定的12月22日的形成时间相矛盾。既然12月22日是内幕信息形成的时间，为何用“12月16日内幕信息形成过程之中的一天”来反驳当事人交易行为的合法性？内幕信息形成时间究竟是22日还是16日？或许有人会认为“不晚于22日”即包括22日前的时间，但若将“不晚于+时间”的形式解释为包括当日或者当日以前的时间，内幕信息形成即不具有确定性，那么内幕信息形成时间认定的意义何在？有反对者甚至会认为，“不晚于+时间”的形式只要能判断交易行为属于内幕形成时间段内即可，并不需要准确地确定内幕信息形成的时点。但是从该案来看，这样的解释又存在不合理之处：16日关系到该日行为的定性，证监会确定不晚于22日为“内幕信息形成时间”，那么对于22日之前行为的判断可以是属于内幕信息形成时间内，也可以是不属于，但这样的随意性极不利于保障当事人权益。形成时间认定的主动权完全归属于证监会，容易扩大证监会行政处罚的权力。

其二，内幕信息形成时间的标准具有形式主义与实质主义之分，行政机关与司法机关的认定立场较为模糊。形式主义是指内幕信息的形成时间以该重大事项已经落实到具体的实质性操作阶段或者实施一定的程序性举措，如双方签订合同、召开会议讨论等具体措施来确定。实质主义是指内幕信息形成的时间并不要求该重大事项必须落实到具体的实质性操作阶段或者举措，而是根据该重大事项是否已经初步确定，总体方向不会有所改变，仅是具体细节作修订。总体来看，证监会、司法机关往往采取实质主义的立场，而当事人往往以形式主义的理由进行抗辩。但实践中，证监会在具体案件认定中也存在认同形式主义标准的现象。在“沈忱内幕交易珠海世纪鼎利通信科技股份有限公司股票案”② 中，证监会认定该案内幕信息形成于2014年3月18日双方签订保密协议之日，但事实上在11日双方已经表达并购意向并且同意继续商谈，该重大事项已经被确定。笔者认为，证监会认定18日双方签订的保密协议是立足于形式主义的立场。同

① （2017）11号行政处罚决定书。

② （2017）28号行政处罚决定书。

样的，在“薛兵元内幕交易恒康医疗集团股份有限公司股票案”[①] 中，证监会同样以“双方签署协议（2013 年 1 月 10 日）”的形式主义标准来认定内幕信息的形成。但实际上，2012 年 11 月双方收购意向已经确定，2013 年 1 月 10 日的判定过晚。

其三，实务中，内幕信息的公开性标准未统一。实践中，行政机关、司法机关对内幕信息的公开认定标准并未统一。证监会、司法机关采取形式公开的立场，但也存在例外。比如，在“杨剑波与中国证券监督管理委员会案”[②] 中，法院认为，内幕信息以媒体揭露的方式公开应至少满足三个要件：市场主体广泛周知；信息完整性；信息可靠性。这里，司法机关实质上承认实质性的公开方式——市场是否实际消化。虽然司法机关在一定程度上采取形式标准，但同时又认可实质公开标准，如此势必造成公开性标准认定的差异，是以形式性的公开标准，还是实质性的公开标准认定？为什么此案采取形式性的公开标准，彼案却采取实质性的公开标准？采用标准的依据何在？行政机关与司法机关认定的标准是否需要统一？对此，并未有统一、合理的解释。

三、 内幕信息秘密性要素的重构

鉴于内幕信息的秘密性要素易成为案件争议的焦点，在反思我国内幕信息形成时间的判定的模糊性、文书中用词歧义性，以及公开标准的立法与司法的分歧等问题的基础上，笔者提出相应的完善建议。

（一）规范行政处罚决定与判决书中形成时间的认定用词

从规范学的角度来看，无论是行政处罚决定书或者是判决书，都应该统一用语。在笔者看来，内幕信息形成时间统一表述为“内幕信息形成于 + 时间”的模式更加准确，且不易引起歧义。这里有必要对几个用词进行解释说明，包括“不晚于”“不早于”[③]“不迟于”[④] 和“形成于”。从文义层面的解释来看，“不晚于 + 时间”等于“不迟于 + 时间”，两者均包括当日或者当日以前的时间段，即“早于 + 等于”。但在“苏建朝内幕交易案”[⑤] 中，“内幕信息形成于 2012 年 10 月 22 日，冯某露知悉内幕信息时间不迟于 2012 年 10 月 23 日”。按照大部分行政处罚决定书中的表述来看，这里的“形成于”应该等于“不晚于”，而从文义解释层面来看，“不晚于”等于“不迟于”，也即“形成于”等于“不迟于”。而这里的时间一个是形成于 22 日，一个是不迟于 23 日，两者存在矛盾。“不早于”应该理解为晚于或等于，三者均包括当日。但是，从内幕信息形成时间的本质来看，三者的表述均不具有确定性，并不适用于确定内幕信息形成的时

---

① （2017）91 号行政处罚决定书。
② （2014）一中行初字第 2441 号行政判决书。
③ （2018）21 号行政处罚决定书、（2018）19 号行政处罚决定书。
④ （2017）65 号行政处罚决定书。
⑤ （2017）65 号行政处罚决定书。

间，容易引起歧义。而“形成于”符合内幕信息形成时间确定性本质要求，“形成于+时间”包括时间当日，即从当日起内幕信息形成，在此时间前进行的交易行为不构成内幕信息。判决书中的三种模式实质上大同小异，均有“形成于”之意，但是鉴于规范解释和规范理解之意，无论是行政处罚决定书或判决书，均采用“形成于+时间”的模式更加适宜。

（二）内幕信息形成时间的实质解释论解构

内幕信息形成的“一般标准和特殊标准”的判断模式较为模糊，其并未把握内幕信息形成的本质特征。“列举式+兜底式”的一般标准看似详细具体，实质上与特殊标准一样缺乏具体操作准绳。所以，无论是一般标准抑或是特殊标准，均应把握一个原则，即“内幕信息形成过程中的某事项是否已经进入一定的实质性操作阶段并且具有很大的实现可能性”。这一原则主要包括两要素：“实质性操作阶段”与“很大的实现可能性”。这里有必要对两个要素进行限缩解释：“实质性操作阶段”并不必然要求某重大事项完成合同的签订或者对重大事项实施一定的程序性举措，否则容易陷入形式主义的泥潭。但在认定时又不能过度地前移到该重大事项抽象性的前置性阶段，否则当事人权益无法得到根本性保障。那么“实质性的操作阶段”中的操作阶段应该介于何种程度？笔者认为，“实质性的操作阶段”程度应借助于“很大的实现可能性”要素来衡量，“很大的实现可能性”指的是重大事项最终实现的概率，对其判断应该立足于内幕信息的形成过程之中，包括双方交易主体的身份及关系、会议的性质、公司背景、从业经验、交易行为等因素。

首先，主体身份对该重大事项实现的可能性起着重大作用。在“陈必红内幕交易案”①中，陈必红认为“两公司2013年7月、8月商谈租金抵债方案后未付诸行动，9月5日商谈后即进行了考察、租金测算等具体操作。所以，内幕信息形成于9月5日”。具体到本案中，7月、8月，租赁抵债方案提出的主体系双方董事长，董事长属于公司决策的核心人物，且双方董事长关系较为密切，其共同商量的事项具有很大的实现可能性；冯某在8月就考虑该事项，同时，上海超日也在积极寻求合作伙伴，可以说两公司是一拍即合，后续操作仅仅是内幕信息形成后的一些具体落实事项，并不影响该事项的实现可能，所以本案的内幕信息8月已经形

① （2015）沪高刑终字第140号刑事判决书。案情：2013年8月，上海超日董事长倪某向冯某（天龙集团董事长）提出用空闲厂房和设备出租给天龙光电以便用租金抵偿欠天龙光电债务的方案。陈必红2013年8月即知道以租抵债的信息，并在9月初告知了刘某和周某。同年9月5日双方就上述方案达成合意，9月18日通报了上述方案。9月20日至23日间，吕某对相关租金进行了测算和汇报。11月1日签订《合作生产经营协议书》。11月2日，上海超日发布关于协议的公告。

成。在“陈某某内幕交易案”① 中，涉及内幕信息特殊标准认定的问题。本案的特殊之处在于陈某某同时控制着交易双方的主体，其单方面行为就能够支配两公司的重大资产变动，那么2月、3月间其计划将振龙的资产注入创兴是否即为“筹划”，即内幕信息形成的时间？中国证监会最终认定该案内幕信息形成之时为4月17日。对此，笔者并不认同，陈某某作为交易双方的控制主体，2月、3月间资产注入的计划已经促使内幕信息具有现实发生的很大可能性，后续的一些程序性流程都是使该方案合法化的形式而已。所以，2月、3月陈某某的计划能被评价为“筹划”，即内幕信息的形成。

其次，双方主体就其实质性内容达成一致时，表明重大事项已具有很大的实现可能性，并不要求双方主体达到签订合同形式的程度。在“杭萧钢构案”② 中，争议的焦点在于内幕信息形成时间一般标准的适用问题上，即“重大事件”发生时间的认定。如果按照《证券法》第六十七条第二款“公司订立重要合同，可能对公司的资产、负债、权益和经营成果产生重要影响”的内容认定，那么该案内幕信息形成的时间应该是在2月17日两公司开始签订合同之时。但法院最终把2月8日（双方就该项目的基本内容达成共识）作为“内幕信息形成时点”。实质上，是对“公司订立重要合同”进行限缩解释：重大事件的形成并非完全依存于双方一定的合同签订与合同生效。相反，只要该事项在形成的过程中已经进行到一定的实质性阶段，同时具有现实发生的很大可能性，即双方主体商议并且达成实质性的统一意见，那么，该重大事项已经形成，合同等形式的确认仅仅具有法律意义上的保障效力而已。

这里需注意，当事人的交易行为是认定内幕信息形成或公开时间的辅助要素。行政机关或者司法机关在判断内幕信息形成或公开时间之时，应对当事人拥有的账户、账户间交易、账户交易行为的次数、账户交易资金的动态流向与规模、账户交易行为所属的时间等因素进行考察，避免行为结果导向认定的错误倾向。所谓的行为结果导向认定指在认定内幕信息形成

---

① 张镇安：《公司控股股东和实际控制人内幕交易罪的认定》，载《人民司法》，2011（20）。案情：陈某某系厦门创兴科技股份有限公司的董事长、实际控制人。2007年2月、3月间，陈某某计划将其控股的上海振龙房地产开发有限公司的资产注入创兴科技；同年4月初，两公司就资产注入事项进行沟通；4月17日，双方见面，共同探讨资产注入可行性问题，了解相关财务数据，尽快拿出资产注入方案；4月23日以及25日，初步方案制作出来；4月29日至5月7日，双方就资产注入方案进行研究论证与预评估；5月8日，创兴科技确定了资产注入方案并上报中国证监会。

② 2006年11月，中国国际基金有限公司与浙江杭萧钢构股份有限公司开始接触洽谈安哥拉公房项目由混凝土结构改成钢结构。2007年1月下旬，公司进行了关于“安哥拉项目”钢结构报价的首轮谈判。2月4日，两公司进行了第二轮的谈判。2月7日，两公司就价格、数量问题进行了高层谈判。2月8日，双方就该项目的价格、数量、工期、付款方式等内容基本达成一致，并草签了“安哥拉项目”框架协议。2月17日，杭萧钢构公司与中基公司签订了建设合同。3月8日，合同正式生效。（中国证券监督管理委员会：《“泄露内幕信息”第一案：杭萧钢构案件查处始末》，资料来源：http：//www. csrc. gov. cn/pub/neimenggu/xxfw/tzzsyd/201112/t20111202 _ 202546. htm，2018年4月11日访问）。

与公开时间之时，非根据重大事项发展的事实以及相应的证据来认定，而是以当事人事实交易行为的时间段来反推内幕信息形成与公开的时间。换言之，当事人交易行为所属的时间即为内幕信息形成与公开的时间。显然，行为结果导向的推断方法有客观归责的倾向。行政机关或者司法机关应秉持公正、中立的立场来认定，而非因为当事人纯粹的主观事先归责，将当事人的交易行为事先纳进内幕信息敏感期内，再进行所谓的重复评价。其实，行为结果导向认定违反内幕信息形成与公开时间认定的逻辑顺序。判断交易行为是否在敏感期内实施的逻辑顺序应该以该重大事项事实发展的经过，再结合当事人交易异常行为的时间来综合判断。所以，当事人的交易行为其实是认定内幕信息形成和公开时所要考虑和权衡的辅助性因素，而非先入为主的决定性作用。

当然，这里的“很大的实现可能性”是一个开放性的构成要素，某重大事件是否具有很大的实现可能性往往会因该事项发展的持续性、复杂性、多方面性而包括多方面因素，其与“实质性操作阶段”是并列关系，内幕信息形成时间的判断二者缺一不可。但是“实质性操作阶段”和“很大的实现可能性”的判断重心应有所偏向，对“实质性操作阶段”应该较为表面和形式，对其判断应该结合“很大的实现可能性”来进行实质性解释。

（三）确立“主体二元论”的公开性标准

如前文所述，内幕信息公开性标准主要有形式公开标准与实质公开标准。前者要求内幕信息的公开需要具备一定的法律形式才能认定为信息的公开，后者则以市场是否实际消化为公开的标准。世界各国立法模式中，纯粹的形式公开性标准如我国的香港地区，纯粹的实质公开标准如欧盟地区，形式或实质性的公开标准（选择式）如英国地区，形式结合实质性的公开标准（并列式）如美国、日本、我国台湾地区。当前公开性标准存在着实质化倾向，正如有学者所言，“在衡量内幕信息的标准中，已经出现了这样的趋势：从注重形式公开到注重实质公开，形式公开仍需要实质公开加以评判；实质公开是判别公开的最终标准，而且甚至可以离开形式公开而独立存在”①。笔者认为：当前，我国应该确立“主体二元论”的内幕信息公开性标准，即根据主体确立不同的公开性判断标准。详言之，内幕信息的知悉主体具体可区分为一般投资者与公司员工两大类。一般投资者应具体适用形式的公开性标准，公司员工应适用实质的公开性标准，具体理由如下：

首先，严格区分“一般投资者”与“公司员工”的缘由在于，两主体获悉内幕信息的可行性与可能性存在差异。正常情形下，员工基于所处的公司职务、接触的人员、获取的文件、举行的例会、工作的环境等便利，其获取内幕信息的可能性与可行性较大；而一般投资者往往缺乏上述优势地位、便利条件，其获悉内幕信息的可能性与可行性较低，所以对于两种不同类型的主体

① 胡光志：《内幕交易及其法律控制研究》，71页，法律出版社，2002。

应作严格区分。与此同时，一般投资者与公司员工的划分能完全包容评价内幕信息知悉主体的范围，不会出现评价过剩的情形。其次，世界各国立法的公开性模式具有明确、统一性，并未有基于主体差异适用不同公开性标准的情形。这里，有必要对“主体二元论”的公开性标准与“形式或实质”的公开性标准进行区分：后者实际上是任何主体都可以适用形式或者实质标准，当形式标准不能认定时，实质标准可以代替，反之亦然。但是，“主体二元论”的标准实际上较为固定，一般投资者采取形式标准，公司员工采取实质标准，不会出现形式标准判断不能而灵活以实质标准代替的情形。所以，两种标准并不相似。再次，“一般投资者”与“公司员工”需要进行一定范围的界定。“公司员工”在一定范围内要进行扩大解释，包括公司员工泄露给非公司员工或者非公司员工从公司员工获悉后再次泄露给第三者的情形。非公司员工基于公司员工的便利，实质上具有与公司员工的同等优势地位、便利条件，等同于公司员工。实际上，“公司员工”主体的范畴并不局限于上述两类，包括通过公司员工非法获取信息的人员。但是，“公司员工”的范围并非没有界限，其限度在于信息知悉的主体是否利用公司的优势地位、职务便利。如果任一主体通过公司员工获悉内幕信息，即可以属于“公司员工”的范畴，适用实质公开性标准。相反，则属于“一般投资者”的范畴，适用形式公开性标准。最后，实质的公开性标准，强调的是信息是否实际被消化；形式的公开性标准需要具备一定的法律形式（指定的报刊、网站等方式披露）才能认定为信息公开。公司员工基于优势地位、职务便利获取内幕信息的可能较大。在这种情形下，将判定内幕信息是否公开的权力赋予行政机关或者司法机关，一定程度上考虑案件的复杂情况，又避免形式公开标准认定过晚的弊端。一般投资者适用形式的公开性标准的缘由在于：当内幕信息在指定的报刊、网站等上公开时，证券市场即在指定的期限内停牌。停牌时间段内，相应的交易并不能实施，直到复牌之日。正如有学者认为“停牌制度的设立，使‘形式公开标准’也能达到‘实质的公开标准’”①。在停牌的时间段内，一般投资者基于这一时间段了解、获取相应的信息，直至内幕信息公开。这种情况下，实质上是将公司员工具有的信息优势地位、职务便利予以剥夺，而以保障一般投资者与公司员工同样的地位。所以，我国立法上应该先统一“主体二元论”的内幕信息公开性标准，同时实践中应该落实这一准则。

四、结语

为促使我国内幕信息形成与公开时间的界定更为清晰、合理与可操作，一方面，应规范行政处罚决定书与判决书中形成时间的用词，确立“形成于+时间”的模式。同时，以“某事项是否已经进入一定的实质性操作阶段并且具有很大的实现可能性”作为形成时间的判断基准。另

① 王涛：《内幕信息敏感期的司法认定》，载《中国刑事法杂志》，2012（11）。

一方面，无论是立法或实务中，“主体二元论”的公开性标准更符合我国当前证券市场发展现状。本文以内幕信息秘密性为视角，挖掘内幕信息形成时间与公开时间现存问题，进而针对性地提出完善举措。希望借此对内幕信息相关的理论研究有所助益。

（责任编辑：孙棋琳）

金融消费纠纷中立评估结果的执行模式探讨

■ 陈冠男*

摘要：金融消费纠纷中立评估制度作为我国新型金融 ADR 制度，其结果应具有参考效力及可执行性。各国立法例都对 ADR 评议结果的执行进行了保障，如一元制评议模式的英国、澳大利亚、日本以及我国台湾地区的评议决定具有片面拘束力、确定拘束力和执行力，而我国中立评估程序则没有对结果的执行制度。将中立评估意见分为责任分配型、赔偿给付型、驳回型和附加建议型，驳回型和附加建议型评估结果不具有执行力，责任分配型、赔偿给付型评估结果则需要通过签订合作协议约束金融机构或者在金融商品或服务协议中加入认诺条款等保障评估结果的执行，采用契约化设计达到类似评议决定片面拘束力的效果，从而使中立评估程序具有独立程序价值，并落实参考效力。

关键词：金融 ADR　中立评估　参考效力　评估结果执行

金融消费纠纷中立评估制度是上海市金融消费纠纷调解中心在金融消费纠纷解决领域创新的金融 ADR 制度，即评估员就金融消费者与金融机构间发生的金融消费纠纷进行第三方评估，根据案件事实情况与法律法规出具评估意见。由于中立评估意见由调解组织选任评估员作出，其结果依附于诉讼外第三方的独立意志，既不完全基于双方合意作出，也不具有司法强制性，因此该意见仅具有参考意义。① 然而，究竟采取何种模式将参考效力落实到具体执行上还需进一步探讨。以下笔者将中立评估制度与其他各国及地区的立法例进行比较分析，以期借鉴域外经验构建适合我国国情的中立评估执行模式。

一、 比较法上金融 ADR 的运行模式与结果效力

（一）比较法上金融 ADR 的运行模式

比较法上，金融消费纠纷除了诉诸法院寻求司法救济外，各国及地区均发展出了诉讼外解

---

* 复旦大学法学院诉讼法学硕士研究生。

① 笔者在拙文《论金融消费纠纷中立评估报告的效力》中已经对参考效力的定位进行了论证，故不再赘述。参见陈冠男：《论金融消费纠纷中立评估报告的效力》，载《上海金融》，2018（5）。

决纷争的处理程序（Alternative Dispute Resolution，ADR），总体来看包括和解、调解、调处、仲裁和公评人制度等。根据处理程序是否单一或解决纠纷手段之间是否独立可以分为一元制的评议模式和双轨制的调解—仲裁模式。

1. 一元制评议模式。采用一元制的评议模式立法例的主要有英国、澳大利亚、日本及我国台湾地区。

诉讼外金融消费争议评议制度最早发源于英国。英国评议制度的雏形最早出现在1979年，2000年英国国会通过《金融服务与市场法》（*Financial Services and Market Act of* 2000，FSMA），并依据FSMA之规定设立了金融评议服务机构（The Financial Ombudsman Service Limited，FOS），提供金融消费者得于法院外解决纷争的途径。FOS创设的同时一并整合了当时既存的8个独立争议处理机构，把分散在保险、银行、抵押贷款等不同金融服务领域、不同争议处理程序、不同解决方法之评议机构，纳编于单一平台并适用同一套处理程序。①

澳大利亚继受了英国的法律制度，其中诉讼外替代性纷争解决机制也借鉴了英国原本的评议制度。澳大利亚也有类似英国FOS的金融评议服务机构。澳大利亚成立金融评议服务机构的法源为《2001年公司法》（*Corporations Act of* 2001）及《2009年国家消费者信用保护法》（*National Consumer Credit Protection Act of* 2009）。此二法授权澳大利亚证券及投资委员会（Australia Security and Investment Commission，ASIC）订立金融申诉与评议服务机构的成立准则，且具有审核该等机构成立的权力。②

日本金融ADR的建构方式与美国委由金融产业自律机构建立纷争处理程序的模式类似。日本金融ADR彼此间的运作是平行式的，当事人需再依据其他ADR程序救济或提起诉讼。日本金融ADR将争议案件分为苦情和纠纷，苦情的处理方式为金融机构直接对金融消费者出具解决方案，纠纷可以通过和解和特别调停程序解决，其中特别调停方案对金融机构具有单方的拘束力，若金融消费者满意则金融机构必须执行方案。

我国台湾地区在借鉴英国的FOS评议制度的基础上，建立了金融消费评议中心（Financial Ombudsman Institution，FOI）。我国台湾地区"金融消费者保护法"施行前，金融消费争议处理机制较为多元，彼此间相互独立，没有单一的专责处理机构。"金融消费者保护法"施行后，金融消费评议中心开始营运，保发中心申诉调解委员会、银行公会评议委员会先后终止其调解、评议业务，并将金融消费争议案件统一移送金融消费评议中心进行处理。保险、银行业服务提供者

---

① Financial Ombudsman Service，Laying the Foundations：First Annual Report 1999－2000（2000），资料来源：http：//www. financial－ombudsman. org. uk/publications/first－annual－report/ar－1999－2000. pdf，2018年8月27日访问。

② S912A（2）and 1017G（2）of the Corporation Act 2001 and s47 of the National Consumer Credit Protection Act 2009.

内部纷争处理程序成为评议中心受理金融消费争议事件的申诉先行程序；主管机关业务局则保留争议案件之转件及处理民众陈情案件的功能。①

2. 双轨制调解—仲裁模式。采用双轨制的调解—仲裁模式立法例的主要有美国、新加坡及我国香港地区。

美国金融 ADR 以自律机构（Self – Regulatory Organizations）为主，不同金融产业领域具有差异性。比如，仲裁制度被广泛运用于美国证券业的金融争议事件，其中绝大部分通过美国金融业监管局（Financial Industry Regulatory Authority，FINRA）的纷争处理机制（FINRA Dispute Resolution，FINRADR）解决。FINRADR 的仲裁程序条例适用于所有会员与其客户间之仲裁事件。仲裁程序启动分两种情况，其一是基于契约中的仲裁条款（pre – dispute arbitration clause），其二是争议事件发生后经双方当事人合意交付仲裁。FINRADR 除了仲裁之外也提供调解服务，进入仲裁前通常会鼓励申请人优先考虑以和解方式解决纷争。

新加坡金融局（Monetary Authority of Singapore）自 2004 年开始将各个金融行业整合于既有的架构下，于 2005 年 8 月 31 日设立金融业争议解决中心（Financial Industry Disputes Resolution Centre Ltd.，FIDReC），自此绝大部分金融消费者的小额争议事件（保险案件 10 万新币以下，其他案件 5 万新币以下）均由 FIDReC 处理。FIDReC 纷争处理程序分为前置程序（preliminary process）、调解（mediation）及裁决（adjudication）三个阶段。对于适格的争议案件，原则上由案件管理人（case manager）先试行调解并提出建议②，若双方当事人任一方不接受调解建议，消费者得选择是否进入第三阶段，由具有相关专业背景的公正第三人进行裁决。③

我国香港地区的金融消费纠纷主要由香港金融纠纷调解中心（Financial Dispute Resolution Center Limited，FDRC）④ 处理，FDRC 主要受理由香港证监会或香港金融管理局管理监督的金融机构与客户因提供商品服务（包含保险商品）发生的争议。调解程序进行前，双方当事人须签订同意调解的契约，若调解不成立，金融消费者至迟应于收受调解不成立证明之日起六十日内书面申请仲裁。仲裁程序以书面审理为原则，但经仲裁人及双方当事人同意，可以听审方式进行。仲裁裁定金额以 50 万港元为上限，仲裁判断对于两者当事人均有法律拘束力，除法律问题外不得上诉。⑤

---

① 王怡苹：《金融消费争议评议决定与法院核可程序之研究》，载《政大法学评论》，2014（138）。

② FIDReC Rule 15.

③ Monetary Authority of Singapore Annual Report 2005/2006，资料来源：http：//www. mas. gov. sg/annual_ reports/annual20052006/pdf/MAS%20AR05_ 06. pdf，2018 年 8 月 27 日访问。

④ FDRC 于 2012 年 6 月 19 日正式营运，可参见 http：//www. fdrc. org. hk。

⑤ FDRS Mediation and Arbitration Rules 3. 12. 1，Jan 2018，资料来源：https：//www. fdrc. org. hk/en/html/publications/publications_ rulesandcodes. php？lang = en，2018 年 8 月 27 日访问。

（二）比较法上金融 ADR 的结果效力

一元制的评议模式与双轨制的调解—仲裁模式在争议处理结果的效力上的区别在于程序启动时结果效力是否形式上确定，或者说是否具有可预期性。在评议模式下，双方既可能达成合意，也可能由第三方评议，因此争议处理结果是不确定的，但在评议程序中达成的调解结果与调解—仲裁模式中的调解结果无异。需要探讨的是评议模式下的评议决定效力以及调解—仲裁模式下的仲裁裁决效力。

1. 评议决定效力。对于采取一元制评议模式的国家及地区而言，评议决定具有片面拘束力、确定拘束力和执行力的共同特征。片面拘束力是指评议决定的效力采取对金融消费者倾斜的不对称设计，在金融消费者接受决定的情形下，金融机构必须接受一定金额内的评议决定。如若英国的 FOS 评议决定在一定金额以下，则一经作出即对金融服务业产生法律拘束力，金融消费者得选择是否接受。① 我国台湾地区的 FOI 评议规则也规定，评议决定未超过一定额度，则事前同意适用金保法争议处理程序的金融服务业必须接受。又如，澳大利亚 FOS 评议决定具有单方拘束金融服务提供者的效力，若申诉人于收到评议决定的三十日内决定接受评议决定，即对双方当事人产生拘束力。申诉人接受评议决定的结果，必须出具书面声明就系争案件的全部接受评议决定所为的争议解决结果，而且给予须解除金融服务提供者责任的免责书，该免责书自金融服务提供者履行其评议决定的赔偿义务后生效。② 确定拘束力是指评议决定作出后经申请人接受即对双方产生法律上的拘束力，且无上诉救济制度。一旦作出评议决定（包括驳回决定），即产生类似民事诉讼中的既判力消极作用，对同一事项不得再行评议。执行力是指评议决定成立后即与确定判决有同一效力，并得作为执行名义向法院申请强制执行。英国与我国台湾地区在执行效力上有细微差异：依据 FSMA 及 Schedule 17 Part III 的规定，FOS 评议决定成立后即具有可执行性，原则上金融服务业就评议决定或评议前阶段所同意之解决方案应尽快自动履行，金融消费者如未获履行，依法可申请法院裁定准许强制执行；而我国台湾地区 FOI 评议决定作出后需向法院申请核可，经核可后得作为执行名义。③

2. 仲裁裁决效力。对于采取双轨制调解—仲裁模式的国家及地区而言，仲裁裁决的效力分为两种：一种是直接具有强制拘束力，且具有排斥法院裁判的终局性效力，可以直接作为执行名义申请强制执行，如美国和我国香港地区。另一种是仅具有片面拘束力约束金融服务提供者，如新加坡。新加坡保险案件裁决金额在 10 万新币以下，或其他案件金额在 5 万新币以下者，对金

---

① FSMA s. 229.

② TOR, para. 8.7 (b), 8.8.

③ 我国台湾地区“金融消费者保护法”第三十条规定了评议结果的执行力。参见王怡苹：《金融消费争议评议决定与法院核可程序之研究》，载《政大法学评论》，2014（138）。

融服务业有片面拘束力，消费者则可自由选择接受或不接受。裁决人如认为有必要，亦得视情况提出金钱给付以外的建议，但此等建议对金融服务业无拘束力。FIDReC 将裁决程序及裁决效力规定导往契约化的设计，即双方当事人于裁决程序开始前必须逐案签署书面契约（adjudication agreement），同意将争议案件交付 FIDReC 裁决，并同意遵守裁决程序、责任豁免、资讯揭露、保密协定、收费标准以及金融服务业愿意接受裁决内容之片面拘束①；裁决作出后，FIDReC 并非直接制作裁决书送交当事人，而是要求当事人依据裁决内容另行签订和解契约，由双方当事人就彼此之权利义务关系形诸于契约条款并加以确认，经 FIDReC 核准后作为日后履行之依据。无论金融服务业是否签署调处契约或双方当事人是否已签署和解契约，均不妨碍片面拘束力的作用。若金融服务提供者未履行金钱给付裁决或和解契约，金融消费者得依债权关系寻求诉讼途径解决或向法院申请强制执行。②

综上所述，金融 ADR 的结果效力可以分为契约效力、片面拘束力和强制拘束力，结果的执行效力可以分为直接具有执行力、核可后具有执行力和起诉后具有执行力。无论采取何种立法模式，在金融消费者一方接受处理方案的情形下，金融 ADR 处理结果均可确定地被有效落实。

二、 我国金融消费纠纷中立评估的运行模式

要探究中立评估结果的执行模式，首先要明确中立评估程序的运行模式。结合各国及地区的立法来看，中立评估程序的运行更类似于一元制评议模式。第一，中立评估程序的中立第三方为调解组织而非有权监管机构，因此其不具有作出仲裁裁决的权力基础；第二，双方当事人既可以在调解程序中无法达成合意转入中立评估程序，也可以对争议案件径行采用中立评估程序，在中立评估程序中也可直接达成和解或作成调解协议，因此调解程序和中立评估程序并非严格界分。但是，中立评估程序又与英国 FOS 评议制度及我国台湾地区 FOI 评议制度等有明显区别。第一，英国 FOS 程序与我国台湾地区 FOI 程序均设立了内部先行处理程序，即争议案件先由金融服务提供者内部处理，逾期未处理或处理结果未达到金融消费者预期才能进入评议程序，而中立评估程序并不强制要求金融机构先行处理给出解决方案。第二，英国的 FOS 机构、我国台湾地区的 FOI 机构以及澳大利亚的 FOS 机构的设立与运行均有法定有权监管机构的明确法律授权，从而在制度层面保障了评议决定的片面拘束力和执行力，而上海市金融消费纠纷调解中心由中国人民银行牵头成立，但其本质为第三方调解组织，且我国人大及其常委会通过的法律中并未规定金融机构必须承担中立评估结果的义务，我国现行民事诉讼法也未将中立评估

---

① The Adjudication Procedure and Adjudication Agreement v 1. 4, 2012 - 09 - 18.

② FIDReC Rule 26, 28 - 31. 14.

报告纳入可申请执行的执行名义范围。综合来看，我国中立评估报告与域外的评议决定在效力方面存在差异。

从我国现行 ADR 机制的程序来看，中立评估程序是介于调解程序和仲裁程序之间的独立程序，具有独立的程序价值。调解程序强调双方的意思自治，仲裁程序强调外在的法律规定，中立评估程序将调解程序和仲裁程序（或诉讼程序）的优势相结合，既能打破调解僵局，又能不完全依据法律规定实现公平合理，相对于调解程序来说具有刚性，相对于仲裁程序来说又具有柔性。然而，正是如此，使评估结果的参考效力落实既无法全部直接适用契约效力进行执行，也无法适用强制拘束力进行执行。此外，前述评议模式与中立评估程序的区别也意味着中立评估结果无法按照片面拘束力、确定拘束力和执行力加以落实。那么，在参考效力下，解决评估结果的执行问题就成为首要问题，否则中立评估程序将失去其独立价值，评估活动将失去意义。以下笔者将针对目前已完成的中立评估案件进行实务分析，并结合域外经验构建中立评估的执行模式。

三、 我国金融消费纠纷中立评估结果的执行模式探讨

（一）我国中立评估案件实务运行情况

截至 2018 年 8 月，已完成的中立评估案件共有 10 件。① 从程序启动来看，法院委托调解转为中立评估的有 3 件，双方当事人申请中立评估的有 7 件。从具体案由来看，有 1 件为资管、理财或基金产品未达预期收益要求补偿；有 2 件为投资人购买不符合风险适当性的基金后亏损；有 2 件为银行员工非职务行为推销非本行产品致使投资人亏损；有 1 件为信用卡盗刷纠纷；有 1 件为他人冒名通过手机银行办理虚拟信用卡导致损失；有 1 件为银行为上海文交所开通资金划转服务，消费者投资损失；有 1 件为未经申请开通信用卡影响征信记录；有 1 件为保险理赔纠纷。从评估意见来看，有 4 件为建议金融机构与金融消费者间按一定比例分担责任；有 2 件为金融机构与金融消费者之间的责任大小；有 2 件为驳回金融消费者诉求并给出救济措施；有 1 件为建议金融机构承担一定金额内的补偿责任；有 1 件为认可一审法院的判决，建议接受重新评估定损结果。

结合上述 10 件中立评估案件，金融消费者的诉求类型大致可以分为求偿型和行为给付型，评估结果的类型大致可以分为责任分配型、赔偿给付型、驳回型和附加建议型。中立评估案件的主要案由、评估意见及类型如 1 表所示：

① 下述的中立评估案件为笔者在上海市金融消费纠纷调解中心阅读中立评估归档案卷整理所得，由于中立评估案件的保密性要求，笔者将某些关键隐私信息隐去后仅列示部分重要信息。

表 1　金融消费者诉求与评估结果类型

<table>
<tr><th>序号</th><th>案由</th><th>评估意见</th><th>类型</th></tr>
<tr><td>1</td><td>资管、理财或基金产品未达预期收益</td><td>未违反适当性原则，但存在瑕疵，承担部分补偿责任，建议给予不高于 2000 元的补偿</td><td>赔偿给付型</td></tr>
<tr><td>2</td><td rowspan="2">购买不符合风险适当性的基金</td><td>双方确定具体损失数额后，消费者承担 40% 责任，金融机构承担 60% 责任</td><td>责任分配型</td></tr>
<tr><td>3</td><td>金融机构承担损失的一半</td><td>责任分配型</td></tr>
<tr><td>4</td><td rowspan="2">银行员工非职务行为推销非本行产品（2 件）</td><td rowspan="2">消费者自身存在严重过失，应自行承担损失 90% 以上，银行视举证情况根据过错承担损失 0 ~ 10% 。</td><td rowspan="2">责任分配型</td></tr>
<tr><td>5</td></tr>
<tr><td>6</td><td>信用卡盗刷纠纷</td><td>银行承担的责任份额应不少于消费者承担的责任份额</td><td>责任分配型</td></tr>
<tr><td>7</td><td>他人冒名通过手机银行办理虚拟信用卡</td><td>涉案信用卡透支本息由银行信用卡中心承担较多责任</td><td>责任分配型</td></tr>
<tr><td>8</td><td>银行为上海文交所开通资金划转服务，消费者投资遭受损失</td><td>不支持消费者投诉，可申请监管部门调查资质问题</td><td>驳回型、附加建议型</td></tr>
<tr><td>9</td><td>未经申请开通信用卡影响征信记录</td><td>不支持消费者其他诉求，可向金融信用信息基础数据库或银行提出异议，要求删除相关信用卡信息</td><td>驳回型、附加建议型</td></tr>
<tr><td>10</td><td>保险理赔纠纷</td><td>认可一审法院判决，接受重新评估定损结果</td><td>附加建议型</td></tr>
</table>

其中，有 2 件中立评估案件双方当事人后续基于中立评估结果签订了调解协议，另外的还未有下一步行为。在双方当事人至少有一方不认可评估结果、不愿意基于评估结果签署调解协议的情形下，如果不确定对评估结果的执行则会存在以下问题：第一，中立评估程序的开展规则无法确定，即究竟更侧重于调解程序模式还是更侧重于仲裁程序模式展开中立评估；第二，由于中立评估结果无法以执行力约束当事人，中立评估程序的程序性规则无法约束当事人；第三，无执行力可能会促使当事人恶意不签订调解协议以规避程序责任；第四，无执行力可能会促使当事人在程序进行过程中恶意规避某些关键证据，在后续具有执行力的程序中（如仲裁程序、诉讼程序）进行证据突袭。

（二）中立评估结果的执行模式构建

如前所述，确立评估结果的执行模式是确有必要的，只有这样才能落实评估报告的参考效力，使得中立评估程序的进行具有明确目的性。其中，驳回型评估结果和附加建议型评估结果不存在执行的问题，不具有执行力。在金融消费者的诉求被驳回的情形下，其可以再寻求诉讼等其他救济途径，不存在客观上的执行内容；在评估意见仅建议金融消费者采取下一步措施的情形下，金融消费者可以参考该建议寻求下一步的救济途径。类似地，新加坡 FIDReC 若提出金钱给付以外之建议，该建议对金融服务业无拘束力。责任分配型和赔偿给付型评估结果均要求金融机构承担一定的责任，履行与其责任相适应的赔偿或补偿义务，所不同的是，责任分配型评估结果通常可能并不会写明具体的赔偿金额或损失金额，只写明责任大小或比例①（若同时写明赔偿数额则可按照赔偿给付型评估结果的执行模式执行）。若双方均接受赔偿数额或责任比例，则可以直接将评估结果转化为调解或和解协议后申请司法确认进行下一步的执行。若金融消费者单方不接受评估结果，其可以寻求其他途径解决纠纷，不存在执行问题。因此，需要探讨的是责任分配型和赔偿给付型评估结果如何约束金融机构保障执行的问题。从一元制评议模式的评议决定效力来看，片面拘束力能够较好地落实无法签署调解协议时评估结果的执行问题，从而达到倾斜保护金融消费者的目的。笔者认为可以采用契约化设计达到类似片面拘束力的效果。

其一，赔偿给付型评估结果中的赔偿或补偿金额如何约束金融机构？笔者认为可以考虑以下几种模式：第一，通过金融机构与中国人民银行及调解中心签署合作协议的方式将评估结果转化为契约。合作协议中可以约定，金融机构自愿受中立评估结果的约束并在一定金额内自愿执行。此时，赔偿给付型评估结果将原本的基础金融服务法律关系转化为金融机构与金融消费者之间确定的债权债务关系，若金融机构不履行赔偿义务则金融消费者可直接就评估结果产生的债权进行起诉，法院可依简易程序快速审结后执行。或者，评估报告经公证后直接作为执行名义向法院申请执行。② 第二，有权监管机构可以要求金融机构在金融商品或服务协议中加入认诺条款，承认采用中立评估程序作出的评估结果，同样可以达到形成确定债权之效果。如类似美国州政府要求在强制火灾保险、住宅保险或汽车保险中加入鉴定条款（appraisal clause），可以在保险产品中加入定损评估条款确定理赔的金额范围。③

---

① 之所以评估委员会作出只写明责任分担比例不写明赔偿金额的评估报告，是因为双方当事人未能提供充分的证据或者提出证据的真实性未受到对方认可导致评估员无法对损失金额作出判断，而评估员并无对消费者所有诉求或争议事项发表判断的义务。关于评估程序中的证明责任问题相当复杂，本文限于篇幅无法展开。

② 《中华人民共和国民事诉讼法》第二百三十八条规定，对公证机关依法赋予强制执行效力的债权文书，一方当事人不履行的，对方当事人可以向有管辖权的人民法院申请执行，受申请的人民法院应当执行。

③ Timothy P. Law & Jillian L. Starinovich, What Is It Worth? A Critical Analysis of Insurance Appraisal, 13 Connecticut Insurance Law Journal, 291, 291 (2007).

其二，责任分配型评估结果中的责任分担大小或比例如何约束金融机构？由于评估报告未对赔偿金额或损失进行结论性判断，需要进一步确定赔偿金额或损失以明确执行内容，因此无法直接采用赔偿给付型评估结果的执行模式，但并不意味着责任大小或比例不能对金融机构产生实质性作用，否则仍会架空中立评估程序的开展，甚至可能诱使金融机构隐藏某些证据，导致评估员无法对具体数额进行认定。笔者认为，在上述赔偿给付型评估结果的执行模式基础上可以考虑以下几种模式：第一，双方当事人得就损失进行协商或进入调解程序调解，或就损失再进行重新中立评估，在此基础上直接适用评估结果对责任的分配；第二，若金融消费者后续选择起诉，可通过诉评对接机制的建立，使法院在判决主文中确定损失大小后，直接适用评估结果对责任的分配，提高诉讼效率的同时保障中立评估结果的执行。

（责任编辑：李　忱）

证券法制

股东账簿查阅权不正当目的之认定

——比例原则的适用

■ 李蒙娜[*]

摘要：股东作为公司投资者，其投资收益与公司经营业绩密切相关。由于有限公司具有人合性、封闭性等特点，部分中小股东难以了解公司经营情况，其合法权益易受到损害，股东账簿查阅权案件逐年增多。股东查阅公司账簿的目的正当是保证股东合理行权、平衡公司与股东利益的关键。由于《最高人民法院关于适用〈中华人民共和国公司法〉若干问题的规定（四）》列举不正当目的之情形，恐难回应相关实务审判中的所有争议难点，本文提出在股东账簿查阅权不正当目的认定中适用比例原则，以保持司法审判标准的统一性。本文对比例原则适用的理论基础、可适性及必要性进行论证，建议根据比例原则修正立法疏漏的同时，将比例原则作为案件审判原则，并将其用于公司治理，以减少诉累。

关键词：股东账簿查阅权　不正当目的　利益平衡　比例原则

一、 有限公司股东账簿查阅权不正当目的认定引入比例原则的基础

（一）股东账簿查阅权不正当目的认定的立法旨意：利益平衡

从现代公司理论角度，股东是公司剩余价值索取权和控制权的承担者，但股东向公司请求利润分配、获取红利，需要其他权利的配合。因此，法律赋予股东经营管理权、人事任免权、表决权等权利帮助股东获取收益。以上所有股东权利的行使还需要建立在股东知晓公司信息、了解公司经营情况的基础之上。股东知情权作为股东权利体系的基础性权利，在其中发挥着不可或缺的作用。规模较大的有限公司往往由部分股东参与公司的运营管理，而其他股东与作为公司管理层的股东便会产生“信息不对称”① 问题，同时管理层内部股东由于职位的不同，对公司

---

* 北京大学法学院2016级硕士研究生。

① 信息不对称是指交易双方，由于所处位置不同，一方无法观察和监督另一方的行为以至于信息无法获取或获取不完整，或者观察和监督成本不经济，而导致的信息获取不对等的状态。

经营情况和实质问题的了解程度不一，也存在一定的“信息偏在”问题，以上均会产生代理成本。[①] 法律赋予股东账簿查阅权，股东通过查阅最能反映公司经营状况的会计账簿，可减少“信息不对称”现象的产生，同时对作为管理层的股东起到部分威慑作用，激励其更好地参与公司治理。因此，股东账簿查阅权是“刺破信息面纱”的利剑。[②]

每个权利都应该有边界，而限制权利的要件常为对行权目的正当性的判断，要保证在维护一方权利的同时不会损害另一方的合法利益。[③] 立法者应平衡公司利益与股东利益，对股东行使账簿查阅权进行适当限制。在保护股东利益、减少代理成本的同时，防止股东通过行使账簿查阅权实施机会主义行为，否则公司利益受损后，也将导致保障股东利益成为无稽之谈。

（二）比例原则的实质精神：平衡目的与手段

比例原则的核心思想是衡量目的和手段。比例原则的衡量步骤[④]中，集中体现成本收益衡量的狭义比例原则表明应对手段所带来的其他后果与手段所欲实现的目的加以衡量。只有手段的副作用小于手段目的的实现所带来的好处时，才通过比例原则的审查；如若不然，理性的做法是抛弃最初设定的目的。经济学中的卡尔多—希克斯效率标准是成本收益衡量的常用标准。[⑤] 比例原则审查在核心思想上同样符合卡尔多—希克斯效率标准。

（三）不正当目的认定的立法考量与比例原则核心思想相同

在股东账簿查阅权制度中，利益平衡思想贯穿始终。权利需要被保障，但并不是无限度的，适当对权利进行限制才可平衡各方利益。[⑥] 在股东账簿查阅权制度中，股东查阅目的的正当性，基于股东账簿查阅权自益性和公益性考量，是限定股东行使账簿查阅权的重要边界，也是平衡股东知情权和保护公司商业秘密冲突之需要。[⑦] 由于“正当目的”具有较强的主观性，因此法律较难准确判断股东是否具有正当目的，而《最高人民法院关于适用〈中华人民共和国公司法〉

---

① Mcchesney, Fred S, Proper Purpose, Fiduciary Duties, and Shareholder - Raider Access to Corporate Information, 68 University of Chicago Law Review 1199 (2000), p. 1206.

② 赵万一:《公司治理与投资者利益保护》，211 - 212 页，社会科学文献出版社，2003。

③ 梁慧星:《民法总论》，257 页，法律出版社，2004。

④ 比例原则审查阶段是一个预备阶段和三个子阶段，首先应判断采用手段是否合目的性，经过预备阶段的检验，即可进入适当性、必要性审查阶段，判断此手段是否为副作用最小且必不可少的手段。最后比例原则要对手段的成本和目的实现的收益进行对比，手段合理、适度、成比例方可采用。参见纪海龙:《比例原则在私法中的普适性及其例证》，载《政法论坛》，2016 (3)。

⑤ 卡尔多—希克斯效率标准是指如果某个措施（例如施行某个法律）导致获益者的获益（经济学上表述为获益者对该获益的定价），高于受损者的损失（经济学上表述为受损者对其所受损失的定价），那么该措施就符合卡尔多—希克斯改进。

⑥ Robert Alexy, A Theory of Constitutional Rights, 47 Journal of Midwifery & Womens Health 178 (2002), p. 179.

⑦ 陈霞睿:《利益平衡：破解股东会计账簿查阅权正当目的的认定之困境——基于 116 个案例实证研究》，载《法院改革与民商事审判问题研究》，2018 (2)。

若干问题的规定（四)》（以下简称《公司法司法解释四》）采取列举“不正当目的”情形的方式，又难免挂一漏万。[①] 立法机关在立法过程中虽然严谨立法，但由于法律条款受到文字表述的限制以及立法者个人想法的影响，常不能为司法实务制定完善的裁判标准，导致各法院在审判同类案件时会产生不同的裁判结果。法官自由裁量权的空间过大，会损害司法的公正性。[②] 一个案例中的裁判思路之所以能为不同案例提供参考，并非由于案情具有相似之处，而是法官采用的审判原则具有共通之处。法官只有站在原则层面进行裁量，才能保证涉及不同“不正当目的”案件审判结果的公正性。这不免让我们联想到公法领域处理目的正当性，有效平衡各方利益的“帝王原则”——比例原则。笔者认为，法官在股东账簿查阅权案件中引入比例原则进行审判不失为解决不正当目的认定难题的良策。

二、 比例原则在股东账簿查阅权不正当目的认定中具有可适性

（一）比例原则的普适性及其“四阶”结构

波斯纳明确指出，“手段—目的”思维其实就是成本收益分析。这种分析方法，经济学家称为“成本收益分析”，而实践理性哲学家将其称为“手段—目的理性”，其在任何的思维领域中均占据重要地位，当然也包括法律推理。[③] 比例原则已广泛应用于行政法领域。根据比例原则的要求，行政机关行使裁量权应当符合法律目的全面考虑各种因素，综合衡量各种利益关系，使其所采取的手段与所追求的行政目的成比例。《中华人民共和国行政处罚法》第四、第五条便体现了比例原则的具体应用。[④] 该条款要求行政处罚的程度必须与违法行为的情节、危害程度成比例。由于经济学分析方法可适用于所有领域，而比例原则可以看做是经济学中成本收益分析方法的另一种诠释，因此，比例原则的适用范围并非局限于公法领域，而是具有更为广泛的适用

---

① 《最高人民法院关于适用〈中华人民共和国公司法〉若干问题的规定（四)》第八条：“有限责任公司有证据证明股东存在下列情形之一的，人民法院应当认定股东有公司法第三十三条第二款规定的‘不正当目的’：（一）股东自营或者为他人经营与公司主营业务有实质性竞争关系业务的，但公司章程另有规定或者全体股东另有约定的除外；（二）股东为了向他人通报有关信息查阅公司会计账簿，可能损害公司合法利益的；（三）股东在向公司提出查阅请求之日前的三年内，曾通过查阅公司会计账簿，向他人通报有关信息损害公司合法利益的；（四）股东有不正当目的的其他情形。”

② 张敏、杨宇昕：《比例原则视角下商业道德的认定——以互联网新型不正当竞争案件为对象》，载《上海商学院学报》，2016（12）。

③ ［美］理查德·波斯纳，苏力译：《法理学问题》，133 页，中国政法大学出版社，2002。

④ 《中华人民共和国行政处罚法》第四条：“行政处罚遵循公正、公开的原则。设定和实施行政处罚必须以事实为依据，与违法行为的事实、性质、情节以及社会危害程度相当。对违法行为给予行政处罚的规定必须公布；未经公布的，不得作为行政处罚的依据。”《中华人民共和国行政处罚法》第五条：“实施行政处罚，纠正违法行为，应当坚持处罚与教育相结合，教育公民、法人或其他组织自觉守法。”

性，其在其他法域中也具有重要地位。[①]《中华人民共和国民法通则》（以下简称《民法通则》）对其内涵有诸多体现，《民法通则》规定相邻关系的各方在对相邻不动产造成影响时必须选择影响最小的方式，同时也需要为对方适当利用自己所有的不动产提供必要的便利。而且，比例原则与《中华人民共和国反不正当竞争法》在控制权力、保障自由方面有异曲同工之效，将比例原则应用于不正当竞争案件的裁判中顺理成章。在不正当竞争案件中，界定经营者行为是否符合商业道德时，裁判者往往需要衡量经营者经营自主权的范围是否超越了市场公平竞争的界限。比例原则的价值衡量作用与这种不同利益权衡博弈的需求不谋而合，为其在商业道德的界定提供了理论土壤。

传统意义下的比例原则包括适当性原则、必要性原则和狭义比例原则，此为比例原则的“三阶”结构。随着立法的不断完善以及司法实践经验的不断总结，比例原则从传统的“三阶”结构，转变为加入“目的正当性原则”的“四阶”结构。[②]其中，目的正当性原则是指此行为必须出于正当的意图，不得损害他人的合法利益；适当性原则是指此行为运用的方式必须恰当，是帮助实现正当意图的合理手段；必要性原则是指此行为采取的方式必须必要，是基于对他人损害最小化考量后的合理手段；狭义比例原则是指此行为所采取的措施与其所达到的目的之间必须合比例。[③]

（二）比例原则在股东账簿查阅权不正当目的认定中的可适性分析

在此，笔者将以个案分析的方法，从审判实务出发，逐一对比例原则的“四阶”结构进行分析，证明比例原则的“四阶”结构在股东账簿查阅权不正当目的认定问题中均具有可适性。总结得出，在保证目的正当的前提下，股东首先应穷尽内部救济方式。如确有查阅账簿之需要，股东才可采用与其目的相称的手段进行查阅，“四阶”结构缺一不可。

1. 目的正当性原则在股东账簿查阅权不正当目的认定案件中的可适性。在股东账簿查阅权案件中，法院首先应界定股东查阅目的是否正当。除对照具体不正当目的情形外，法院还应运用目的正当性原则，综合考虑股东目的是否善意、正当，不损害公司利益。如在杨洪利等诉重庆万水源水产品销售有限公司股东纠纷案中[④]，杨洪利等七位股东要求查阅公司会计账簿，其查阅目的是了解公司经营的真实情况，公司未按股东会决议半年分红。因公司未举示证据证明召开股东会、通报公司经营情况等事实，该查阅目的当然具有正当性。但公司举证证明杨洪利等七位股东自营与公司存在业务竞争关系的公司，因此拒绝杨洪利等七位股东查阅公司账簿。对此，法官

① 梁上上：《制度利益衡量的逻辑》，载《中国法学》，2012（4）。
② 刘权、应亮亮：《比例原则适用的跨学科审视与反思》，载《财经法学》，2017（9）。
③ 刘权：《目的正当性与比例原则的重构》，载《中国法学》，2014（4）。
④ 重庆市江北区人民法院（2016）渝0105民初15477号判决书。

曾写下如下案件评析意见：《公司法司法解释四》第八条以列举的方式明确了股东查阅会计账簿具有不正当目的的几种典型情形，但在分析具体案件时，还应考量股东查阅目的是否为善意且无害于公司。正当目的最基本的内涵应当是诚信、善意。而股东行使知情权的前提条件是不得损害公司利益，如果查阅行为损害公司利益，将与立法初衷背道而驰。此案判决符合目的正当性原则的含义。

2. 适当性原则在股东账簿查阅权不正当目的认定案件中的可适性。法院在审查股东没有不正当目的的基础之上，应对股东可能采取的查阅手段进行评估，若存在损害公司利益的可能，公司可拒绝股东请求。如在朱某某与甲公司股东知情权纠纷上诉案①中，本案朱某某为了证明其具有“正当性目的”，主张公司年检报告书数据与事实严重不符。但是，朱某某却没有提供符合客观事实的数据，供原审法院核对公司年检报告书。据此，法院认为朱某某查阅公司会计账簿缺乏“正当性目的”。与朱某某目的性主张所截然不同的是，甲公司认为朱某某查阅会计账簿的目的是侵占、销毁账簿，会直接损害公司的权益。而庭审中查明，朱某某确曾侵占、销毁过公司历年的财务资料，虽然甲公司此次若提供了账簿，并不必然导致被朱某某销毁的结果，但结合朱某某过去的行为，甲公司主观意识上所产生的“根据”不可谓不合理。按照《中华人民共和国公司法》（以下简称《公司法》）规定，一旦公司形成了“合理根据”认为股东查阅账簿可能损害公司合法权益，即使该项“合理根据”尚存一定的或然性，但为了最大限度保护公司的正常运作，公司仍可以拒绝提供查阅。② 该判决结果表明股东行使账簿查阅权的方式必须适当，与比例原则中的适当性原则内涵相同。

3. 必要性原则在股东账簿查阅权不正当目的认定案件中的可适性。为提高争议解决效率，法院应先行审查股东是否已穷尽公司内部救济方式，判断诉讼程序是否必要。如在林九三等诉沈阳不老林糖果有限公司股东知情权纠纷案③中，林九三怀疑公司资产已被转移，为了解公司资产情况，要求查阅公司账簿。然而该公司已召开股东会通过决议自行解散公司，并成立清算组进行清算，公司已经进入清算状态。林九三作为清算组成员可通过参与清算程序掌握公司债权债务与资产情况，维护其股东权益。综上，法院认为，林九三本案中提出的查询目的正当与否均不影响本案的结果，其应通过其他途径主张权利。如认为清算中存在拖延清算或违法清算的情形，应通过申请法院强制清算的方式寻求救济，而不具有查阅账簿的必要性。

---

① 上海市第一中级人民法院（2010）沪一中民四（商）终字第1197号判决书。

② 《中华人民共和国公司法》第三十三条：“股东可以要求查阅公司会计账簿。股东要求查阅公司会计账簿的，应当向公司提出书面请求，说明目的。公司有合理根据认为股东查阅会计账簿有不正当目的，可能损害公司合法利益的，可以拒绝提供查阅，并应当自股东提出书面请求之日起十五日内书面答复股东并说明理由。公司拒绝提供查阅的，股东可以请求人民法院要求公司提供查阅。”

③ 辽宁省沈阳市中级人民法院（2014）沈中民三中字第1221号判决书。

4. 狭义比例原则在股东账簿查阅权不正当目的的认定案件中的可适性。法院对以上三原则分别进行审查后，确定股东行权边界的核心因素是衡量股东手段与目的是否成比例，股东应在其目的范围内合理行使账簿查阅权。如在南通市华某流体机械有限公司与沈某等股东知情权纠纷上诉案①中，沈某等五名股东为了解公司经营信息，向公司书面申请查阅会计账簿，公司举证沈某系其同业竞争公司股东，拒绝股东查阅。法院认为，《公司法》对股东并无竞业禁止限制，不能证明沈某行使股东知情权的目的具有不正当性，也不能证明其他四名股东与同业竞争公司存在关联，其应承担举证不能的不利后果。考虑到公司利益与股东利益的平衡，沈某等五人行使股东知情权应予支持，但其行使知情权应仅限于了解公司经营情况的合法目的，不得泄露公司经营信息或侵犯其商业秘密，否则应承担相应的法律责任。法院对股东行使知情权的范围进行限制，实则要求股东采取措施与其目的应成比例，即遵循狭义比例原则。

三、 规则疏漏引发比例原则适用具有必要性

基于前述，在股东账簿查阅权不正当目的的认定问题中适用比例原则具有一定的理论基础和可适性，下文笔者将围绕我国实务审判现状，重点分析适用比例原则的紧迫性与必要性。比例原则适用于对案件作出宏观层面的判断。然而，在规则方面，我国立法疏漏现象较为普遍，常见的解决方法是最高人民法院根据长期实践总结的实务审判经验，出台司法解释以弥补法律的疏漏。但司法解释能否完美回应司法案例中出现的各类情形，是否能对法律作出详尽补充？这一问题还需在实务审判中寻找答案。笔者试图对有限公司股东账簿查阅权司法案例进行实证研究，选取各地法院2006—2018年间的205个有限公司股东账簿查阅权案例样本，类型化分析案例样本中股东账簿查阅权不正当目的的认定环节涉及的各类情况，了解法官在面对《公司法司法解释四》尚未列举的不正当目的的情形，以何依据作出审判，在对大量案例样本进行分析的基础上，总结法院对股东账簿查阅权不正当目的的认定标准，归纳微观规则层面存在的问题，为制度完善提出建议。

（一）样本的数据来源与研究方法

由于我国《公司法》在2005年经历大幅修改，故笔者选取2005年修改后的《公司法》下的裁判案例进行统计分析。本文关于股东账簿查阅权诉讼的实证数据为2006—2018年12年间的股东知情权纠纷案件民事判决书，来源为北大法宝数据②库。笔者在北大法宝数据库中，利用“知情权”“不正当目的”等关键词进行检索，得到股东知情权法宝推荐案例1351个。经过笔者逐一查看，共有614个案件的争议焦点为股东账簿查阅权不正当目的之认定。以上裁决样本均内

① 江苏省南通市中级人民法院（2016）苏06号终4399号判决书。

② 北大法宝数据库是目前运用广泛，案例较为齐全的法律数据库。

容翔实，判决意见完整。由于涉及此问题的案件数量较多，笔者采用随机抽样的方法选取部分案例进行实证分析，① 从614个相关案例中抽取出205个样本，预期取得的统计结果较为贴近事实情况。② 本文采用的实证研究方法是对这205个样本进行类型化描述统计，逐一分析股东账簿查阅权不正当目的认定程序中各个环节的情况，探寻不同法院的裁判逻辑与观点立场，从而总结得出常见不正当目的情形下的裁判规律与共性问题，提出解决建议。

（二）样本的描述统计

1. 公司治理未能平衡股东与公司利益。

（1）股东行权依赖诉讼。在笔者搜集的205个案例样本中，股东账簿查阅权案件的上诉率为96.58%，原被告双方均未提起上诉的案件仅有7件，绝大多数案件经历二审甚至再审程序，诉讼时间长。而在二审过程中，法院依法改判的案件仅为8件。190件上诉案件经审理后维持原判。股东账簿查阅权案例样本上诉率及二审案件维持率具体情况见图1。

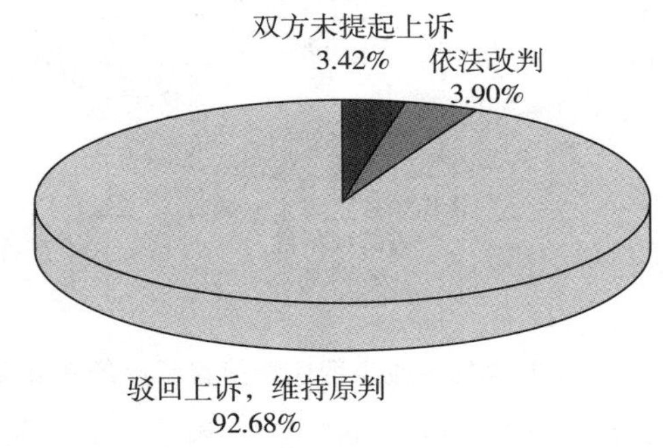

图1 股东账簿查阅权案件上诉率、二审案件维持率

通过观察样本数据，我国股东账簿查阅权诉讼案件上诉率极高，而案件改判率较低，造成大量司法资源的浪费。究其本质，反映了我国有限公司内部治理机制尚不成熟，股东权益与公司利益之间冲突不断，股东行权依赖诉讼，公司或股东在没有获取突破性证据的情况下便贸然提起上诉或申请再审程序的现象较为普遍。

（2）公司章程未细化规定股东行权具体条件。根据前文统计描述，我国股东行使账簿查阅权依赖司法机关的介入，反映我国有限公司内部治理较为混乱的现状。根据《公司法》规定，

---

① 随机抽样是统计学上典型的样本选取方法，笔者在抽样时尽量增加随机性，将614个相关判决书样本打散后在Excel表格中连续编号，运用系统抽样原理，以第1个判决书样本为起点，令抽样距离为2，即每隔2个抽取1个判决书样本，总共抽取205个样本。样本数量较多，从理论层面上应较能反映实际情况。

② 随机抽样方法在此类实证研究中较为常用，统计结果较为科学。例如李建伟：《股东知情权诉讼研究》，载《中国法学》，2013（2）。

有限责任公司成立之初就应制定公司章程，章程规定是公司治理的源头。公司章程与《公司法》是协调共生的关系，公司应首先依照章程的规定处理相关事务，当公司自治失灵时，再去寻求法律救济。反之，公司章程也可对《公司法》中的疏漏之处进行补充规定，以更好地体现公司个性。因此，笔者统计案例样本中公司章程规定股东账簿查阅权行权条件的案件数量，以了解有限公司在内部治理过程中对股东行使账簿查阅权的规范程度。根据审级区分，且此类案件上诉率较高，笔者选择二审案件作为样本进行下列分析得出结果较为合理。在198个二审案例样本中，公司章程中规定股东行使账簿查阅权条款的案件数量为4件，而大量公司在公司章程中没有规定股东行使账簿查阅权的具体条件或与《公司法》规定雷同。笔者统计信息见图2。

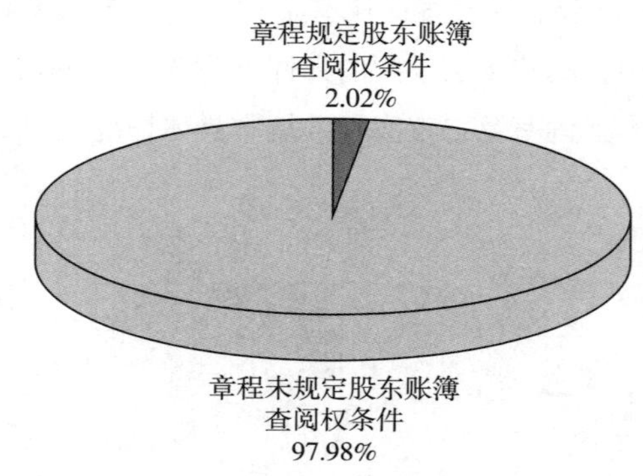

图2　公司章程规定股东行使账簿查阅权条件情况

图2反映出有限公司章程条款大多抄袭《公司法》规定，未从公司实际情况进行规范，导致公司治理作用有限，也为保护股东权利埋下隐患。如果在公司治理层面，公司能运用比例原则处理好股东与公司的利益关系，将不会导致股东账簿查阅权案件数量激增，也可提高公司治理效率。

2. 近年来股东账簿查阅权案件数量激增。依据裁判日期来看，笔者所搜集的198个二审案例样本中，来自2006年0则，2007年0则，2008年4则，2009年6则，2010年7则，2011年8则，2012年12则，2013年14则，2014年17则，2015年35则，2016年42则，2017年48则，2018年5则。案例年份分布如图3所示。

从折线图中纵向对比各年案件分布情况可见，2014年以前，股东账簿查阅权纠纷案件较少，从2014年到2017年案件数量呈现快速增长趋势。由于2018年尚不能统计全年案件数量，故2018年案件数量的数据暂无参考意义。以上数据反映出近年间股东账簿查阅权诉讼案件数量剧增，不正当目的认定问题已成症结。

3. 现行法规未能解决股东账簿查阅权案件现实审判难题。图4是笔者对2006—2018年间案例样本中公司提出的不正当目的类型的统计结果。在198个二审案例样本中，出现因股东自营或

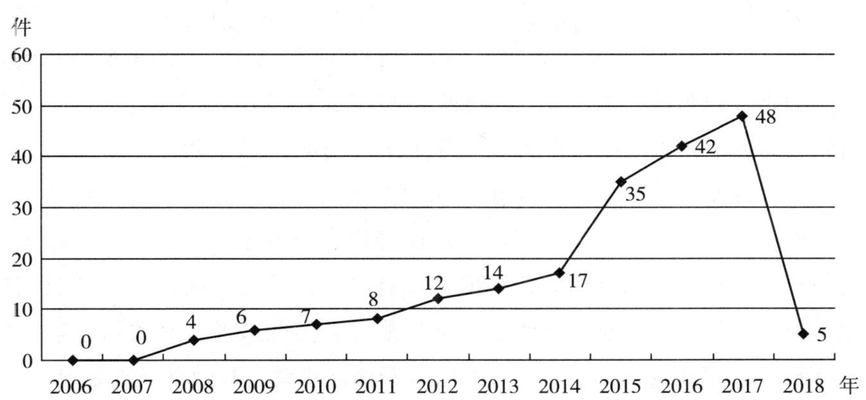

图 3 股东账簿查阅权案件年份分布

为他人经营与公司主营业务有实质性竞争关系业务情形的案件有 66 件，占 33.17%；出现因股东为了向他人通报有关信息而查阅公司账簿，可能损害公司合法利益情形的案件有 5 件，占 2.44%；出现因股东在向公司提出查阅请求之日前的三年内，曾通过查阅公司会计账簿，向他人通报有关信息损害公司合法利益情形的案件有 2 件，占 0.98%；公司提出股东查阅是为获取商业秘密的不正当目的的案件有 15 件，占 7.32%；公司以股东参与公司经营管理，知晓公司财务状况为由拒绝查阅的案件有 6 件，占 2.93%；因股东查阅公司账簿是为了另案诉讼准备证据而

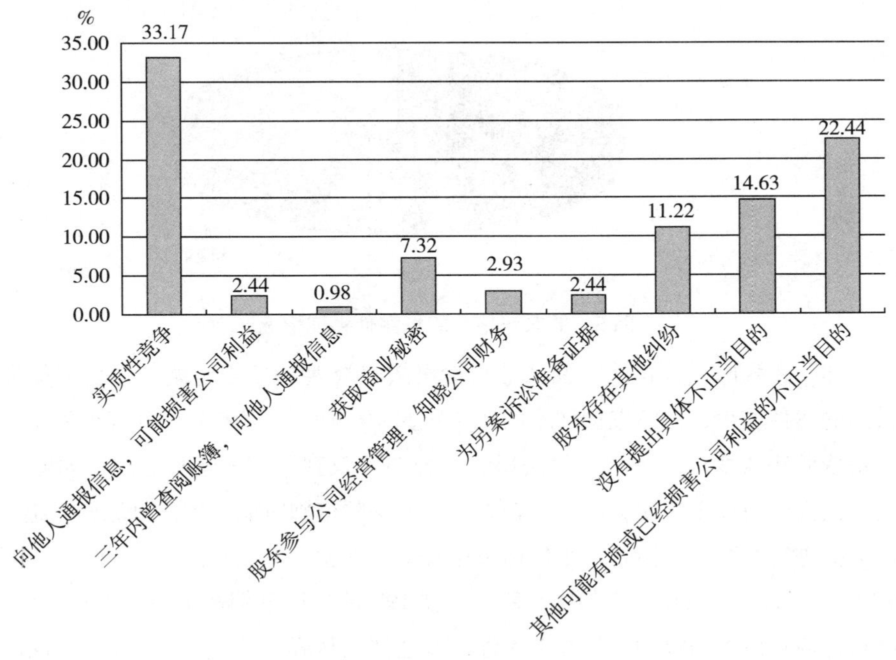

图 4 不正当目的类型

拒绝查阅的案件有5件，占2.44%；因股东与公司或其他股东之间存在其他纠纷的案件有23件，占11.22%；公司没有提出股东具体不正当目的情形的案件有30件，占14.63%；股东存在其他可能有损或已经损害公司利益的不正当目的案件有46件，占22.44%。

由图4可知，实务审判中，股东自营或者为他人经营与公司主营业务有实质性竞争关系业务、股东为获取公司商业秘密以及股东存在为私益而查阅，并由此损害公司利益是不正当目的的常见情形。然而，争议焦点为因《公司法司法解释四》第八条第二款、第三款规定的“股东为了向他人通报有关信息而查阅公司会计账簿，可能损害公司合法利益”和“股东在向公司提出查阅请求之日前的三年内，曾通过查阅公司会计账簿，向他人通报有关信息损害公司合法利益”情形而引起抗辩的案件数量并不多，共占比3.42%。由此，我国立法规定的“不正当目的”情形远不能解决实务中各类情况，需要引入比例原则，以维持司法审判的稳定性。

4. 法院裁判易有失偏颇。

（1）公司举证难度大，胜诉率低。针对不正当目的的举证情况，198个案例样本中有20个案例，公司举证证明股东行使账簿查阅权有不正当目的，且证据充足，法院予以采纳；而在其他88个案例中，被告虽然主张原告查阅账簿具有不正当目的，但没有举证证明；还有90个案例，被告提出部分证据来证明原告具有不正当目的，但由于证据的证明力尚未达到证明标准，法院允许原告查阅公司会计账簿。各举证情况具体比例如图5所示。

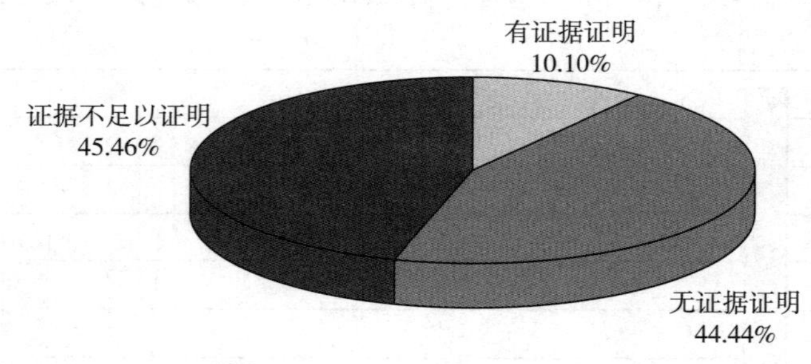

图5　股东账簿查阅权案件举证情况

从图5可知，在我国《公司法》及《公司法司法解释四》的规定之下，公司能证明股东具有不正当目的的案件较少，占总案例样本的比率仅为10.10%。笔者分析各案件案情，由于部分法院审判严格依照法条规定，而《公司法司法解释四》仅列举部分情形，难以对举证证据再作出细化规定，论证公司证据证明力的难度较大。如若法院审判时能依据比例原则，根据具体案情和双方举证情况进行判断，可弥补规则层面未尽及难尽事宜。

（2）法院过度保护股东权益。如图6所示，在198件二审案例样本中，股东查阅目的正当，法院判决股东行使账簿查阅权的案件有175件，占全部案例样本比例为88.38%；法院认定股东具有不正当目的，判决公司胜诉的案件有20件，占比10.10%；经法院查明，股东还存在其他救济可能，可以选择利用其他救济方式的有3件，占比1.52%。

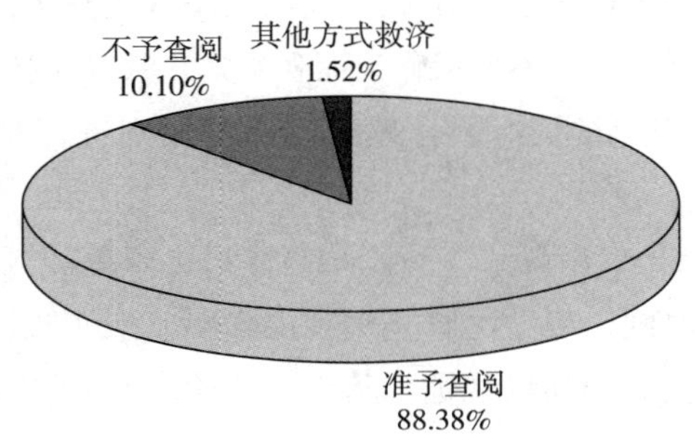

图6　股东账簿查阅权案件审理结果

由于《公司法》及《公司法司法解释四》对股东“不正当目的”的规定尚不详尽，部分法院超越法律规定，根据自由裁量权判决有失偏颇，过度保护股东利益而使公司商业秘密遭到泄露，严重损害公司利益。因此，引入比例原则利于法官在面对尚未明确的不正当目的情形以及模棱两可的举证时平衡股东与公司双方利益，降低案件上诉率，减少诉累。①

需要注意的是，在运用比例原则分析案件时，要归类总结各类案件的审理结果，归纳出适用于各类案件的具体规定，充实现有法律规则的内容。当某一类型的案件反复出现时，我们可以将利用比例原则处理的结果进行类型化分析，从中提炼出适用于一类案件的具体规则，将比例原则的评价要求融入具体规则之中。只有当规则不能解决案件焦点时，才考虑运用比例原则对个别案件进行综合考量，以保持与其他案件裁判的统一性。正是由于我国目前关于股东账簿查阅权不正当目的的认定问题存在诸多立法疏漏，引入比例原则这颗“急救药”才具有必要性。

四、 对我国股东账簿查阅权不正当目的的认定的完善建议——适用比例原则

（一）原则层面——引入比例原则作为审判原则

我国正在建设社会主义法治国家，应学习吸收国外先进立法经验。比例原则与依法治国的实质相通。② 许多国家已将其广泛应用于私法领域。我国应积极引进并深入学习比例原则。我国现行《公司法》及《公司法司法解释四》并未完整解决股东账簿查阅权实务审判中的认定难点，我们在考虑逐步完善法律条文的同时，也应考虑到对“不正当目的”这一主观状态认定的困难

① 胡璐茜：《浅析我国股东知情权的保护》，载《法制与社会》，2007（2）。

② 李荣珍、尹霞：《试论比例原则及其在我国行政诉讼中的适用》，载《海南大学学报（人文社会科学版）》，2004（6）。

性。此时，回到立法主旨，将平衡各方利益的比例原则作为兜底原则对案件进行类型化分析，可以使司法审查标准有据可循，有效限制法官的自由裁量权，促进司法公正。对于股东账簿查阅权不正当目的的认定标准，世界各国主要采用概括式或列举式立法方式。而概括式立法和列举式立法均有一定的局限性，概括式立法不便操作，而列举式立法难免挂一漏万。因此，针对不正当目的认定问题，在修正现有规定的同时，合理引入比例原则进行判断是解决这一问题的最佳方法。

（二）规则层面——基于比例原则“四阶”结构修正法律条款

比例原则作为案件审判原则，帮助法官从宏观层面衡量股东查阅账簿的目的，而微观层面的规则缺失同样可以利用比例原则加以规范，基于“四阶”结构，保障股东在查阅账簿全程中做到有法可依。

1. 基于目的正当性原则，增加“商业秘密”条款以适应实务审判需要。根据前文实证研究，涉及《公司法司法解释四》第八条第二、第三款规定的情形较少，且在审判实务中较难举证，易造成司法裁判不公的结果。而公司主张股东查阅账簿是出于获取商业秘密的抗辩理由却较为常见。因此，笔者建议将第八条第二、第三款修改为“（二）股东为了向第三人通报获取的商业秘密；（三）股东在向公司提出查阅请求之日前的三年内，曾通过查阅公司会计账簿，向他人通报得知的商业秘密”。同时，我国可以吸收《美国特拉华州普通公司法》的立法经验，规定公司与股东可以事先签订保密协议，约定股东只能在其说明的目的范围内查阅会计账簿，并对其查阅内容承担保密义务，禁止股东做出有损公司利益的行为，并明确约定股东的违约责任等。①

2. 基于适当性原则，增加“股东为私益要求查阅账簿，并曾有损害公司利益的行为”条款。前文中，笔者从搜集的205个案例样本中发现，“股东为私益查阅账簿，并曾有损害公司利益的行为”的情形未列入不正当目的的情形当中，各法院对涉及该情形的案件裁判不一。虽然我们不能认定股东曾有损害公司利益的行为，此番查阅公司账簿就一定会损害公司利益，但探究《公司法》对此规定的立法原意可知，《公司法》在此只要求具有或然性，即由之前行为可以合理推测此次行为目的具有不正当性，即可认定股东具有不正当目的。增加该条款进入《公司法司法解释四》，符合适当性原则的精神，鼓励股东运用合理手段行使账簿查阅权，也可缓解公司举证难的现状。

3. 基于必要性原则，建立非诉前置程序。实证研究结果表明，股东行权困难重重，较为依赖诉讼维权。而公司章程未对股东行使账簿查阅权不正当目的的情形作进一步细化规定。笔者认为，为了节约司法资源，提高维权效率，股东应穷尽内部救济，将非诉程序作为前置程序，法院

---

① Welch, Edward P, A. J. Turezyn, and E. L. Folk, Folk on the Delaware general corporation law: fundamentals, New York: Little, Brown and Company, 2000, pp. 12 – 18.

应将股东已履行前置程序作为认定股东查阅账簿具有正当目的的前提。①

4. 基于狭义比例原则，限制股东行权范围。通过案例样本分析，目前法院由于立法疏漏，股东账簿查阅权案件裁判结果易过度保护股东知情权，而忽视对公司商业秘密的保护。笔者建议，《公司法》应补充规定股东仅限于其了解公司经营情况的合法目的，不得泄露公司的经营信息或侵犯其商业秘密，否则应承担相应的法律责任，以此平衡公司与股东利益。

（三）体系层面——运用比例原则进行公司治理

在公司治理层面，除遵守法律规定外，还需加强自身管理。上文中笔者统计得出我国多数有限公司不注重设立章程内容，只将其视为法律规定的必需品，抄袭《公司法》条文。因此，大多数公司章程内容千篇一律，这无助于有限公司的有效自治。运用比例原则在公司章程中设定不违反《公司法》的股东行权细则，可规定公司应在股东提出查阅账簿请求三日内，审查股东目的是否有损公司利益。公司允许股东查阅账簿后，应派专人在指定地点为股东提供其目的范围内的公司账簿，以减少诉累。

五、结语

法律与权利的关系在于权利需要由法律加以限制，如何设置权利的边界、如何平衡各权利之间的利益关系，需要法律完善制度设计。而法律相对具有滞后性，立法制度也远不能解决实务审判中的各类情况，在完善制度的过程中，引入比例原则便于保障司法裁判的公正性。尤其针对股东账簿查阅权不正当目的的认定这类法律难以详尽规定的问题，通过比例原则高屋建瓴，公司先行审查股东目的正当性，依据章程规定对股东合理行权作出判断。若查阅目的正当，穷尽内部救济措施，股东有权通过诉讼程序维权，法院应判决股东采取与目的成比例的方式进行查阅。运用比例原则综合考量才能维护裁判标准的统一性，才是法制建设的应有之义。

（责任编辑：谢　琳）

① 陶钧：《股东知情权在审判实践中的法律适用》，载《公司法前沿理论与实践》，2009（3）。

上市公司“高送转”的行为偏差和监管制衡

■ 彭玲萱*

摘要：本文首先通过上证A股“高送转”实证数据，揭示了我国证券市场“高送转”的典型状况；其次梳理了我国监管机构针对“高送转”的监管历史和监管逻辑，发现监管部门对“高送转”行为的干预存在定义和思路不统一等问题，导致监管效果不尽如人意，亟待改进；再次针对规制“高送转”的两种思路，分别介绍了美国和中国香港的监管经验；最后明确了监管“高送转”的目的，针对“高送转”的问题提出了相应的短期与长期监管措施，包括明确送转股比例上限、超出比例限制的需申报许可、出台促进现金分红的配套措施、完善信息披露说明、以目的审核兜底、建立股份拆细制度、明确公司利润分配方式、加强个人投资者教育并发挥机构投资者在公司治理中的作用。

关键词：“高送转”　股票股利　股份拆细　现金分红　利润分配

一、引言

伴随着我国主板、创业板股票发行和交易市场的不断发展，上市公司出现了很多具有“中国特色”的行为，高比例送股及高比例转增股本这一现象（以下简称“高送转”）就是其中的典型例子。“高送转”是指上市公司对原有股东进行高比例的送股、转股，一般达到每10股送转5股的比例即可以纳入“高送转”的范畴。① 市场追捧“高送转”概念股，“高送转”又常常伴生减持、内幕交易、利益输送等现象，因此监管机构对“高送转”长期持有否定态度。然而，监管机构对于“高送转”的监管态度与方式是否合理，监管是否达到了预期效果等都值得思考。因此，本文以此为题，希望探究监管机构面对上市公司“高送转”的行为偏差，以及应该如何设定监管思路，从而更好地维护股票市场秩序。

* 北京大学法学院2016级硕士研究生。

① 《上海证券交易所关于做好2011年年报“高送转”公司内幕信息知情人登记及报送工作的通知》(2012.05.14) 规定：“2011年度利润分配预案中，每10股送股及资本公积转增股本合计5股（不包含5股）以上的公司，应于2012年5月18日前将内幕信息知情人相关情况报本所备案。”

二、 我国上市公司 “高送转” 典型状况——以上证 A 股数据为例

2016 年，上证 A 股基于 2015 年营业情况实施分红方案且实施完毕的上市公司共 744 家。在此基础上筛选实施“高送转”的上市公司共 115 家，占当年实施分红方案且实施完毕的上市公司比为 15.46%。[①] 数据经整理分析可得以下结论（见表 1）：

表 1　2016 年上市公司“高送转”情况

单位：家

高转股	高送股	送转股同时进行
105	13	21

首先，高转股比例远远大于高送股。考虑到转股资金来源于盈余公积金或资本公积金，送股资金来源于税后利润，高转股远多于高送股的现状一方面体现了我国上市公司普遍利润情况不佳，因此没有足够的税后利润用于送股；另一方面也体现了由于我国的公积金制度相对较为僵化，上市公司账面上普遍积累了较多的公积金，且受到法律规定用途的限制，因此实施高转股就成为公积金的最主要运用方式。

其次，从实施日股价及“高送转”预案公告日至股权登记日股价变动情况来看（见表 2），115 只股票中共有 60 只股票股价变动比例在 0～10%，股价基本保持平稳。有 36 只股票价格呈现明显的大幅上涨（上涨比例≥10%），占总股票数量的 31.30%，大部分股票上涨幅度集中在 10%～25%，上涨幅度最大的是杭电股份，高达 65.69%。“高送转”预案公告之后有 19 只股票价格呈现明显的大幅下降（下降比例≥10%），占总股票数量的 16.52%，大部分股票下降幅度集中在 10%～25%，且没有下降幅度超过 50% 的股票。可以看出，整体而言，股价平稳波动的情况占比过半，在股价有明显大幅变动（波动幅度≥10%）的股票中，大部分是股价上涨，小部分是股价下降，且通常情况下股价上涨的幅度要明显高于股价下降的幅度。需要注意的是，由于有些上市公司发布“高送转”预案公告日与股权登记日相隔较远，部分公司甚至会达到数月之久，因此，尽管“高送转”预案发布后的股价变动对于研究“高送转”的市场反应具有较为重要的参考价值，但股价的变动也会受到多种因素影响，不可全部归因于“高送转”这一单一因素。

① 查找路径及方式为：专题统计—沪深股市—公司研究—选择板块—设定日期、送转股比例指标。根据“高送转”预案公告日至股权登记日股价变动计算股价变动比例。最后访问日期：2017 年 11 月 21 日。

表2　上市公司“高送转”对股价变动的影响

股价变动比例（x）	股价上升		股价下降	
	股票数量	占总股票数量比	股票数量	占总股票数量比
$50\% \leq x$	1	0.87%	0	0
$25\% \leq x < 50\%$	8	6.96%	2	1.74%
$10\% \leq x < 25\%$	27	23.48%	17	14.78%
$0 \leq x < 10\%$（平稳波动）	26	22.61%	34	29.57%
总计	62	53.91%	53	46.09%
总股票数量				115

再次，“高送转”的具体比例高低与上市公司股本总额、现金股息分派比例及基本每股收益等公司成长性指标或业绩指标均没有直接关系，刚刚达到“高送转”标准（送转5股）和达到10送转20的上市公司中均有股本较大或较小的情况，送转股比例低与高的上市公司中也都有现金股息分派比例和基本每股收益极低或极高的情况发生。

最后，从一些典型案例来看，“高送转”的确常常伴生操纵股价、大股东趁机减持乃至内幕交易的现象，例如海润光伏案。① 但“高送转”伴生的大股东减持也并非都是以操纵炒高股价后套现跑路为目的，毕竟大股东存在正常合理的减持需求，减持本身也并不是天然非正义，例如天龙集团案。② 因此，在关注“高送转”伴随的大股东减持、股价波动、内幕交易等情况时，减持的原因、时间点、比例以及信息披露情况等都应该纳入考虑因素，从而对“高送转”过程中是否存在违法违规行为进行个案判断。同时，市场对于“高送转”的反应（体现为股价波动）难以预料，对于“高送转”的上市公司并未区分是否具有合理理由，不同业绩经营情况的公司实施“高送转”的市场反应也很具有随机性，追捧“高送转”的风气下多以短期投机套利为主。此外，监管机构对于“高送转”伴生的违法违规行为的处罚力度时有不足。

① 海润光伏在公布“高送转”预案的同时大股东借机在股价高位大规模减持，预案发布后不久即公布上一年度净利润为负的信息，股价迅速下跌。上交所连续下发两次问询函，要求说明提议“高送转”预案与减持行为的关系，及在“高送转”预案披露前减持并提议进行“高送转”的三个大股东和董事会是否已提前知晓公司上一年度亏损的事实。最终上交所认定股东违反了信息披露规定，董事违反了忠实及勤勉义务。处罚结果为对海润光伏股东、董事长兼总经理杨怀进予以公开谴责，对其他涉案股东、董事及独立董事予以通报批评。

② 天龙集团发布“高送转”预案同时披露大股东未来半年大规模减持计划，深交所要求上市公司说明高比例送转预案的筹划过程，包括起始时间、参与筹划人及决策过程、相关信息的保密情况以及是否存在信息泄露，高比例送转预案是否存在炒作股价并配合大股东减持的意图，但最终未对其进行处罚。首先，天龙集团是处在成长期的公司，归属于上市公司股东净利润、每股收益都大幅上升；其次，公司控股股东依靠个人股票质押融资为公司提供了2亿元借款，且在此次减持后依然保持了上市公司控股股东的身份；最后，公司股价偏高，“高送转”前股本较少，“高送转”也可以增强其股份的流动性。

三、 监管历史沿革及评价

（一）我国针对上市公司“高送转”的监管要求

历史上，各级监管机构针对“高送转”的规制情况大体如表3所示：

表3 “高送转”监管文件及监管历史

序号	名称	发布年份	规制内容	现行效力
1	《中国证券监督管理委员会关于上市公司送配股的暂行规定》（证监上字〔1993〕128号）	1993	明确送股定义及条件，股本增加额不超过一倍（即最高比例为10送10）。	失效
2	《中国证券监督管理委员会关于规范上市公司行为若干问题的通知》（证监上字〔1996〕7号）	1996	明确区分送股、转股。	失效
3	《关于加强社会公众股股东权益保护的若干规定》（证监发〔2004〕118号）	2004	明确上市公司应实施积极的利润分配办法，未进行现金分配需要说明原因并由独立董事发表意见，若三年未分配现金利润则对上市公司施加诸多限制。	有效
4	《中国证券监督管理委员会关于修改上市公司现金分红若干规定的决定》（中国证券监督管理委员会令第57号）	2008	将“以现金和股票为分配方式”的利润分配比例要求改为“以现金为分配方式”的利润分配比例要求。将“利润分配预案”与“资本公积金转增股本预案”并列，即将税后利润分配和盈余公积金转股视为利润分配，资本公积金转股不视为利润分配。	有效
5	《上海证券交易所关于做好2011年年报“高送转”公司内幕信息知情人登记及报送工作的通知》	2012	将“高送转”比例定为每10股送转5股，没有区分盈余公积金转增股本和资本公积金转增股本，将二者笼统纳入了利润分配预案中进行披露。	有效
6	《上市公司监管指引第3号——上市公司现金分红》（中国证券监督管理委员会公告〔2013〕43号）	2013	认为现金分红和股票股利均属于利润分配。明确现金分红相对于股票股利在利润分配方式中的优先顺序。只有在具有公司成长性、每股净资产的摊薄等真实合理因素的情况下，方可采用股票股利进行利润分配。	有效

续表

序号	名称	发布年份	规制内容	现行效力
7	《国务院办公厅关于进一步加强资本市场中小投资者合法权益保护工作的意见》（国办发〔2013〕110号）	2013	强调利润分配应作出承诺并履行，不得损害中小投资者合法权益。提出股份回购制度、以股代息制度，丰富股利分配方式。对现金分红持续稳定的上市公司在监管政策上给予扶持。	有效
8	《主板上市公司信息披露公告格式第38号——上市公司"高送转"利润分配和公积金转增股本方案的公告格式》《主板上市公司信息披露公告格式第38号：上市公司高比例送转方案的公告格式》《中小板上市公司信息披露公告格式第43号——上市公司"高送转"利润分配和公积金转增股本方案的公告格式》《创业板上市公司信息披露公告格式第42号——上市公司"高送转"利润分配和公积金转增股本方案的公告格式》	2016	将利润分配分为三类：送红股、派息、公积金转增股本，未区分盈余公积金转股和资本公积金转股。且需说明合法性与合规性、与公司成长性的匹配性、持股变动情况及未来减持计划、相关风险提示。	有效
9	证监会表态	2017	从严监管。关注业绩增长、信息披露、减持、内幕交易、现金分红。	
10	《上海证券交易所上市公司"高送转"信息披露指引（征求意见稿）》《深圳证券交易所上市公司"高送转"信息披露指引（征求意见稿）》	2018	送转股比例与业绩增长相挂钩；"高送转"披露时间与限售股解禁相挂钩；"高送转"披露时间与重要股东减持相挂钩；明确"高送转"披露的时间限制。	有效

（二）"高送转"的监管逻辑及效果评价

其一，监管机构没有界定"高送转"的性质，也没有界定股票股利的含义，对资本公积金转股、盈余公积金转股是否有区别、是否都属于利润分配也始终没有给出明确的答案。当然，这可能与对利润分配的定义理解不同有关，但至少说明不同层级的监管机构内部未能统一思路。

其二，监管思路的变化对市场的影响不可控。从2017年的市场数据可见，监管机构对于"高送转"的消极态度直接导致了市场的双重反应。一方面表现为上市公司开始谨慎进行甚至不敢进行"高送转"；另一方面导致市场以负面观点对待"高送转"的股票，尽管某种程度上减少了非理性投资者追捧"高送转"的热度，但也导致了新的问题：存在相当一部分公司是由于扩展股本、降低股价等正当需求进行"高送转"，且公司业绩表现也良好，这种"一刀切"的消极态度导致市场对所有"高送转"股票的不信任，对于这些具有充分合理理由实施"高送转"的公司属于无妄之灾。

其三，现行的针对“高送转”的信息披露规则不够明晰，容易导致上市公司在履行信息披露义务时表述不够清晰。有的公司仅在利润分配预案中笼统表述“送红股××股”“公积金转增股本××股”,[①] 从而容易给投资者的认知和决策造成误导。

其四，监管机构在对“高送转”进行监管和处罚时，存在调查取证较难的困境。在认定了“高送转”中的违法违规行为的情况下，监管机构也存在着处罚不到位、力度过轻的现象，未能实施有效的打击。

其五，送转股比例过高就列入重点监管范围的监管思路值得讨论。送转股比例会受到上市公司具体业绩、现金流、发展阶段及计划等一系列指标的影响，比例过高也可能是由于公司处于成长阶段需要资金再投入生产经营或降低股价等合理目的而导致的。因此，应该综合考虑公司发展情况、业绩指标、财务指标、配套减持计划、股价波动情况等以对“高送转”实施合理与否进行个案判断。且从前文所述的监管逻辑来看，监管机构的规制目的在于强调现金分红与打击违法违规行为，这也与送转股的比例没有直接或必然的联系。

四、 域外情况及经验借鉴——以我国香港地区和美国为例

如上所述，我国监管“高送转”的目的有二：一方面，通过对于“高送转”的合理监管，达到防止违法违规行为、恢复市场理性的目的；另一方面，可以通过合理的制度设计，将不应由送转股承担的任务剥离，降低“高送转”的实施必要性，恢复送转股行为的中性特征。因此，在域外制度经验的引进方面，也可以从这两个角度入手。我国香港地区对于“高送转”的监管规制和美国罕见“高送转”的制度原因恰好可以给我们以借鉴和参考。

（一）我国香港地区——存在“高送转”现象的对策借鉴

1. 我国香港地区针对“高送转”的监管对策。香港与内地相似，都出现了“高送转”的情况。[②] 港股市场多见“高送转”的一个重要原因是内地企业在港上市较多，将内地乐于实施“高送转”的风气带到了香港，且A+H股型企业常常在A股市场和H股市场同时实施“高送转”。[③] 针对香港证券市场出现的高比例送红股的现象，香港联交所的应对方式是，直接针对此

---

① 如中科曙光在《曙光信息产业股份有限公司董事会审议2015年度“高送转”预案的公告》中表述为“以2015年12月31日公司总股本300000000股为基数，向全体股东每10股派发现金红利1.40元（含税），共计分配现金红利42000000元；每10股送红股5股，共计送红股150000000股；每10股转增5股，共计转增150000000股。送转后公司股本总数为600000000股”。

② 需要说明的是，香港将上市公司的“高送转”行为统一表达为“送红股”或“发行红股”，实际上将税后利润转增股本、盈余公积金转增股本和资本公积金转增股本都包括在内。

③ 新浪财经：《港交所监管上市公司“高送转”红股过多或不批》，资料来源：http：//finance. sina. com. cn/stock/hkstock/hkstocknews/2016－04－27/doc－ifxrpvcy4622920. shtml，2018年2月11日访问。

类情况出台指引信[①]。指引信中包含以下内容:

首先,界定概念。红股发行指上市公司向现有股东按其持股比例配发新股(入账列为缴足股份),股款从上市公司储备或溢利拨出。在无面值制度下,如一家公司发行红股,该等股份将不带面值,意指该公司如以无代价方式发行股份,不需要就此转增资本金,除非其故意如此选择(例如为将溢利资本化)。因此,公司配发及发行红股可以增加股本,也可以不增加股本。

其次,明确发行红股的应有目的及不合理目的。上市公司发行红股的原因是为了增加股份在市场上的流通性。此外,若公司描述红股发行是对股东的"奖励"或是为了扩大公司资本基础,该等陈述可能具误导性或不准确。

再次,指引信明确了监管机构规制高比例红股发行的法理基础及思路。以主板为例,上市公司需要遵守《主板上市规则》的一般原则,确保其以公平及有序的形式发行股份。[②] 这一条指明了联交所审核红股发行行为的核心思路及目的。[③] 具体而言,若大规模的红股发行有相当的可能性导致市场在除净期间秩序紊乱,联交所或不会授出上市批准。一般而言,如上市公司建议红股发行占现有已发行股份200%或以上,联交所较可能忧虑市场出现秩序紊乱的情况。联交所也可能对较小规模的红股发行,在考虑相关事实及情况后,提出同样的忧虑。

最后,《上市规则》对于红股发行行为给出了具体的监管手段、指标和建议。第一,若上市公司发行红股的原因是为了增加股份在市场上的流通性,则建议使用股份拆细,因为红股发行和股份拆细同样可以增加已发行股数并降低股价;第二,如前所述,一般而言不建议上市公司红股发行占现有已发行股份的200%或以上;第三,明确例外情况,即公司注册成立所在地法律又或其双重上市的其他证券交易所的规定存在监管限制使其不能进行股份拆细,并且在此种情况下,公司也须证明其建议发行不可能在除权期间导致交易秩序紊乱;第四,明确实施红股发行的上市公司股票市价最低要求,在发行人的证券市价接近0.01港元的最低点时,联交所可以要求

---

① 《香港交易所指引信 HKEX - GL88 - 16(2016年4月)——有关发行红股的指引》:若干上市公司大比例派送红股时出现股价不寻常波动的情况。资料来源:http://cn - rules.hkex.com.hk/tr/chi/tr_ 9099_ 11373.pdf,2017年12月26日访问。

② 《香港交易所综合主板上市规则》第二章 - 总则 - 导言 - 一般原则

2.03《上市规则》反映现时为市场接纳的标准,并旨在确保投资者对市场具有信心,尤其在下列几方面:

……(2)证券的发行及销售是以公平及有序的形式进行,而有意投资的人士获提供足够数据,以对发行人及(如属担保发行)担保人及正寻求上市的证券作出全面的评估;

……

③ 《香港交易所综合主板上市规则》第二章 - 总则 - 导言 - 一般原则 2.06 上市申请人是否适合上市,须视乎多项因素而定。上市申请人应了解到符合"本交易所的上市规则"是不能确保其适合上市。本交易所保留酌情决定接纳或拒绝申请的权利,而于作出决定时,本交易所会特别考虑《上市规则》第2.03条所列的一般原则。因此,拟成为发行人者(包括上市发行人)应向本交易所寻求非正式及保密的指引,以便及早得知其上市申请建议是否符合要求。

发行人更改交易方法。[①]

2. 内地与香港针对“高送转”的监管思路对比。综上所述，联交所对于“高送转”也进行了较为严格的监管，但监管思路与内地有所不同。第一，香港监管“高送转”的主要目的是维护市场秩序，防止因“高送转”导致市场秩序紊乱，而内地以促进现金分配和防止违法违规行为为核心；第二，联交所规制了发行红股的唯一目的即增强流通性，给出了发行红股的建议比例，超出这一建议比例则给出了替代措施，内地对于“高送转”的监管更多以交易所出具问询函、与二级市场联动核查的形式达成；第三，在信息披露方面，联交所强调不得以任何语句表达发行红股对于促进股份流通以外的作用，尤其是不得将其宣传为对股东的奖励，否则即视为误导性陈述，而内地监管机构对于“高送转”的性质定位模糊，将送转股与现金分配在利润分配预案中共同披露。

相比之下，联交所对于“高送转”的监管思路更加清晰，定位更加准确，效果也更加显著：从数据来看，2015 年 4 月 1 日至 2016 年 4 月 1 日期间，1337 只港股中有 60 只港股发行了红股，比例集中在每 10 股发行 20 股及以上，最高比例甚至达到每 10 股发行 150 股红股；而在指引信发布之后，2016 年 4 月 1 日至 2017 年 4 月 1 日期间，1313 只股票中仅有 28 只实施了发行红股，绝大部分都控制在每 10 股发行 10 股红股的比例，最高比例也仅为每 10 股发行 20 股。[②]

（二）美国——罕见“高送转”现象的制度经验

1. 美国股份拆细制度梳理。美国的证券法或监管机构的监管文件中并没有出现类似于“过高比例的股票股利”这一概念，也没有对高比例股票股利进行特别规制。同时，美国证券市场上存在股份拆细这一行为，且较为常见。因此，公司法、证券市场监管机构针对股票股利和股份拆细进行了相关规定，并对二者进行了划分。

（1）股票股利与股份拆细的理论含义及区别。《示范商事公司法》第 § 6.23（a）款规定了股票股利（share dividends）的含义，即除非公司章程有相反规定，公司股票可以按比例向公司的股东或一个或多个种类或系列的股票的股东发行而不收取价金。实施股票股利的分配时会确定一个实施的比例，例如董事会批准 10% 的股票股利，意味着每个股东每持有 10 股将获得 1 股作为股票股利。

股份拆细的理论含义是指将公司一股拆分成若干股的行为，其最大特点就是公司的资产、负债和股东权益总额与股票分割前相同，股东权益总额内部的配置、股东之间的持股比例也没

① 《香港交易所综合主板上市规则》第十三章－股本证券－交易及交收－交易限制 13.64 如发行人的证券市价接近港币 0.01 元或港币 9995.00 元的极点，本交易所保留要求发行人更改交易方法，或将其证券合并或分拆的权利。

② 数据来源为 Wind 金融资讯终端。查找路径及方式为：股票－香港股市专题统计－公司研究－全部港股－分红派息－设定日期。按照每股送转红股排序，筛选出所有实施红股送转的上市公司，在此基础上分类整理。

有任何变化。唯一改变的就是股票数量和每股面值。二者的核心区别就在于股票股利伴随着盈余向资本账户的转移，而股份拆细不会导致资本账户的任何变化。[①]

（2）证券监管机构对于股票股利及股份拆细的规定。尽管股票股利和股份拆细在理论上含义和区别非常明确，但是在法律及监管规则中，股票股利和股份拆细的概念并不是都被认可，甚至二者的区分也没有非常明确。例如，在《示范商事公司法》取消了票面价值的概念后，股票股利和股份拆细之间的区别没有被保留，《示范商事公司法》将这两种交易都简单地称为股票股利。[②] 然而，美国纽约股票交易所（以下简称纽交所）在其《上市公司手册》（N. Y. S. E. Listed Company Manual）[③] 中依然保留了股份拆细的概念，但没有根据理论对二者进行区分，而是根据比例划分概念，规定了比公司法更为实用和详细的内容。

首先，《上市公司手册》以比例划分了股票股利与股份拆细之间的关系。股票股利（Stock Dividend）即发行的股份少于现有流通股份的25%；部分股份拆细（Partial Stock Split）即发行的股份高于或等于现有流通股份的25%但低于100%；股份拆细（Stock Split）即发行的股份高于或等于现有流通股份的100%。[④]

其次，《上市公司手册》明确了股份拆细的两个目的——增加和扩大股东基础，改善市场流动性。一方面，适当的情况下进行的恰当的股份拆细，可以成为引起投资者更大兴趣的重要手段；另一方面，最佳流动性的衡量方法是相对容易和及时地进行证券交易，并以最小的价格变动进行交易。因此，股份拆细的另一个目的是充分降低市场价格以增强流动性。[⑤]

再次，纽交所会对股份拆细的意图和目的进行具体审核，如果不符合股份拆细目的的情况下多次重复发行，那么小比例股份拆细就会被认为具有股票股利的性质，纽交所可以将其认定为

---

① John U. Washburn, "Trust Apportionment of Stock Distributions: Stock Dividend v. Stock Split", Albany Law Review Vol. 25, 1961, p. 132.

② The par value statutory treatment of share dividend transactions distinguished a share split from a dividend. In a share split the par value of the former shares was divided among the new shares and there was no transfer of surplus into the stated capital account as in the case of a share dividend. Since the model act has eliminated the concept of par value, the distinction between a split and a dividend has not been retained and both types of transactions are referred to simply as share dividends.

③ N. Y. S. E. Listed Company Manual, Section 703. 02 (part 1) Stock Split/Stock Rights/Stock Dividend Listing Process.

④ 703. 02 (part 1) Stock Split/Stock Rights/Stock Dividend Listing Process (A) Introduction, Distinction between a Stock Dividend, a Partial Stock Split, and a Stock Split in Exchange Policy, 资料来源 http://wallstreet. cch. com/LCMTools/PlatformViewer. asp? selectednode = chp%5F1%5F8%5F3&manual = %2Flcm%2Fsections%2Flcm%2Dsections%2F:, 2017 年 1 月 20 日访问。

⑤ 703. 02 (part 1) Stock Split/Stock Rights/Stock Dividend Listing Process (A) Introduction, 资料来源：http://wallstreet. cch. com/LCMTools/PlatformViewer. asp? selectednode = chp%5F1%5F8%5F3&manual = %2Flcm%2Fsections%2Flcm%2Dsections%2F:, 2017 年 1 月 20 日访问。

股票股利，并按照股票股利的会计要求处理。并且明确警告，只要这种分配不导致留存收益的资本化，就不允许使用股票股利一词。①

最后，《上市公司手册》还规定了实施股份拆细的软性或硬性条件。第一，一般情况下，低于2－1的股份拆细比例会被认为不可能达到一个有效的股份拆细的目的，以防止公司短期内进一步进行小型的股份拆细。第二，股份拆细应有一定基础，并且在当前和预期的条件下，在一定程度上被认为对价格和分配的调整有益。第三，如果上市公司经常以小于2－1的比例进行股份拆细，可能会引起纽交所的质疑。第四，如果由于公司的业务性质、资本化情况或其他因素，导致公司的收益波动幅度很大或造成严重损失。

2. 美国没有产生“高送转”的原因及经验。

（1）上市规则明确限制了高比例股票股利的发生。这是对于证券市场实施高比例股票股利的最直接限制。根据前文所述，纽交所实际上在《上市公司手册》中已经对于股票股利的实施给出了一个明确的比例限制：低于25%。一旦比例高于25%，就应该实施股份拆细而非股票股利。

（2）明确利润分配概念及方式，引导市场合理预期。《示范商事公司法》列明了典型的利润分配方式，并且明确了利润分配方式不包括股票股利、股份拆细，并在《上市公司手册》中写明上市公司实施股票股利或股份拆细的真实目的。因此，投资市场就不会认为股票股利和股份拆细属于利润分配方式，也不会对股票股利或股份拆细行为有不合理的理解或期待。

（3）现金分配规则相对宽松。美国对于公司利润分配的规则存在差异，但不同规则下都没有法定资本制下提取法定公积金的强制性规定。尽管某些利润分配规则下也存在着资本公积金的设置，但整体而言，对于现金分配的限制较少，利润分配规则较为宽松。

特拉华州公司法的利润分配规则是一个典型的例子。根据第170条第1款的规定，公司的利润分配来源于盈余②而由于设定资本以及股票面值的存在，公司可以通过决议或修改公司章程的方式来调整设定资本或降低股票面值，以扩大公司净资产，从而扩大可分配的公司盈余。③，只

① Avoidance of the Word “Dividend”: A stock split is frequently effected by means of a distribution to shareholders upon the same authority, and in the same manner as a stock dividend. However, in order to preserve the distinction between a stock split and a stock dividend, the use of the word “dividend” should be avoided in any reference to a stock split when such a distribution does not result in the capitalization of retained earnings of the fair market value of the shares distributed. Such usage may otherwise tend to obscure the real nature of the distribution. Where legal considerations require the use of the word “dividend”, the distribution should be described, for example, as a “stock split effected in the form of a stock dividend”.

② Delaware Code, § 170 Dividends; payment; wasting asset corporations.

③ 邓峰：《资本约束制度的进化和机制设计——以中美公司法的比较为核心》，载《中国法学》，2009（1），103－104页。

要这种调整能够符合第 244 条的减资规定。[①] 此外，特拉华州还存在着所谓的“快捷股息”(Nimble Dividend) 制度,[②] 如果公司没有盈余，只要满足一定条件，就可以通过宣布股息的财务年度和/或上一个财务年度的净利润进行分配。[③] 因此，特拉华州公司法对于现金分配的限制实际上较少，且存在多种途径突破限制。

在 1979 年财务条款受到全面修订和实行现代化之前，旧《示范商事公司法》对利润分配的基本限制是只能从经营收益中进行分配，而不能从资本盈余中发放股息。[④] 但实际上，只要遵循适当的程序，公司依然可以突破此种限制，从而更多地对股东进行分配。[⑤] 1979 年，《示范商事公司法》修订了关于股息和相关事项的条款，否定了法定资本的概念。现行的利润分配限制和原则是“破产准则”,[⑥] 实际上对于股东分配的规则更趋宽松。

因此，从以上规则来看，美国的上市公司没有中国法下每年从税后利润中提取 10% 作为法定公积金的压力，利润分配规则也较国内更加宽松，所以可以更多地通过现金分红的方式进行利润分配。相应的，也无须利用高比例的股票股利来规避现金分红所面临的限制。

3. 中美针对高比例股票股利监管思路对比总结。首先，从基础法律制度来看，中国公司法建立在法定资本制与资本维持、资本不变原则之上，以此为逻辑构建利润分配规则与限制，从而维护债权人利益；而美国公司法建立在授权资本制基础上，董事会对于公司的会计处理、利润分配有较大的选择权与决定权，并以破产标准作为保障债权人利益的底线。利润分配规则的不同导致了现金分红可行性的差异，也在一定程度上影响了两国对于股票股利作用的不同认知。

其次，中美两国对于股票股利的性质认知存在根本区别，我国监管机构整体而言是将股票股利与现金分红相提并论，前者作为后者的弥补，在各种意义上都更倾向于将其认定为利润分配。而美国将股票股利视为股份发行的方式之一来规制，与现金分红完全不属于同一规则体系内，二者不存在替代或弥补关系。

最后，中美两国证券监管机构的思路不同，国内监管机构的监管思路是因“高送转”伴生

---

① Delaware Code, § 244 Reduction of capital.

② [美] 罗伯特·C. 克拉克著，胡平、林长远、徐庆恒、陈亮译：《公司法》，508 页，工商出版社，1999。

③ Delaware Code, § 170 (a) (2).

④ 邓峰：《资本约束制度的进化和机制设计——以中美公司法的比较为核心》，载《中国法学》，2009 (1)，103 页。

⑤ 例如，首先通过决议改变公司的设定资本，如果是有面额股，则通过修改公司章程达到类似的效果。这一步骤的目的是变更法定资本为资本盈余。接下来，只要公司章程授权，或者各类股票的股东都以多数票表决通过，即可以将资本盈余也分配给股东。参见 [美] 罗伯特·C. 克拉克著，胡平、林长远、徐庆恒、陈亮译：《公司法》，506－507 页，工商出版社，1999。

⑥ 此外，如果董事会能够提供在当时的情况下合理的会计操作原则或公平的估价方法，也可以突破前述限制对股东进行分配。

的违法违规现象而以负面态度对待“高送转”，缺乏替代措施；美国证交所的监管思路是直接限制实施股票股利的动机及比例，并给出高比例股票股利的替代措施。

这些制度及监管思路的根本不同导致了中美两国市场对于送转股作用的认知存在根本区别。因此，若想从根本上剥离“高送转”不应承担的任务、恢复“高送转”的中性、促进现金分红，美国明确区分股票股利与股份拆细制度、对现金分红的宽松规制存在颇多可借鉴之处。

五、针对“高送转”现象的监管建议

需要明确的是，“高送转”现象在我国上市公司股票市场上可能会长期存在。在我国现行公司法及证券市场相关制度下，“高送转”存在许多其他行为无法替代的优势。因此，监管机构应建设合理的制度对“高送转”行为进行规制，以引导其基于合理、合法、合规的目的而实施，而非“一刀切”地禁止，从而达到实际上的维护市场秩序的目的，让送转股这一资本市场的常见行为恢复其应有的中性。

（一）短期措施

由于香港上市公司股票市场已经存在了“高送转”的行为，因此香港联交所的监管思路对内地而言具有较强的指导意义。且由于香港联交所的监管措施直接针对“高送转”这一行为本身，因此也具有较为直接和有效的特征，值得内地监管机构参考。

1. 明确送转股比例上限，限度内公告即可自由实施。香港联交所不建议上市公司红股发行占现有已发行股份的200%或以上，即建议不超过每10股送红股20股。与此类似，内地也可以实施相应的规制手段。从市场实施“高送转”的情况和目的来看，将比例限定为每10股送转10股左右比较合理，可以满足绝大多数上市公司转增股本、降低股价的需求。

如果上市公司实施的送转股比例低于监管机构的限制，则上市公司可以在履行公告、除权等相关义务及流程后自由实施，无须再得到监管机构的特别批准。

2. 超出送转股比例限制需申报，经许可方可实施。由于内地不存在股份拆细制度，因此对于股价过分高昂的公司而言，可能每10股送转10股的比例不足以使其股价降低至显著提高流动性的程度，需要更高的送转股比例。那么此时，上市公司需要向监管机构——交易所提出申请，申请应说明合理理由，如为降低股价，需说明申请时股价、降低股价原因、欲降低股价至多少等必要内容。经交易所审批许可方可实施。

以上两条可以直接控制“高送转”比例，以直接控制过高比例的“高送转”导致的市场乱象和波动，降低上市公司和大股东利用“高送转”实施违法违规行为的可能性，同时也给需要降低股价的公司预留通道。

3. 出台配套措施，促进现金分红。《上市公司监管指引第3号——上市公司现金分红》规定了现金分红优于股票股利，然而，这一规则中没有具体的指标，缺乏可操作性。因此，可以考虑对现金分红与股票股利的关系作进一步的规制。例如，规定现金分红与股票股利的建议比例，以给市场一个预期的准绳，低于此建议比例则需要在公告中进行详细说明。此外，这一规范性文件中也提到对现金分红持续稳定的上市公司，可以在监管政策上给予扶持，制定差异化的分红引导政策。但这一建议目前尚未落实。

值得注意的是，某些上市公司不进行现金分红其实存在合理理由，因此，在落实监管政策扶持的分红引导政策时，也应进一步关注现金分红政策的针对性。正处于行业上升期的公司、依靠资金进行高创收的公司进行少量现金分红和不分红也是合理的，这也符合投资者利益最大化的要求。强制性现金分红政策应针对的是盈利能力很强、现金流充足、处于行业稳定期，并且也没有为投资者创造新利润通道的公司。

4. 完善信息披露说明。现行规定下，监管机构要求的“高送转”预案公告将送红股、派息、公积金转增股本三者并列在利润分配方案的具体内容表格中。尽管大部分上市公司在披露时会写明具体方式和资金来源，但如前所述，也存在含混披露，不区分资本公积金转股与盈余公积金转股的情况。因此，建议对于信息披露规则进行细化，将税后利润送红股、盈余公积金转增股本、资本公积金转增股本进行明确的区分。同时，将送转股方案与现金分红方案区分开，从而明确股票股利与现金股利的区别，引导市场合理预期。此外，针对此问题，可以参考香港联交所的规定，要求上市公司“高送转”预案公告中不得出现类似于“送红股是对股东的奖励”等具有误导性或不准确的陈述。

5. 通过目的审核掌控最终决定权。香港联交所的指引信中指明了联交所审核红股发行行为的上位法依据和授权来源，即《主板上市规则》的一般原则：确保上市公司“以公平及有序的形式发行股份”。因此，在前述短期措施的基础上，监管机构也可以依据规制“高送转”的监管目标，对于实施“高送转”的目的及流程进行审核，若在此过程中发现违法违规行为，或有合理依据认为此种“高送转”甚至较低比例的送转股行为会扰乱资本市场秩序、妨碍利润分配制度，监管机构可以依据自身权力，在说明合理理由的情况下，采取降低送转股比例乃至禁止送转股行为的方式进行个案处理，以维护市场秩序、防止违法违规行为。

（二）长期措施

1. 建立股份拆细制度，改变固定面值现状。“高送转”的一个重要目的是降低股价，从而增强流动性。而最适合这一目的的措施其实并非送转股，而是股份拆细。因此，最直接的方法就是建立股份拆细制度，给股价过高的上市公司降低股价的更有效途径，从而将送转股限制在更低的比例，从制度上明确股票股利与股份拆细的区别和二者各自的目的定位。尽管由于我国上市公司股票面值固定为1元，建立股份拆细制度可能存在一定障碍，但是综合历史案例和国际经验，上市公司的1元股票面值并非固定不可突破。尽管在初期可能会导致监管难度加大，但长期来看，股票价格指数的计算、市盈率的计算、估值基准等都可以通过技术方法纳入统一轨道。将设定股票面值的权利归还上市公司本身，有助于在需要的时候进行股份拆细或反向股份拆细[1]。

2. 明确公司利润分配方式，确定股票股利性质。“高送转”之所以会出现众多不良现象，核心问题在于实施“高送转”的上市公司和追捧“高送转”的投资者均对其有股价上涨的期待，从而促进了不良循环。因此，防止上市公司利用“高送转”进行违法违规行为，重点需要解决市场对于“高送转”的错误期待与认知。因此，可以考虑借鉴《美国示范商事公司法》的经验。

一方面，在法律条文或监管文件中明确给出利润分配的实质性定义，或以列举方式明确利润分配的含义，并对股票股利即我国公司法制度下的送股、转股是否属于利润分配进行明确的界定，从而向市场传递更加明确的送转股实为中性的信号。

另一方面，现行针对“高送转”现象的监管文件对于送转股的性质认定、披露口径均不一致，包括证券监管体系内部的不一致和证券监管及税收监管认定的不一致。因此，在理清公司利润分配含义、方式和股票股利性质后，应对现行监管文件进行统一的梳理，确保监管思路和披露口径的一致。

3. 加强个人投资者教育，重视机构投资者在公司治理中的作用。与国外证券市场不同，个人投资者在我国证券市场上占据更主要的地位。因此，在前述明确利润分配方式、明确股票股利性质的情况下，可以通过投资者手册、网站宣传等多种渠道和方式逐步引导投资者的认知。随着市场环境的逐步完善，逐渐减少投机风气，引导投资者对红利的偏好，引导价值投资。当然，投资者教育短期内可能见不到效果，而是一个长期的过程。

此外，经济整体环境在不断变化，许多公司，尤其是高股价公司的主要投资者为机构投资者而非个人投资者。因此，对于机构投资者应加快发展进度，促进其积极参与公司治理，从而督促公司进行现金分红，这样一来，机构投资者也能从投资中获得稳定的回报，而不只是通过波段操作来赚取资本利得。[2]

（责任编辑：彭雨晨）

① 反向股份拆细（negative stock split）又称反向股票分割，与股份拆细的操作相反，指公司将其数股合并为一股的行为，结果会导致公司股份数目的减少，每股代表的净资产增加，股价上升，但不影响公司净资产总额，也不改变股东按照其持股比例实际享有的权益份额。

② 中国证监会：《合力破解上市公司分红难题》，资料来源：http：//www. csrc. gov. cn/pub/newsite/ztzl/yjbg/201405/t20140528_ 255044. html，2018 年 1 月 22 日访问。

证券经纪业务的认定标准研究

——从恒生网络等案件展开

■ 陈　璐*

摘要：本文在梳理和分析证监会对恒生网络等案件的处罚逻辑、现有证券法和刑法规范体系对于证券经纪业务的规制内容、证券经纪业务设置许可背后的“哲学”与“国情”以及成熟市场的代表美国对经纪商的认定标准等内容的基础上，试图对证券经纪业务的认定规则和标准进行比较和反思，以期对“非法经营证券经纪业务”的监管提供某种有益的借鉴。本文建议在文义解释的基础上，从“证券”“经纪”与“业务”三个层面来分析和思考“证券经纪业务”的范围，并在此基础上，通过监管部门持续的监管实践，形成明确又富有灵活性的“证券经纪业务”的认定标准。

关键词：证券经纪业务　经纪商　中国特殊情境　认定标准

一、 恒生网络等案件的分析

（一）恒生网络等案件处罚事由

2016 年 11 月，证监会公布了对杭州恒生网络技术服务有限公司（以下简称恒生网络）等 3 家第三方软件提供商和 6 家配资方的处罚决定书，这场持续多时的整顿配资活动就此盖棺定论。

从查处配资方、惩戒技术第三方软件提供商，到责令相关市场主体不得出售股票等，证监会始于 2015 年的一系列“重拳”整顿配资行为引发了讨论和争议。其中，配资方和第三方软件提供商在证券交易中的作用和角色有待法律界定。第三方软件提供商为配资蓬勃发展提供了技术便利，此次被处罚的 3 家第三方软件提供商恒生网络、浙江核新同花顺网络信息股份有限公司（以下简称同花顺公司）、上海铭创软件技术有限公司（以下简称铭创公司）开发的诸如 HOMS 系统等金融软件，客观上助推了配资业务做大。

* 北京大学法学院 2015 级硕士研究生。

针对广发证券股份有限公司等4家证券公司使用恒生网络等提供的第三方软件系统行为，证监会认定其违反了《证券公司监督管理条例》第二十八条第一款规定——证券公司在这个交易过程中没有对客户申报的真实身份进行审查和了解，不符合证券账户管理规则，造成同一客户开立的资金账户和证券账户不一致，对4家证券公司作出了处罚。

证监会认定配资方的违法行为是配资方在未获得经营证券业务的许可下，通过第三方交易软件，提供为客户开立账户、接受证券委托交易、账户内证券和资金的清算、查询等证券服务，并按照证券交易量的一定比例收取服务费用，上述行为违反了《证券法》第一百二十二条关于证券业务专营的规定，构成非法经营证券业务，应当对配资方进行处罚。①

证监会处罚恒生网络、同花顺公司和铭创公司3家第三方软件提供商，认定3家第三方软件提供商违反了《证券法》第一百二十二条关于证券业务专营的规定，构成非法经营证券业务，依据《证券法》第一百九十七条，证监会对3家第三方软件提供商和相关责任人员进行了处罚。② 通过总结分析第三方软件提供商处罚决定书中的内容，笔者认为证监会在认定第三方软件提供商非法经营证券业务时，主要考虑了如下情形。③ 其一，第三方软件提供商提供的软件具有证券业务的属性，包括为客户开立证券交易账户，接受客户的证券交易委托，为客户提供查询证券交易信息，并在账户内进行证券和资金的交易结算等功能。其二，第三方软件提供商明知客户从事配资业务，仍向不具有经营证券业务资质的客户销售该系统，提供相关服务。其三，第三方软件提供商的服务不仅仅指“销售”行为，而且包括“单独或与客户一起与证券公司协商建立通道，并协助客户分配证券交易的账户”的行为。其四，第三方软件提供商公开宣传强调“最终目的是吸引更多的终端客户”。其五，“恒生网络将HOMS系统终端用户数以及用户买卖证券产生的交易量作为部门最主要的年度考核指标”，不仅如此，恒生网络还单独专门针对配资业务建立了独立的交易系统。其六，第三方软件提供商收费的衡量依据是配资投资者的交易量，按照与从事配资业务的客户约定比例，收取软件使用费用。证监会认定第三方软件提供商构成非法经营证券业务，其中未经合法授权实际从事子账户资金、证券清算业务的行为，同时违反了《证券登记结算管理办法》第八条和第七十九条的规定。

（二）恒生网络等案件处罚说理不明

证监会向配资方和第三方软件提供商出具了9份处罚决定书，认定其违反了《证券法》第

① 总结〔2016〕130号中国证监会行政处罚决定书（湖北福诚澜海资产管理有限公司、丁凯、罗程元等4名责任人员），〔2016〕131号中国证监会行政处罚决定书（南京致臻达资产管理有限公司、马强），〔2016〕132号中国证监会行政处罚决定书（浙江丰范资本管理有限公司、石敏军），〔2016〕133号中国证监会行政处罚决定书（臣乾金融信息服务（上海）有限公司、孙肖）等中的内容，将证监会对配资方的认定意见进行概括。

② 中国证监会：《证监会2016年行政处罚情况综述》，资料来源：http：//www. csrc. gov. cn/pub/newsite/zjhxwfb/xwdd/201612/t20161230_ 308832. html，2017年12月28日访问。

③ 〔2016〕123号中国证监会行政处罚决定书（杭州恒生网络技术服务有限公司、刘曙峰、官晓岚）。

一百二十二条的规定，构成非法经营证券业务，但没有一份处罚决定书明确说明配资方和第三方软件提供商违反了证券业务中的哪项或哪几项具体业务。

第三方软件提供商涉及的业务只与证券二级市场的交易有关，因此不涉及证券承销保荐业务；软件系统本身是为客户购买股票提供便利，第三方软件提供商及系统本身并不参与客户买卖股票的决定，客户自主决定买卖股票的内容，因此不涉及投资咨询、财务顾问和证券资产管理业务；综合判断后，证监会在此处认定的第三方软件提供商违法情形偏重的是证券经纪业务。然而，证监会对此在处罚决定书中的说理含糊不清，引起了诸多的争议。下文笔者将研究证券法和刑法的法律规定和司法实践，以探讨我国现行法律对证券经纪业务的规定。

二、 中国证券经纪业务的法律规制和监管实践

（一）证券法体系对于证券经纪业务的规定

《证券法》是基础性的法律，《证券法》在“证券公司”章节规定证券经纪业务需要监管机构事前许可。法律条文并没有规定只有证券公司才能经营证券经纪业务，但是结合证监会的许可情况，目前证监会并未向证券公司外的主体许可经营证券经纪业务，事实上造成目前只有证券公司能够经营证券经纪业务的情况。

综合分析《证券法》《证券公司监督管理条例》《关于加强经纪业务管理的规定》《证券公司业务范围审批暂行规定》和《关于严厉打击非法发行股票和非法经营证券业务有关问题的通知》的内容，《证券法》及监管机构认为证券经纪业务的核心是接受客户委托买卖证券。进一步解释接受客户委托买卖证券，证券经纪业务的主要内容和环节包括为客户开立账户（包括资金账户、证券账户）、委托交易、代理证券的还本付息和分红派息等。

（二）证监会对于非法经营证券经纪业务的处罚认定

证监会作为证券监管主管机关和执法机构，《证券法》的行政处罚和市场禁入数据是体现证监会监管执法情况的重要指标。为了分析证监会对于非法经营证券经纪业务的监管，笔者按照关键词“非法经营证券业务”对证监会官方网站公布的行政处罚与市场禁入案件进行检索。

根据检索结果，笔者发现证监会自2008年至2018年2月共作出了14个涉及“非法经营证券业务”的行政处罚决定，其中2个行政处罚还附加了市场禁入。将其中既有处罚决定又有禁入决定的案件视作一案计算之后共12起案件，除3起经证监会认定为非法从事证券投资咨询业务①外，其余9起案件均是证监会在2015年清理配资活动的过程中，针对6家配资方和3家第三

① 〔2010〕25号中国证监会行政处罚决定书（上海天力、深圳前沿、熊碧波等13名责任人员）、〔2009〕11号中国证监会行政处罚决定书（金股之王王忠娟、孙胜、马勇、刘博威）、〔2008〕16号中国证监会行政处罚决定书（李世俊）。

方软件提供商的处罚。

通过笔者对证监会行政处罚和市场禁入决定的梳理和统计，明显可以看到在整顿配资业务之前，证监会对于非法经营证券经纪业务尚无行政处罚先例，由此，至少可以得到两个结论：一是除了涉及2015年股灾外，证监会对于“非法经营证券经纪业务”缺乏执法处罚投入，监管相当薄弱；二是由于证监会处罚案例太少，市场和研究者无法通过证监会的监管实践总结出关于“非法经营证券经纪业务”的监管标准，也意味着市场对于证监会处罚“非法经营证券经纪业务”的行为缺乏预期。

（三）刑法体系对于非法经营证券经纪业务的规定

在《证券法》的规定之外，《刑法》第二百二十五条第三项规定：“未经国家有关主管部门批准，非法经营证券、期货、保险业务的”，构成非法经营罪，强调了“证券业务”的专营性，但是，对“非法经营证券”的行为内涵刑法体系下没有规定：仅在《关于整治非法证券活动有关问题的通知》中明确“中介机构非法代理买卖非上市公司股票”属于《刑法》第二百二十五条第三项“非法经营证券”的行为；且在关于刑事案件立案追诉标准的司法解释也仅规定了“非法经营证券”要求数额在30万元以上的入罪标准。

（四）司法实践对于非法经营证券经纪业务的监管

1. 研究方法。本文检索了从2007年至2017年12月全国范围内报道的交易案件，实证研究方法的检索方式如下：在北大法宝上检索到的法院适用我国《刑法》第二百二十五条第三项的实际状况，在北大法宝的“案例数据库”中，按照案件类型——“刑事”、案由——“非法经营罪”，同时按照关键词“非法经营证券业务”全文搜索，得到140条记录。①

2. 非法经营证券业务刑事处罚案例实证统计及分析。根据《证券法》第一百二十五条关于证券业务的规定，将140个案件按案件类型首先作简单的区分，排除不属于证券经纪业务的案件。经过笔者对案件行为特征的分析，排除掉被法院明确认定为证券投资咨询、证券自营、证券资产管理等案件，未明确行为类型性质的包括：非法公开股权转让的32起，非法接受客户委托买卖股票的24起，非法代理销售基金的8起，非法代理、运营交易平台的4起，非法经营虚拟股票的3起，非法代理销售期货的2起。

根据前文所认定的证券经纪业务本质上是证券公司接受委托买卖证券，并结合案情分析各类行为类型后，被认定为非法经营证券经纪业务的行为类型只有非法接受客户委托买卖股票。

---

① 按照关键词检索的结果是150条记录，但在笔者整理案例的过程中，剔除掉刊登在不同刊物上相同的判决书后共有141条记录，但“曾某某非法经营罪案”［（2014）株中法刑再终字第5号］，二审因证据不足认定撤销（2012）株中法刑二终字第58号刑事裁定和株洲市荷塘区人民法院（2012）荷刑初字第29号刑事判决，不作为本文参考样本，因此共有140条记录。资料来源：http：//www. pkulaw. cn/case/adv，2017年12月17日访问。

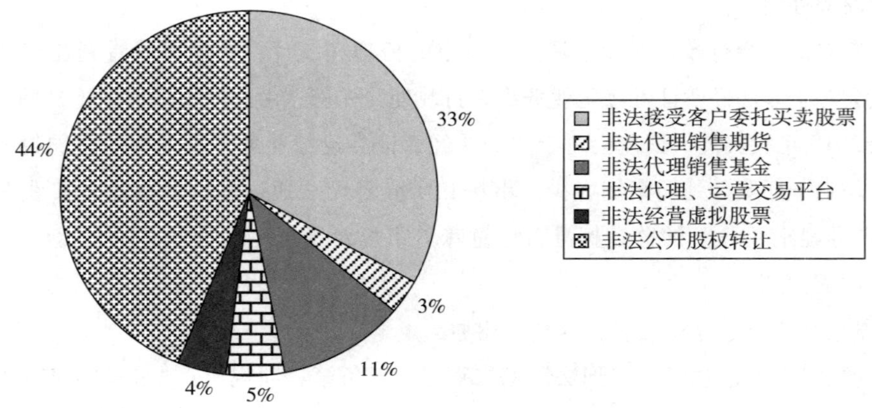

图1　刑事判决中可能涉及“非法经营证券经纪业务”的案件数量比例

（五）行政处罚与刑事判决的割裂

综合《证券法》和《刑法》的分析，《证券法》及监管机构认为证券经纪业务的核心是接受客户委托买卖证券。围绕接受客户委托买卖证券，证券经纪业务的主要内容和环节包括为客户开立账户（包括资金账户、证券账户）、委托交易、代理证券的还本付息和分红派息等。

《刑法》第二百二十五条第三项的“非法经营证券业务”是指未经行政许可的经营活动①，结合《证券法》的规定，即未经证监会许可经营证券业务。但是，140起被《刑法》第二百二十五条第三项定罪为“非法经营证券业务”的案件，却未见证监会对其的行政处罚。具体来说，在被认定为“非法经营证券业务”的140份刑事判决样本中仅有38个样本闪现了行政机关的影子，而被认定为“非法经营证券经纪业务”非法接受客户委托买卖股票的24个样本中仅有3个样本涉及行政机关的信息。结合证监会目前公开的对非法经营证券业务的处罚，从2008年至今，仅有12起，其中仅恒生网络等一类案件就达到9起，远远少于刑事判决的数量。显然地，对“非法经营证券经纪业务”的处罚现状不符合有限政府观念的内在精神和刑法谦抑性原则下，行政处罚应在刑事处罚之前遏制扰乱市场秩序行为的要求。②

浙江丰范在听证中对证监会关于配资业务的处罚提出质疑，直指证监会超出了其职权范围。证监会在其答辩意见中称证监会“依法对证券市场实行监督管理，维护证券市场秩序，保障其合法运行”。基于此，证监会自认扮演着市场看门人的角色，凡有扰乱市场秩序的行为，为保障市场的合法运行，证监会便可依职权进行管理。而如何解释证监会在恒生网络等案件之前，没有

① 陈兴良：《刑法的明确性问题——以〈刑法〉第225条第4项为例的分析》，载《中国法学》，2011（4）。

② 王作富、刘树德：《非法经营罪调控范围的再思考——以〈行政许可法〉若干条款为基准》，载《中国法学》，2005（6）。

以“非法经营证券经纪业务”对刑事判决案件涉及的有关主体进行处罚？

反思此次证监会处理恒生网络等案件的背景，2015 年中国股市发生了“史无前例”的“股灾”，监管部门和市场研究者一致认为场外配资是引起此次“股灾”的重要动因，因此，证监会积极出手清理配资，冠以配资方和第三方软件提供商“非法经营证券经纪业务”之名。而在证监会开始出手认定恒生网络等案件非法经营证券经纪业务之后，是否会加强“非法经营证券经纪业务”的监管？认定证券经纪业务的标准又是什么？

笔者希望通过对经营证券经纪业务的行为为何要受到行政机构的许可原因的探讨，分析经营证券经纪业务许可背后的理论，并在此基础上，借鉴成熟市场美国认定经纪商的经验，总结此次证监会对恒生网络等案件的处罚，从中探寻证监会对证券经纪业务的认定标准。

三、 设置证券经纪业务许可的原因与中国的特殊情境

（一）设置证券经纪业务许可的原因

经纪商从事经纪业务需要得到许可起源于 13 世纪的英国，[①] 1285 年英王爱德华一世统治时期签署法令，授权伦敦市府参政议事厅向特定经纪人颁发执照，这是对经纪商监管的开端。在 17 世纪晚期，英国通过专门的法律开始对证券市场中的经纪人（Stock Brokers）和投机商（Stock Jobbers）进行规制。[②] 一直到 20 世纪，经纪商都被视为代理人（Agents）进行监管，被要求遵守信义义务。[③]

随着证券市场的建立与完善，普通法下双方当事人之间的信义义务不能够完全解决日益增多的问题，对经纪商的监管发展出更多的理论。

1. 招牌理论（The Shingle Theory）。招牌理论是从法院的判例中总结出来的，最开始是指当经纪商以公开的经纪商的身份与客户进行交易时，即表明允诺与客户公正地进行交易，须遵守经纪商的道德标准。[④] 在招牌理论的指导下，法院在判决中通过实践，不断丰富着理论的内容，如未经授权使用客户账户进行交易、在不适当的价格买入或卖出证券、频繁交易客户的账户来获取更多的收益、濒临破产时仍接受客户的委托、未能完成交易而没有向客户披露真实的情况等行为，都会被认定为欺诈（Fraudulent）行为。[⑤] 招牌理论在法律上的体现就是要求经纪商在

---

① Thomas Lee Hazen, Broker - Dealer Regulation, U. S. West Publishing Co. , 2011, p. 13.

② 原凯：《美国券商交易中介行为规制研究与借鉴》，32 页，中国商务出版社，2015。

③ Cheryl Goss Weiss, A review of the historic foundations of broker - dealer liability for breach of fiduciary duty, The Journal of Corporation Law23 (1997), p. 75.

④ Louis Loss, The SEC and the broker - dealer, Vanderbilt Law Review 1 (1948), p. 519.

⑤ Cheryl Goss Weiss, A review of the historic foundations of broker - dealer liability for breach of fiduciary duty, The Journal of Corporation Law23 (1997), pp. 88 - 89.

固定的交易场所注册获得经营证券业务的许可，表明自己经纪商的身份。

2. 维护证券市场的秩序。经纪商作为证券市场的中介人，对维护证券市场的秩序起着重要的作用。经纪商的破产，会损害投资者的利益，引起市场的波动，打击投资者的信心。① 有研究表明，通过设定最低资本额，提高经纪商进入市场的门槛，只允许能够承担经济责任的主体进入证券市场经营证券经纪业务，有利于市场的稳定。因此，监管者期望通过规定经纪商准入的净资本额以及其他经济责任，来减少投资者的风险。② 根据《证券投资者保护法案》（*Securities Investor Protection Act*）的要求，为减轻经纪商破产带来的影响，注册的经纪商还需要加入覆盖投资者损失的保险计划。③

3. 设置证券经纪业务许可的经济分析。通过假设法律的颁布是代表投资者和社会公众的利益，而非经纪商的利益，学者运用科斯定理（Coase theorem）进行分析，认为设置经营证券经纪业务的许可符合社会公众最大利益，监管者选择将经纪商作为投资者保护的工具是一种有效的方法。④

一方面，投资者在与经纪商协商的过程中，单个独立的投资者产生了交易费用；另一方面，在经纪商侵害了投资者权利的情况下，即使投资者通过诉讼寻求补偿，且诉讼本身能够最大可能地公平进行产权安排，将经纪商的财产重新分配给投资者，但是在诉讼过程中，个人交易费用（协商、诉讼的成本）与社会成本（法院、行政机关等公共资源）产生，投资者的利益与社会效益都无法实现最大化。

监管者通过确立证券经纪业务许可，一方面，按照自律规则和自律组织的要求满足一定条件而设立的经纪商，能够提供更好的服务，减少了个体投资者与经纪商单个协商的交易成本；另一方面，具有良好组织结构的经纪商，在与自律组织的合作中，能够促进监管，继而实现更好的投资者保护和维护市场秩序，减少整个社会的交易成本。

（二）中国证券经纪业务许可的特殊情境

1. 中国监管体制的变迁。20 世纪 90 年代初，我国金融业务处于银证混业经营时期，证券市场由中国人民银行监管。沪深交易所成立之初，经中国人民银行批准符合一定条件的法人可申请成为会员。1997 年亚洲金融危机出现，为防范和化解风险，整顿金融秩序，中央决定实施分

① Egon Guttman, Broker - dealer bankruptcies, New York University Law Review48 (1973), p. 888.

② Alexander C. Dill, Broker - dealer regulation under the securities exchange act of 1934: the case of independent contracting, Columbia Business Law Review (1994), p. 219.

③ David A. Lipton, A primer on broker - dealer registration, Catholic University Law Review36 (1987), pp. 907 - 908.

④ Alexander C. Dill, Broker - dealer regulation under the securities exchange act of 1934: the case of independent contracting, Columbia Business Law Review (1994), p. 255.

业经营和管理，要求人民银行与所有商业银行在1998年底前，与所属的信托、证券、保险公司和其他经济实体彻底脱钩。随着行业分管模式的建立，证券公司逐渐成为经营证券经纪业务的主力军，对证券公司的监管体制也逐渐完善。

从我国证券市场的发展历史来看，我国政府在证券市场的监管中起着重要的作用，行政主导的色彩浓于自律监管，因此，在行政主导的背景下，监管的政治目的更强，证券经纪业务的许可是我国历史发展的产物，也是我国行政主导式证券监管的必然后果。

2. 以个人中小投资者为主的投资者结构增加了投资者保护的需求。我国证券市场以个人中小投资者为主的投资者结构增加了投资者保护的需求。

第一，证券市场中自然人投资者占绝大多数。根据中国证券登记结算公司（以下简称中国结算）的统计数据，截至2016年末，中国证券市场（含A股和B股）投资者数量中自然人数量占比高达99.72%。

第二，个人投资者结构以中小投资者为主，中小个人投资者投资知识、经验及信息相对不足，作出理性投资决策的能力相对较弱。

第三，个人投资者交易频率、持股集中度较高，投机性强，投资风格不够成熟稳健。

因此，以个人中小投资者为主是我国证券市场的突出特征，市场中大部分投资者投资知识与经验缺乏、承担投资风险和损失的能力较弱，加上国民性格的好赌性，[①] 在证券交易中易受不当信息与证券经纪机构“营利性服务”的损害，同时，也造成市场交易秩序和市场信心的脆弱性，增加市场波动，放大市场风险。

在我国监管体制下，证券公司在现行法律体系下实际承担着对投资者保护的责任。《关于加强经纪业务管理的规定》细化了对证券公司经营证券经纪业务的管理要求，要求证券公司在经营证券经纪业务的过程中，建立客户适当性管理制度、客户回访、投诉处理以及资料管理制度，以更好地保护投资者的利益。

3. 证券公司扮演着监管抓手的作用。证券公司在我国证券市场需要承担监管者赋予它的维护市场秩序的责任。在市场波动时，证券公司要冲在维护市场秩序的第一线，在监管层以行政命令发号施令的多数情况下，证券公司是监管部门既定政策的执行者，而拥有国有背景的众多证券公司在我国证券市场的背景下并非真正意义上的公司法人。[②]

《关于加强经纪业务管理的规定》要求，证券公司要建立客户交易安全监控制度，对客户异常交易行为进行监督，根据要求向监管部门提供客户账户资料及相关交易情况说明。因此，证券

---

① 蒋大兴：《国民性、资本市场与法律的深层结构——民众的“好赌性”与市场调控法则》，载《北方法学》2009（1）。

② 罗培新：《我国证券市场和谐生态环境之法律构建——以理念为研究视角》，载《中国法学》，2005（4）。

公司的证券经纪业务不仅是为客户提供服务，也为监管部门提供“服务”。换言之，从维护市场秩序的角度来说，经营证券经纪业务的证券公司承担着对客户交易行为的管理责任。

综上所述，在一般理论之外，我国证券经纪业务的许可有着特殊的情境，无论从证券经纪业务在我国证券市场的发展历史看，还是综合考量合法经营证券经纪业务的证券公司为保护投资者承担的责任和维护市场秩序上扮演的角色，都对证券经纪业务设置许可存在合理性。

然而，随着技术不断进步，诸如HOMS系统等新生事物的出现，市场发生了变化，利用第三方交易系统在某种意义上取代了证券公司的经纪功能，使其成为“经纪的经纪”“通道的通道”。证券公司在现存法律体制下所承担的责任与扮演的角色受到来自新生事物的挑战，如何认定证券经纪业务，是当前我国证券监管需要解决的问题。

四、构建中国证券经纪业务认定标准刍议

（一）美国经纪商认定标准分析

在经纪商的监管上美国采取注册制，经纪商向SEC注册后即可从事证券经纪业务，同时，为了保护金融市场和投资者，在注册成为经纪商之后，经纪商需要按照SEC的标准进行信息披露以及遵守全国证券交易所或FINRA有关会员规则的规定。①

关于经纪商的认定，美国1934年《证券交易法》进行了原则规定，实践中则是以SEC的认定意见和法院的司法判例为主要判断标准。由于《证券交易法》成文规定过于原则，SEC的认定意见和司法判例主要针对具体事实和案件，未形成统一明确的规则，需要考虑的因素复杂、混乱，研究者通过对SEC意见和司法案例的归纳总结提出的对经纪商的认定标准可资借鉴。

1. 美国《证券交易法》对于经纪商的界定。1934年《证券交易法》第3（a）（4）条规定了经纪商的概念，即“Any person engaged in the business of effecting transactions in securities for the account of others”，指“以为他人实施证券交易为业的任何人”。② 美国《证券交易法》第15（a）（1）条规定所有的经纪商都需要注册，除非他们的交易是完全限制于州内或者符合特殊的条件而豁免于注册，同时与经纪商或交易商有联系的注册的个人（Associated Person）可以豁免注册。但是，当个人从事自己的交易时不能豁免。该条规定本质上只要求经纪商及与经纪商没有关联的个人经纪商进行注册。

美国证券法研究者通过总结大量SEC监管意见和司法判例，对经纪商界定标准进行归纳。SEC的监管意见主要通过“不起诉函”（No - Action Letter）的方式向市场传递。

---

① David A. Lipton, A primer on broker - dealer registration, Catholic University Law Review36 (1987), p. 899.

② 中国证券监督管理委员会组织编译：《美国〈1934年证券交易法〉及相关证券交易委员会规则与规章》（第一册），7页，法律出版社，2015。

（1）从事业务（Engaged in Business）。对于“从事业务”的理解，研究者根据 SEC 监管意见和司法判例总结为“惯常参与”（Regularity of Participation）标准。“惯常参与”标准强调相关主体对证券交易的参与具有一贯性，如果这类行为仅仅是单一的（Single）、独立的（Isolated），一般并不会被要求注册。①

通过总结 SEC 的不起诉函和司法判例，“惯常参与”标准一般会体现为以下三个需要考量的要素：

其一，持续的时间较长。例如法院在判决理由中强调主体劝诱投资者超过四年。②

其二，交易规模较大。例如法院在司法判决中提出购买等价于数百万美元价值的证券的标准。③

其三，考察主体过往的情形以及未来参与经纪活动的可能。

（2）实施证券交易（Effecting Transactions In Securities）。相较于强调主体参与交易的形式化特征，“实施证券交易”则是认定经纪商的实质标准。

在“实施证券交易”标准下，研究者通过分析 SEC 监管意见和司法判例总结出经纪商的四类特征，来判断主体是否构成“实施证券交易”：④

其一，涉及的交易是为了他人；

其二，主体在证券交易中扮演了重要的角色，而不是仅仅在买卖证券行为中起协助作用；

其三，收取报酬佣金，报酬佣金是经纪商与客户关系建立的一个标志，也在事实上证明该主体从事了该类证券交易行为；

其四，从事了劝诱行为，劝诱行为包括在报纸上刊登广告等形式。

2. SEC 关于经纪商的界定。SEC 在《经纪商注册指南》（*Guide to Broker – Dealer Registration*）中提出了注册经纪商的基本标准，主要包括：是否在证券交易中扮演重要的角色，例如劝诱、协商或者是执行交易；报酬是否取决于交易的规模；是否还参加其他的影响证券交易的行为；是否在证券交易中处理证券或者基金。⑤ 如果主体存在以上情形，则证明其有必要去注册。

但是在上述基本标准之外，关于经纪商的界定实际上存在着更为复杂的情形，对此，SEC 采取灵活方式进行处理：（1）通过 SEC 不起诉函的方式，针对具体案例发表仅代表雇员观点的非

---

① David A. Lipton, A primer on broker – dealer registration, Catholic University Law Review36 (1987), p. 938.

② SEC v. National Executive Planners, Ltd., 503 F. Supp. 1066, 1073.

③ David A. Lipton, A primer on broker – dealer registration, Catholic University Law Review36 (1987), p. 939.

④ David A. Lipton, A primer on broker – dealer registration, Catholic University Law Review36 (1987), pp. 912 – 915.

⑤ SEC, Guide to Broker – Dealer Registration, U. S. SECURITIES AND EXCHANGE COMMISSION, https: //www. sec. gov/reportspubs/investor – publications/divisionsmarketregbdguidehtm. html, 2017 – 12 – 22.

正式意见，并将该等意见向市场公开发布，作为市场的参考性标准；（2）针对典型或者特殊类型主体，SEC进行分类列举性的回应和说明。

3. 法院对经纪商的司法认定标准。因美国法院有权对SEC的决定及其与经纪商之间的争议进行司法审核，故法院对于经纪商身份的判断也形成了一套司法认定标准。在认定主体是否构成经纪商的要件时，通常采用George因素，① 这个认定标准并非是唯一的，通常考虑以下要素：②

第一，经常（Regular）参与证券交易活动；

第二，受雇于（Employment）证券的发行人；

第三，报酬（Commission）来自佣金（Salary）；

第四，曾经有过为其他主体销售证券的行为；

第五，为投资者提供建议；

第六，积极吸引（Recruitment）投资者。

法院的司法认定并不要求上述因素全部满足，在考量时综合分析以上因素，以判断主体参与证券交易行为的程度。

（二）中美证券经纪业务监管逻辑比较

美国通过《金融服务现代化法案》确立了功能主义监管的体系，③ 只需比照标准判断所要从事的业务是否需要注册，如果需要则按照SEC的要求注册并进行信息披露、遵守自律组织的监管规定。经营证券经纪业务的市场是开放的，主体依照标准审视自己的行为，决定是否注册，注册之后就按照要求有序进行。

法律的规定存在滞后性，作为执法机构的行政主体通过公开意见为市场主体的行为建立可期的标准，法院在判决中形成一套原则性的标准，实现在法律规定框架下行政机关与司法机关的有效联动机制。

我国目前对证券经纪业务的监管，主要体现为对证券公司的监管。而对证券公司监管问题采用的是主体监管的思路，经营证券经纪业务必须首先得到证监会的批准，只有持牌之人才能入场。这种生硬的持牌监管思路，虽是在我国特殊情境下形成的，具有一定的合理性，但极大地缩小了经营证券经纪业务的主体范围。尤其是在技术发展的今天，新生事物不断涌现，对传统证券经纪业务的经营模式产生了挑战，如HOMS系统等实现了证券公司经营证券经纪业务的主要

---

① United States SEC v. Collyard, 861 F. 3d 760, 767.

② United States SEC v. Collyard, 861 F. 3d 760, 766.

③ Thomas Lee Hazen, David L. Ratner, Broker - dealer regulation - case and materials, U. S. West Group., 2003, p. 5.

职能。

此外，我国对证券经纪业务的认定缺乏标准，证监会手握颁发牌照大权，没有牌照的公司无从知道从事何种行为会被认定为经营证券经纪业务。证监会用手里的金箍棒画了一个圈，场外的“妖精”无从知道这个圈的边界在哪里，每一步都小心翼翼，如履薄冰，稍不留神即会被框入圈内，中招身亡，如恒生网络等第三方软件提供商被冠以“非法经营证券经纪业务”，接踵而来的就是停业整顿和巨额的罚款。在这个圈外，还藏着法院的五指山，一不留神《刑法》第二百二十五条第三项就会镇住“妖精”。

无论是证监会号称稳定证券市场秩序的圈，还是既框住了场内又包含场外交易的《刑法》第二百二十五条第三项这座五指山，都成为悬在从事证券交易相关业务主体头上的达摩克利斯之剑。因此，笔者认为我国在非法经营证券经纪业务的问题上必须确定标准，证监会在行政处罚中必须以理服人，以防乱剑伤人。

（三）中国证券经纪业务认定标准探讨

由于现有证券法体系对于“证券经纪业务”的概念缺乏明确界定，结合证券监管规则、证监会对恒生网络等案件的处罚认定以及美国对于证券经纪商认定的规则体系，本文建议在文义解释的基础上，可以从“证券”“经纪”与“业务”三个层面来分析和思考“证券经纪业务”的范围，在此基础上，通过监管部门持续的监管实践形成明确又富有灵活性的“证券经纪业务”的认定标准。

1. 证券的范围。认定“证券经纪业务”，首先需要分析“证券”的范围。《证券法》并没有直接规定“证券”的定义，而是通过列举《证券法》适用范围的方式间接界定了“证券”的范围。根据《证券法》第二条的规定，证券范围被限制为“股票、公司债券、政府债券、证券投资基金份额、证券衍生产品”。

那么，证监会作为《证券法》的执法机构，对于不属于“证券”范围的产品是否有执法权存在疑问，比如前文刑事处罚将“非上市公司的股权买卖”认定为“非法经营证券业务”。无疑，这种监管权限的割裂以及可能产生的争议导致证监会对于“非法经营证券业务”监管上的某种“不作为”。

在《证券法》启动修订，扩大“证券”范围的背景下，“非法经营证券经纪业务”的监管范围应该相应扩大，也有利于解决证监会监管和执法权限不足的问题。

2. 证券经纪的内容。

（1）现有规则下证券经纪的主要内容。《证券法》及证监会相关监管规则对于“证券经纪”的含义并无直接规定，通过总结分析关于“证券经纪”的相关监管规则，本文认为现有规则体系下证券经纪的核心是接受客户委托买卖证券。围绕接受客户委托买卖证券，证券经纪业务中的主要交易环节包括为客户开立账户、委托交易、清算交收登记、数据查询等。

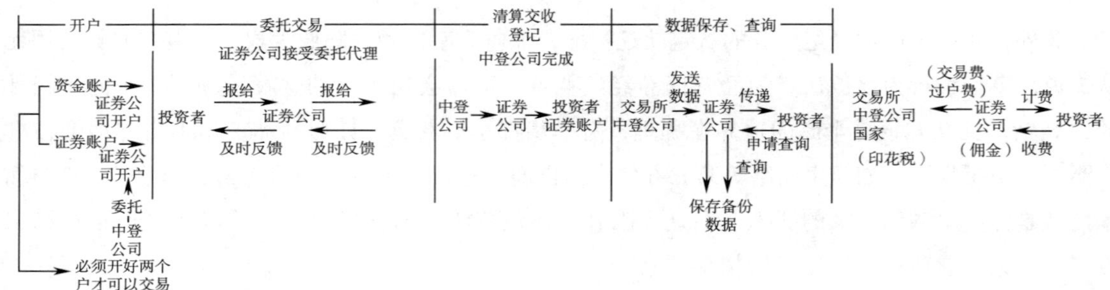

图 2　证券经纪业务主要交易环节流程①

①开立账户。在正常的交易过程中，为了参与证券买卖，投资者需要开立证券账户和资金账户。投资者证券账户由作为证券登记结算机构的中国结算开立，资金账户由证券公司开立，并与投资者银行资金账户绑定。投资者只有开设了证券账户和资金账户后，才可以进行证券交易。

通过 HOMS 系统等第三方软件系统，投资者需要两个步骤，首先，第三方软件系统提供商与配资方签订协议，通过第三方软件系统为配资方开设主账户，并根据配资方的需求开设数个子账户；其次，配资方为有配资需求的投资者开设子账户，子账户开设的过程主要体现为配资方对投资者的身份认证，② 身份认证之后，配资方会提供给投资者第三方软件提供商提前设置好的子账户的账户和密码。子账户并不直接连接证券公司，而是直接连接母账户。投资者在配资方处开设子账户的行为，实际上取代了证券公司开立账户的角色，通过母账户将证券公司变为连接交易所的通道。

②委托交易。由于交易所交易系统仅与作为会员的证券公司相连接，投资者需要委托证券公司向交易所报单才能完成证券买卖。因此，投资者与证券公司的委托交易表现在两个层面：一是在交易路径上，证券公司与交易所直接连接，成为投资者买卖证券的通道；二是在法律关系上，证券公司接受投资者的委托和报单，双方构成委托代理关系。委托交易的核心在于接收客户的委托指令后受理委托。

使用第三方软件系统下的委托交易，同样不直接与证券公司产生联系。投资者并不委托证券公司完成交易，子账户的交易直接由第三方软件系统操作，集中通过配资方在证券公司开设的母账户完成。由于证券公司在事实上无法识别子账户投资者的信息，证券公司与子账户的投资者没有形成委托关系，改变了普通的交易模式。

---

① 聂祥辉、吴文光、陆英俊、姚静：《H 公司与相关配资公司利用 H 系统非法经营证券业务之违法性分析》，载《证券法苑》（第十八卷），5 页，法律出版社，2016。

② 聂祥辉、吴文光、陆英俊、姚静：《H 公司与相关配资公司利用 H 系统非法经营证券业务之违法性分析》，载《证券法苑》（第十八卷），4 页，法律出版社，2016。

③清算交收登记。中国证券市场实行中央登记与清算机制，由中国结算统一负责证券的登记存管和证券交易的清算交收工作，相关清算交收登记数据由中国结算通过证券公司传递给投资者证券账户。

如上文分析，证券公司与中国结算都无法识别子账户的存在，其完成的是对配资方开立的母账户的清算交收，子账户的清算交收通过第三方软件系统在内部完成，而配资方使用第三方软件系统对母账户项下的子账户的清算交收，并没有取得证监会的批准，其与证券公司之间充当着次级“结算参与人”的角色。

④数据保存与查询。证券登记与交易清算信息统一保存在中国结算，投资者可以通过证券公司向中国结算申请查询，中国结算通过证券公司将相关数据反馈给投资者。

与清算交收登记的原理一样，证券公司与中国结算完成的是对配资方开立的母账户的交易数据的保存和提供查询的服务，子账户的数据保存与查询通过第三方软件系统内部完成。

（2）证券法处罚非法经营证券经纪业务的主要考虑因素。证监会认定证券经纪业务的核心是证明相关主体在从事“接受客户委托买卖证券”的行为，导致“投资者不在证券公司开户即可进行证券交易”。虽然投资者的交易订单最终需要通过证券公司的交易系统向交易所报单后实现交易，但是投资者开户、委托交易、清算交收及信息查询等主要证券交易服务均来源于被处罚主体，同时，投资者向被处罚主体缴纳交易佣金。

3. 从事业务。在“证券经纪”外，附加“从事业务”的标准，目的在于强调行为的商业性和经常性，以排除一些个别性、日常的、偶发的、非营利性的行为。这种附加标准也符合监管证券经纪业务的目标：保护投资者利益与维护市场秩序，因为非经营性的行为一般不构成对投资者利益的损害或者对市场秩序的破坏。

“从事业务”与美国《证券交易法》对经纪商定义中“Engaged in Business”相似，在理解上可以相应地参考基于美国法总结的“惯常参与”标准，关注相关行为持续的时间、涉及交易的规模、考察主体过往的情形以及未来参与经纪活动的可能等。

证监会在对恒生网络等案件的处罚理由中，也关注了“惯常参与”的一些标准。例如对配资方的处罚中均强调相关主体从事配资业务的时间跨度很长，一般都超过一年；① 对第三方软件提供商的处罚中强调通过配资业务收入金额巨大，② 并且收费的衡量依据是配资投资者的交易

---

① 其中福诚澜海案件时间跨度是2013年10月14日到2015年9月2日，南京致臻达资产管理有限公司案件时间跨度是2014年10月14日到2015年5月15日，浙江丰范案件时间跨度是2014年11月18日到2015年11月17日，臣乾金融信息服务（上海）有限公司案件时间跨度是2014年4月30日到2015年7月31日，黄辰爽案件时间跨度是2015年7月15日到8月31日，杭州米云科技有限公司案件时间跨度是2014年9月8日到2015年7月12日。

② 例如恒生网络HOMS系统通过配资业务累计获得的收入达1.09亿元，同花顺公司通过配资业务累计获得的收入达217.69万元，铭创公司通过配资业务累计获得的收入达949.36万元。

量，按照与从事配资业务的客户约定比例，收取软件使用费用。

五、 结论

在恒生网络等案件出现之前，《刑法》代替《证券法》成为监管的主力，行政处罚与刑事判决之间缺乏有效的联动机制。

此次针对恒生网络等案件的“突然”处罚和“粗糙”执法，突出体现了我国行政监管连续性不足的问题，势必损害市场预期和创新积极性。通过分析证监会对恒生网络等案件的处罚决定书，可以看出证监会针对配资方和第三方软件系统供应商的处罚并非毫无根据，但其背后的逻辑和标准并未向市场公开，不明确的标准会打击投资者的积极性和对证券市场的信心，不利于市场秩序的稳定，与证监会监管证券市场的初衷相违背。

在信息技术发展的今天，结合证券经纪业务设置许可的历史，不论是分析证券经纪业务设置许可的理论，还是基于我国特殊的情境，对证券经纪业务设置许可都有其合理性。但是，证监会应当从证券法体系对“证券经纪业务”的概念进行明确界定，结合证券监管规则，在此次对恒生网络等案件的处罚认定基础上，通过持续的监管实践形成明确又富有灵活性的“证券经纪业务”的认定标准。

由于现有证券法体系对于“证券经纪业务”的概念缺乏明确界定，结合证券监管规则、证监会对恒生网络等案件的处罚认定以及美国对于证券经纪商认定的规则体系，本文建议从“证券”“经纪”与“业务”三个层面来分析和思考“证券经纪业务”的范围。笔者希望在对恒生网络等案件讨论的基础上，通过监管部门持续的监管实践形成明确又富有灵活性的“证券经纪业务”的认定标准。

对于 HOMS 系统等资产管理软件，应更多坚持“堵不如疏”的态度，将其纳入法律监管的有效监督，① 在明确“证券经纪业务”认定标准的基础上，对证券公司之外的主体经营证券经纪业务，参照证券公司的管理，要求相关主体进行信息披露、配合投资者适当性管理、符合最低净资产要求等。

（责任编辑：孙点婧）

---

① 邢会强：《相对安全理念下规范互联网金融的法律模式与路径》，载《法学》，2017（12）；蔡奕：《伞形信托业务发展及其监管反思》，载《证券法苑》（第十五卷），62 页，法律出版社，2015；刘燕、夏戴乐：《股灾中杠杆机制的法律分析——系统性风险的视角》，载《证券法律评论》（2016 年卷），107 页，中国法制出版社，2016；缪因知：《证券交易场外配资清理整顿活动之反思》，载《法学》，2016（1）。

案例研讨

表决权拘束协议的初步研究

——兼评 “华电公司公司决议撤销纠纷案”

■何 昕*

摘要：本文从华电公司案的争议出发，主要研究了公司作为表决权拘束协议的缔约主体、效力以及违约救济问题。出于实现协议目的的需求，结合司法实践，我国可以允许公司通过股东（大）会决议的方式成为表决权拘束协议的缔约主体。另外，在对表决权拘束协议守约方进行救济时，法院应平衡当事人、公司、其他股东和债权人等利益，从发生纠纷的公司类型、协议内容是否涉及第三人利益、签约股东人数、公司是否为缔约主体等多维度进行思考，以期通过损失赔偿和强制履行两种方式的结合，在最大程度上对守约方进行救济。华电公司案中法院不适当的判决恐带来错误的示范效应，建议通过最高人民法院出台相关指导性案例来明确与表决权拘束协议相关案件的裁判标准。

关键词：表决权拘束协议　缔约主体　效力　强制履行

一、 华电公司案

张国庆、周正康诉江西华电电力有限责任公司公司决议撤销纠纷案（以下简称华电公司案）中，两原告均为被告华电公司股东，其中张国庆为第一原告，周正康为第二原告。第一原告持有被告21.3889%股权，为被告第二大股东。两原告与被告有两起类似的公司决议撤销纠纷。

（一）第一起纠纷①

2009年12月29日，被告及其第一大股东、法定代表人胡达为甲方，第一原告张国庆为乙方，签订了《股份认购协议》和《期权授予协议》（以下简称两份协议），约定：“华电公司向张国庆定向增发股权，在华电公司股份上市交易前，张国庆承诺其所持华电公司股份的投票与

---

* 供职于上海证券交易所法律部。本文仅代表作者个人观点，不代表所在单位观点和意见。

① 案情整理自该案二审民事判决书和再审审查与审判监督裁定书，分别是（2016）赣05民终12号民事判决和（2017）赣民申367号民事裁定书。

胡达保持一致。”两份协议均约定经双方签字后生效。两份协议于2010年4月27日至28日在华电公司董事会上进行了讨论，又于2010年6月10日在董事会上商议通过并形成董事会决议。

2015年8月20日，被告董事会召集并主持了华电公司2015年度第四次股东会，对“公司进行增资扩股的议案”进行了表决，实际赞成票占56.7706%，尚不满足《中华人民共和国公司法》（以下简称《公司法》）第四十三条关于增加注册资本决议所需表决权的法定要求。[①] 华电公司股东会依据上述两份协议的约定，将第一原告所投反对票统计为赞成票，并形成了华电股东会股字〔2015〕第〔6〕号《股东会决议》，其主要内容为：“……会议审议了如下事项：一、关于对公司进行增资扩股的议案。同意票占78.1595%股权比例；反对票占16.1113%股权比例……特此决议。”另查明，被告股份至今未上市交易。

两原告认为，华电公司2015年8月20日第四次股东会将第一原告所投反对票强行统计为同意票，从而形成华电股东会股字〔2015〕第〔6〕号《股东会决议》的做法属于非法，应予撤销。

（二）第二起纠纷[②]

第二起纠纷与第一起纠纷类似，不同之处只在于股东会的表决事项为第一起纠纷结果的通报和执行。2015年12月10日，被告股东会在实际赞成票为55.7218%的情况下，依据两份协议，再次将第一原告的反对票统计为赞成票，从而取得77.1107%的同意票，形成了华电股东会股字〔2015〕第〔7〕号《股东会决议》。

（三）争议焦点及法院判决

第一起纠纷经过一审、二审后，原告的再审申请被驳回，第二起纠纷经过一审、二审，最终的结果是法院全部以相同的理由支持了被告。法院认为两份协议合法有效，被告股东会基于上述协议，将第一原告的反对票统计为赞成票符合当时的约定。

但是公司是否有权强制更改股东的投票结果？法院的一系列判决及裁定是否正确？对于表决权拘束协议的守约方应如何救济？下文将逐一展开分析。

二、 公司作为表决权拘束协议的缔约主体

（一）公司可以成为缔约主体

表决权拘束协议（Voting Agreement，Vote - pooling Agreement）是股东等对于表决权如何行使

① 《公司法》第四十三条规定，增加注册资本的决议需代表三分之二以上表决权的股东通过。同时，华电公司2014年6月25日订立的公司章程第十六条也有相同的规定。

② 案情整理自该案一审和二审民事判决书，分别是（2016）赣0502民初75号民事判决和（2016）赣05民终328号民事判决。

而达成的契约。其概念有广义和狭义之分：美国主要采用狭义概念，认为只有股东之间可以签订表决权拘束协议。① 德国和英国主要采用广义概念，认为股东之间或者股东与第三方（例如公司）之间可以签订表决权拘束协议。② 本文采用广义概念。

（二）公司成为缔约主体的好处

从合同相对性出发，合同的拘束力仅限于当事人，即股东之间签订的表决权拘束协议对公司没有约束力。但事实并非如此绝对。

在有限公司或者人数较少的股份公司中，股东往往也是董事，股东与公司在事实上利益是一致的。相比而言，上市公司的中小股东更类似于第三人的地位，与公司利益不那么一致。如果有限公司或人数较少的股份公司的全体股东，甚至2/3的股东，签订了某表决权拘束协议，该协议对于公司就是有约束力的。这意味着，只有股东之间签署的表决权拘束协议也可能可以以撤销公司决议的代价要求强制履行，这也是法院对于违约方进行强制履行的理论依据。

但上面的理论在司法实践中应用难度较大，是否突破合同相对性的界限很难把握，法官的自由裁量权非常大，缺少更为客观的标准，同时也不利于当事人在签约时判断如果未来出现违约自己可能获得怎样的救济。

各国一般都认为，公司持有自身的股份是没有表决权的。我国在《公司法》第一百零四条第一款也作了规定。③ 因此，公司不能以股东身份参与到表决权拘束协议来。而在坚持合同相对性的前提下，为了保证协议的实际履行，需要考虑公司作为第三方是否能够成为缔约主体。④

在没有公司参与的情况下，法院考虑到撤销股东（大）会决议可能会影响到公司及未签约股东的利益，所以可能不会判决撤销股东会决议，从而使得表决权拘束协议的目的落空。但如果公司成为缔约主体，那么协议被法院判决强制履行的概率将显著提高，因为强制履行对于公司的影响已被公司所接受。而且在公司缔约时，协议可以约定“如果A或B违约，则公司有权强制其履行协议项下的义务”。即通过缔约股东让渡一部分权利而使得公司能够强制改票，确保形成与表决权拘束协议目的一致的公司决议。

（三）公司成为缔约主体的方式

公司成为缔约主体需要通过公司意思机关的同意，但是由股东（大）会决议通过还是董事会决议通过呢？从本质上看，此问题涉及股东（大）会与董事会的职权划分。股东（大）会是

---

① 沈四宝编译：《最新美国标准公司》，81页，法律出版社，2006。《美国示范公司法》第7.31条（a）项原文：“Two or more shareholders may provide for the manner in which they will vote their shares by signing an agreement for that purpose. A voting agreement created under this section is not subject to the provisions of section 7.30.”

② Graham Stedman and Janet Jones, Shareholders' Agreements, 3rd edn., London: Sweet & Maxwell, 2001, p. 57.

③ 我国《公司法》第一百零四条第一款：……公司持有的本公司股份没有表决权。

④ Graham Muth and Sean FitzGerald, *Shareholders' Agreements*, 5th edn., London: Sweet & Maxwell, 2009, p. 5.

权力机构，以我国《公司法》为例，第三十八条详细列出了股东（大）会的职权。这些事项因其关系重大，法律规定只能通过股东（大）会进行表决。法律上还针对一些交易、关联交易及担保等，在数量或者资金总额达到一定比例时，应由股东（大）会决定。如我国《公司法》第一百二十二条以及《上市公司章程指引》第四十条规定，上市公司在1年内购买、出售重大资产或担保金额超过公司资产总额30%的，应由股东大会表决。此类因交易数额较大而需要由股东大会通过的规定在上海证券交易所、深圳证券交易所出台的《股票上市规则》中还有很多。[①]类似的，表决权作为股东最重要的权利之一，法律上对其所做的安排也应该是谨慎的。从重要性角度出发，公司如果要参与到表决权拘束协议当中来，也应由股东（大）会进行表决。但规则中无法对表决权直接进行定量规定，例如规定协议涉及的表决权达到多少比例时需由股东（大）会进行表决，因为在某些情况下，1/3甚至更少比例的表决权，都有可能对公司决议产生决定性作用。

从反面看，如果公司以董事会决议通过的形式参与到表决权拘束协议当中，则董事会可能通过协议反向控制股东表决，从而控制公司权力机关，从根本上破坏公司治理结构。因此，董事会决议通过表决权拘束协议，实际上只起到了通知公司的效果。

具体操作上，公司应召开股东（大）会，对公司是否要加入该表决权拘束协议，以及在未来保证协议的履行进行表决。表决时，应由无意向签约的股东对该事项进行表决，达到一定的比例，例如2/3以上即可通过。通过后，有意向签约的股东和公司三方签订表决权拘束协议。

（四）公司作为当事人所需承担的义务

如果公司签订了协议，其所需要承担的义务不能与法律规定相冲突。例如在英国著名判例Russell v. Northern Bank Development Corporation Ltd. 案[②]中，该公司有五名股东，其中四名股东和公司签订了一项协议，[③] 约定未经协议全体当事人书面同意，公司不得决定发行新股和变更每股当前权益。但后来公司宣布增发新股，其中一位股东诉至法院。法院区分了该协议对于公司和股东的效力。法院判决该协议对公司不发生效力，原因是增发资本是公司的法定权利，协议的约定不得与公司法定权利相冲突。但对于缔约股东而言，协议仅仅是私人约定，该约定有效。因

① 详细规则请见《上海证券交易所股票上市规则》第9.3条、9.9条、9.10条、9.11条、10.2.5条、10.2.6条、10.2.7条、10.2.12条，深圳交易所的相关规则类似。

② Russell v. Northern Bank Development Corporation Ltd. and others (1992) BCLC 1016.

③ 在绝大多数学者的文章及硕士博士论文对于Russell案的描述中，协议的签订主体是全体股东及公司。但实际上按照判决书所写，Tyrone Brick Ltd. 分别有5名股东，其中4名与公司签订了该协议，还有1名股东即Northern Bank Development Corporation Ltd. 并没有签署该项协议。判决书原文如下："The plaintiff and the second to fourth defendants were each allocated 20 shares and the first defendant bank 120 shares, with the remaining shares not being allocated. The plaintiff and the second to fourth defendants, together with the company, thereafter executed a shareholders' agreement whereby they undertook…"

此，当公司作为表决权拘束协议的缔约主体时，要仔细考虑约定内容是否会与公司的法定权利相冲突。

三、 表决权拘束协议效力的认定规则

一方面，表决权拘束协议的实质是契约关系，应符合合同法上的规定。另一方面，由于表决权在公司治理当中的特殊作用，表决权拘束协议不仅影响当事人，也会对公司、其他股东及债权人等第三方产生影响，因此协议也应受到公司法的规制。

（一）合同法上的规则

表决权拘束协议作为合同，应符合合同生效的基本要件，例如行为人具有相应的民事行为能力、双方的意思表达真实、合同的内容和目的不违反法律或社会公共利益等。同时，其也不得具有法定无效的情形，如我国《合同法》第五十二条规定的无效情形①。

由于合同的形式和内容千变万化，协议还需遵守一些基本原则作为补充，主要有以下两个原则：首先，协议应遵循公序良俗原则。我国在《民法通则》第七条对该原则进行了规定。② 针对表决权拘束协议，德国《民法典》第138条规定，如果限制股东自由的行为违反了善良风俗，那么协议是非法的。③ 我国台湾地区法院也曾因表决权拘束协议的签订违背了公序良俗，而判决该协议无效。④ 其次，表决权拘束协议应遵循诚实信用原则。我国《民法通则》第四条和《合同法》第六条规定了该原则。⑤ 具体来说，即要求当事人签订表决权拘束协议时，不存在欺诈、胁迫或显失公平等行为。

（二）公司法上的规则

表决权拘束协议不仅需要遵守上述合同法上的基本规则，由于表决权的特殊性，更需要在公司法的语境下进行审视。

首先，表决权拘束协议约定的是股东表决权的行使方向，因此原则上约定的事项仅限于股

---

① 我国《合同法》第五十二条：有下列情形之一的，合同无效：（一）一方以欺诈、胁迫的手段订立合同，损害国家利益；（二）恶意串通，损害国家、集体或者第三人利益；（三）以合法形式掩盖非法目的；（四）损害社会公共利益；（五）违反法律、行政法规的强制性规定。

② 我国《民法通则》第七条：民事活动应当尊重社会公德，不得损害社会公共利益，扰乱社会经济秩序。

③ ［德］托马斯·莱赛尔、吕迪格·法伊尔著，高旭军等译：《德国资合公司法》，253页，法律出版社，2005。

④ 该案为台湾地区“最高法院”九十六年度台上字第一三四号，法院认为“公司易为少数大股东把持，对于小股东甚不公平，使有野心的股东以不正当手段缔结此种契约达到操纵公司之目的，与公序良俗有违，应属无效”。

⑤ 我国《民法通则》第四条：民事活动应当遵循自愿、公平、等价有偿、诚实信用的原则。我国《合同法》第六条：当事人行使权利、履行义务应当遵循诚实信用原则。

东（大）会有权审议的事项。在公司治理结构中，股东（大）会是公司最高决策机关，董事会是执行机构，二者职责不同。在成文法国家，判断表决权拘束协议的内容是否越权，可以直接依据公司法中对于股东（大）会以及董事会职责的规定进行。例如我国《公司法》上对于二者的职责有明确的界定。虽然董事由股东（大）会选举产生，但并不代表董事在董事会上的表决可以由股东约定。我国《公司法》第一百四十八条明确规定，董事对公司负有忠实义务和勤勉义务，① 这就要求董事在董事会表决时，应以公司利益为最高目标和全部期望，谨慎地作出选择，不能被一名或几名股东通过协议的方式加以约束。

但稍有例外的是，在有限公司或股东人数较少的股份公司中，不能过于简单地认定约定董事义务的表决权拘束协议无效。例如《美国示范公司法》第7.32条（e）项规定，允许协议规定公司事务以及限制董事权利，但应相应减轻董事因其行为或疏忽所需承担的责任，而加重被协议授权了的人的责任。②《特拉华州普通公司法》第350条规定，在封闭公司中，股东可以约定限制董事职权。随着股东人数的增加、公众性的增强，组织内部也更加复杂，董事、监事及高管的义务更多是针对公司，是受到公司而不是股东的委托，而且还会涉及公司其他关联方的利益。因此，在公众性越强的公司，表决权拘束协议越应严格遵守原则上的规定，只能对股东（大）会可以审议的事项进行约定。这与《美国示范公司法》第7.32条（d）项的原理相同，该条规定了在公司上市之后，原本签订的股东协议应失效，因为在公司上市后，中小股东的地位与第三人更为接近。③

其次，股东不得滥用表决权拘束协议而破坏公司治理结构。例如，德国《股份法》第136条规定，合同如果要求股东依公司、董事会、监事会或附属公司、附属公司的董事会、监事会的指示行使表决权，则合同无效。④ 这是因为，如果董事会或监事会通过表决权拘束协议掌握了股东的表决权，从而可以左右股东（大）会决议时，股东（大）会对于管理层的监督制约作用就有可能会丧失，公司就可能会完全被管理层所控制，使得作为公司所有人的全体股东的利益受

---

① 我国《公司法》第一百四十八条：董事、监事、高级管理人员应当遵守法律、行政法规和公司章程，对公司负有忠实义务和勤勉义务。

② 《美国示范公司法》7.32条（e）项原文："An agreement authorized by this section that limits the discretion or powers of the board of directors shall relieve the directors of, and impose upon the person or persons in whom such discretion or powers are vested, liability for acts or omissions imposed by law on directors to the extent that the discretion or powers of the directors are limited by the agreement."

③ 许德风：《组织规则的本质与界限——以成员合同与商事组织的关系为重点》，载《法学研究》，2011（3），100。《美国示范公司法》7.32条（d）项原文："An agreement authorized by this section shall cease to be effective when shares of the corporation are listed on a national securities exchange or regularly traded in a market maintained by one or more members of a national or affiliated securities association."

④ ［德］托马斯·莱赛尔、吕迪格·法伊尔著，高旭军等译：《德国资合公司法》，252页，法律出版社，2005。

损。当然，也可能存在经营层通过表决权拘束协议，使得部分“理性冷漠”的小股东积极地参与到公司治理当中，从而降低代理成本的情形。但这种可能性一般出现在中小股东更多的上市公司当中，且可以通过表决权征集制度得以实现。表决权征集会通过完善的信息披露等制度，解决管理层与中小股东对于表决事项信息不对称的问题，而如果通过几乎没有制度约束的表决权拘束协议来实现，则将面临巨大的道德风险。

最后，表决权拘束协议的签订不得损害第三人利益。在保护股东契约自由的同时，由于协议的外部性，其会对公司、其他股东、债权人等第三人产生一定的影响。例如德国《股份法》第243条规定，拥有表决权的股东如果为了自己或第三人利益而损害公司或其他股东利益，所形成的股东大会决议可以被撤销。同时，美国还通过判例确立了，即使公司全体股东签订了表决权拘束协议，股东利益不会受损，但如果严重违反法律规定，损害社会公众利益，则协议无效。① 因此，在判断协议有效性时，还应对第三人利益加以保护。主要包括以下几点：第一，不得约定以纯粹经济利益为对价的表决权拘束协议。这其实是变相的表决权买卖。目前世界各国基本禁止了表决权买卖，② 因为表决权买卖会造成表决权与股份的“绝对分离”，产生高昂的代理成本，为公司治理带来问题。③ 第二，不得通过表决权拘束协议来规避表决权回避、股份转让等制度。如我国《公司法》第十六条规定了公司提供担保时需要回避表决的情形。④ 如果某股东对于特定事项需要回避表决，则其无权针对该事项签订表决权拘束协议；如果签订的是一段时期内无特定事项的表决权拘束协议，则要注意在需要回避表决时将该股东的表决意见排除。另外，德国法还规定，不得约定股东按照一个自身被法律排除了表决权的主体的指示行使表决权。⑤ 同时，如果公司外部的第三人作为表决权拘束协议的当事人时，第三人的资格也需要进行审查，股东不得利用表决权拘束协议规避股份转让的限制，即不能与法律规定禁止受让股份的主体签订协议。

同时，一般情况下，表决权拘束协议还不得违反公司章程，否则协议无效。但例外情况是，如果协议的签订主体是全体股东，可以视为协议更改或补充了公司章程，或者视为公司对该事

① 刘俊海著：《股份有限公司股东权的保护》，272页，法律出版社，2004。

② 美国在以前认为表决权买卖是非法的，但现在逐渐认为表决权买卖不是必然违反公平与效率原则，但该制度依然很容易被滥用。审查表决权买卖时，需先判断其目的是否为欺诈，如果不是再通过“公平测试”来进行判断。

③ 也有文章认为，并不是所有的表决权买卖都是无效率的行为，可以在某些情况下允许进行，而不是全部禁止。详见夏戴乐：《上市公司表决权买卖之法律经济学分析》，载《证券法苑》，2012（6）：426－440。

④ 我国《公司法》第十六条：……公司为公司股东或者实际控制人提供担保的，必须经股东会或者股东大会决议。前款规定的股东或者受前款规定的实际控制人支配的股东，不得参加前款规定事项的表决。该项表决由出席会议的其他股东所持表决权的过半数通过。

⑤ ［德］格茨·怀克、克里斯蒂娜·温德比希勒，殷盛译：《德国公司法》，547页，法律出版社，2010。

项作出的特别决议，协议有效，以协议为准。① 如果该协议的签订主体是部分股东，后来又获得其他所有股东的一致同意，也可以视作补正了效力瑕疵，协议有效。②

四、 表决权拘束协议的违约救济

（一）违约行为

以发生时间来分，表决权拘束协议的违约行为可以分为预期违约和实际违约。

我国《合同法》第一百零八条对于预期违约进行了规定。③ 预期违约可以分为两种情况：第一，参与协议的股东在股东（大）会召开之前，无正当理由但明确表示其将会在表决时违反协议约定；第二，如果协议没有公示，在股东（大）会召开前，股东将股份转让给善意第三人，则该股东所持表决权在转让后不再受协议约束，以该行为表示自己将退出协议。

实际违约是指，签订表决权拘束协议的股东在股东（大）会中，未按照协议的约定行使其表决权，违约股东的意志已经通过表决权的行使上升为公司意志。此时，首先需要判断该违约股东的投票是否有效。德国法和我国台湾地区的法律对此有所规定，即如果股东没有按照表决权拘束协议的约定投票，其投票结果依然具有法律效力。④ 行使表决权是股东的权利，在公司不是缔约主体的前提下，股东是否违反协议，与公司无关，即使协议已进行公示，仍仅约束当事人。诚然，协议当事人有义务按照约定进行表决，但股东（大）会最终采纳的是股东的投票结果。股东在股东（大）会上所做的新的意思表示，已覆盖了其在表决权拘束协议当中的意思表示，且两者指向不同。前者指向的是公司以及公司的全体股东，而后者指向的是表决权拘束协议的守约方。股东在行使表决权时，只要程序合法且真实有效，其赞成或反对的意思表示就表达完毕。⑤ 即股东对每一个决议事项的投票都是“一次性”的。

---

① 许德风：《组织规则的本质与界限——以成员合同与商事组织的关系为重点》，载《法学研究》，2011（3）。

② 张蕾：《论表决权拘束协议》，2010年中国政法大学硕士论文，第32页。全体股东签订表决权拘束协议视作更改公司章程或产生股东（大）会决议的理论，在英国法上有类似制度，其原理与股东（大）会书面决议类似，但也有一些区别。当股东人数较少时，股东的利益与公司的利益更加一致，在对章程理解适用时应适当考虑股东个人的意志。而当公司公众性增强后，特别是在上市公司中，股东个人与公司整体目标距离较远，公司更加独立，此时对于公司章程而言，股东之间的协议的影响就比较小。我国可以借鉴股东（大）会书面决议的规定，只在有限公司或者人数较少的股份公司的范围内允许将全体股东签订的表决权拘束协议视作章程的修改或补充，也可以视作形成了公司决议，将上市公司甚至所有股份公司，排除在此理论的适用范围之外。

③ 我国《合同法》第一百零八条：当事人一方明确表示或者以自己的行为表明不履行合同义务的，对方可以在履行期限届满之前要求其承担违约责任。

④ ［德］托马斯·莱赛尔、吕迪格·法伊尔著，高旭军等译：《德国资合公司法》，252页，法律出版社，2005。以及王仁宏：《股东表决权拘束契约之实例研究》，见《台大法学论丛》，第187页。

⑤ 陈洁：《股东表决协议的法律问题》，载《法学杂志》，2008（4）。

（二）违约责任：从损失赔偿到强制履行

世界范围内，表决权拘束协议的违约救济主要有损失赔偿和强制履行两种方式，随着公司法理论的不断发展，救济手段经历了从损失赔偿为主到强制履行为主的变化。相比损失赔偿，强制履行通过要求违约方继续履行，最终能够实现合同目的，是对守约方更好的救济。①

鉴于我国还未对表决权拘束协议作出明文规定，只能依据合同法上违约责任的规定对守约方进行救济。我国《合同法》第一百零七条规定了违约责任包括继续履行、采取补救措施或赔偿损失。② 采取补救措施不适用于表决权拘束协议的救济，因而可以采用继续履行（强制履行）或赔偿损失的方式。由于适用损失赔偿的情形较为简单，下文主要讨论强制履行的救济方法。

（三）强制履行的实施

1. 强制履行的普通方式。一般来说，普通的强制履行是由守约方诉至法院，如果是预期违约，则请求法院强制违约方在股东（大）会上按照协议约定投票；如果是实际违约，则请求法院撤销已形成的股东（大）会决议后，再次表决时不计算该违约方投票，或者按照原来协议的约定计算其投票。③

但是，不计算违约方投票的方法往往不能令守约方满意，因为此种做法可能并不能最终达到协议目的，即使取消违约方的投票资格，该股东（大）会决议依然可能无法通过。例如，甲有限公司有股东A、B、C、D四人，持股比例分别为45%、25%、20%和10%，其中A与B签订了表决权拘束协议，约定投票方向保持一致。对于需要2/3以上表决权通过的重大事项，在A同意但C、D反对的情况下，即使B因违约投票被取消了投票资格，该重大事项重新表决时也只能获得45%/（45%+20%+10%）=60%的赞成票，依旧无法通过。因此，大多数守约方会要求法院判决按照协议约定计算投票。

法院判决撤销股东（大）会决议的法律依据是什么呢？合同法上对于违约责任的规定可以是一个选择。那么能否适用公司法中关于撤销公司决议的规定呢？例如我国《公司法》第二十二条第二款规定了撤销股东（大）会决议的事由，主要是会议的召集程序、表决方法或内容有瑕疵。④ 我国台湾地区将未按照有效的表决权拘束协议约定投票的行为归为决议方法的瑕疵，决议因此可撤销。⑤ 而我国没有相关规定。仔细分析我国规定的撤销股东（大）会决议的事由，违

① 魏振瀛著：《民法》，434页，北京大学出版社，2000。

② 我国《合同法》第一百零七条：当事人一方不履行合同义务或者履行合同义务不符合约定的，应当承担继续履行、采取补救措施或者赔偿损失等违约责任。

③ 梁上上：《表决权拘束协议：在双重结构中生成与展开》，载《法商研究》，2004（6）。

④ 我国《公司法》第二十二条第二款：股东会或者股东大会、董事会的会议召集程序、表决方式违反法律、行政法规或者公司章程，或者决议内容违反公司章程的，股东可以自决议作出之日起六十日内，请求人民法院撤销。

⑤ 柯芳枝著：《公司法论》，285页，台湾三民书局，1997。

反表决权拘束协议，最可能被视为属于表决方式违反公司章程，具体而言是股东在行使表决权时意思表示具有瑕疵。从表决权拘束协议在公司治理中的作用来看，也与公司章程最为接近，特别在公司的多数股东甚至全体股东意见一致时。但目前由于我国对表决权拘束协议还没有明文规定，因此不能在司法实践中直接适用《公司法》第二十二条的规定，主要还是依据《合同法》上的违约责任对公司决议进行撤销。

法院还应注意守约方行使诉权时除斥期间的规定。这既赋予守约方一定的申诉时间，又在一定程度上保障了公司决议的确定性与法律关系的稳定性。如除斥期间已过，守约方才要求法院判决强制履行，其只能寻求损失赔偿。例如我国台湾地区的“公司法”第一百八十九条规定的撤销决议的除斥期间为一个月，从决议作出之日起计算。《韩国商法》第376条规定的除斥期间为两个月，而《日本商法》第248条规定的除斥期间为三个月。我国《公司法》第二十二条第二款规定，撤销公司决议需自作出决议之日起60日内请求法院撤销。但如上文所述，我国对表决权拘束协议没有明确制度规定，因此不能直接认为在我国违反表决权拘束协议行使表决权属于第二十二条第二款所规定的决议瑕疵，从而不能当然适用撤销公司决议的除斥期间。但从法理上以及借鉴其他国家的立法经验来看，为保证公司决议的确定性以及法律关系的稳定性，对于可撤销的决议，如果在一定时间内守约方未提出撤销请求，则决议有效。在我国，这个“一定时间”，可以参考《公司法》第二十二条第二款的规定。

从尊重公司自治以及保持股东（大）会决议稳定性出发，法院在判断是否要撤销股东（大）会决议时，还应有以下几点考虑：第一，从协议应用的场景出发，公司公众性的强弱决定了表决权拘束协议的适用空间及强制履行的难易程度。第二，决议的撤销是否会涉及其他股东和公司的利益。第三，决议的撤销是否会涉及债权人等第三方的利益。

2. 强制履行的特殊方式（华电公司案）。华电公司案中公司强制更改违约方投票的做法，也可以视为强制履行的一种特殊的方式，但强制力来源不同。不同于普通强制履行的强制力来源于法院，公司更改违约方投票的权力来源是在公司与股东共同签订表决权拘束协议时，股东对于自身权力的让渡。如果当事人希望确保协议实施，但又不想在出现违约时费时费力地走司法程序，则可以将公司纳入缔约主体，并且约定“在一方存在违约行为时，由公司强制其履行协议约定”，则公司可以在出现违约时强制更改投票，直接形成与协议目的一致的公司决议，不用涉及请求法院撤销股东（大）会决议。

五、 结论与建议

（一）华电公司案

基于前文的分析，对于华电公司案的争议也逐渐有了答案。第一，缔约主体方面，公司可以通过股东（大）会决议的方式成为表决权拘束协议的当事人。华电公司案中，胡达作为法定代表人并没有获得股东会对于签订该协议的授权，故法定代表人的签字、公司公章以及董事会决议，只起到了将两份协议公示的效果，公司并未成为缔约主体，没有强制改票的权利。第二，效力认定方面，两份协议中对于行使表决权的安排具有表决权拘束协议的性质，且两份协议的约定符合合同法和公司法的规定，协议有效。[①] 第三，对守约方的救济方面，本案中，公司错误地认为自身已经成为协议主体而进行的强制改票行为，虽然代替法院纠正了股东会决议的瑕疵，但这样的代替是没有权力来源的。法院在本案中驳回了张国庆的请求，未撤销股东会决议的做法是有问题的。法官可能考虑到，支持张国庆的做法后，会为守约方带去很多麻烦，且最后的结果与现在的股东会决议一致。但法院在本案中的判决，会产生错误的示范效应，造成其他公司股东在签订表决权拘束协议时仍会采用错误的方法。因此，法院应认定华电公司不是表决权拘束协议的主体，无权强制计票，支持张国庆的诉求，判决撤销华电股东会股字〔2015〕第〔6〕号、第〔7〕号《股东会决议》。撤销后，胡达可以依据两份协议，向法院诉请张国庆按照协议约定投票，最终形成新的股东会决议，该新决议与华电股东会股字〔2015〕第〔6〕号、第〔7〕号《股东会决议》的内容应是一致的。虽然最终结果与本案相同，但法院通过其判决表明，公司只有通过股东（大）会决议的方式才能成为表决权拘束协议的缔约主体，才能约定由公司保障协议的实施，进行强制计票，而不能参考华电公司案中错误的做法。

（二）我国表决权拘束协议的司法实践

表决权拘束协议作为争夺公司控制权的一种快捷简单的方式，在实践中被广泛应用。承认表决权客体化的趋势以及表决权拘束协议的效力，是各国通行的做法，中国也不应该例外。针对表决权拘束协议的缔约主体，笔者认为中国应有条件地允许公司等第三方签订协议，即从广义的概念出发应用表决权拘束协议。而针对协议的违约救济方式，我国应该在具体案件具体分析的基础上，给予法官一定的自由裁量权，采用强制履行为主、损失赔偿为辅的救济手段。

由于立法上，中国还未建立起表决权拘束协议的相关制度，笔者认为，最快捷高效的方法是通过最高人民法院发布指导性案例的形式，为涉及表决权拘束协议的相关案件指明裁判标准。否则类似本案中的错误模式，将可能形成不良的示范效应。

（责任编辑：季　旭）

---

① 华电公司案中，两份协议生效的前提是公司股东会通过了定向增发条款，事实上公司也完成了定向增发，因此协议生效。但公司股东会同意定向增发并不能意味着其对表决权拘束协议的认可，事实上该表决权拘束协议也并未提交公司股东会讨论和表决。

上市公司收购人在杠杆收购中的信息披露义务

——以“万家文化收购案”为例

■ 叶冬影*

摘要：收购人采用协议收购+杠杆收购的方式收购上市公司，是一种独特的收购方式，它给现有信息披露规则带来挑战。收购人即使承担信息披露义务，也必须通过上市公司才能向公众披露信息；收购人不会将全体协议条款予以披露，更不愿意披露协议收购的杠杆比率，这使得协议收购+杠杆收购带有很高的危险性。我国实定法规定了协议收购，却没有触及杠杆收购，对收购人披露杠杆收购及资金保障等信息的关注不够，难以适应协议收购+杠杆收购并用的实践需求。我国在修订《证券法》及监管规则中，应当明确规定收购人的信息披露义务人地位，明确收购人在采用杠杆收购时的信息披露要点，增补收购人履行信息披露义务的程序规则，增加遗漏信息重大性的认定规则。

关键词：收购人　信息披露　杠杆收购　协议收购　披露程序

一、问题的提出

2018年4月11日，证监会对浙江万好万家文化股份有限公司（以下简称万家文化）、西藏龙薇文化传媒有限公司（以下简称龙薇传媒）、孔德永、黄有龙、赵薇和赵政作出行政处罚决定①。其中，对万家文化和龙薇传媒作出责令改正、给予警告和罚款60万元的行政处罚；对孔德永、黄有龙、赵薇和赵政给予警告，并罚款30万元。同时，证监会作出市场禁入决定②，对孔德永、黄有龙和赵薇分别采用5年证券市场禁入措施。证监会〔2018〕32号《行政处罚决定书（万家文化）》（以下简称《行政处罚决定书》）和〔2018〕7号《证券市场禁入决定书（孔德永、赵薇、黄有龙）》（以下简称市场禁入决定书）备受社会关注，固然与赵薇女士的演员身

* 中国社会科学院研究生院硕士研究生。

① 中国证监会〔2018〕32号《行政处罚决定书（万家文化）》。

② 中国证监会〔2018〕7号《证券市场禁入决定书（孔德永、赵薇、黄有龙）》。

份有关，更重要的是，证监会在此案中夯实了上市公司协议收购人的信息披露义务，并在法律适用上作出了重大突破。

《行政处罚决定书》在事实认定上的思路是：龙薇传媒注册资本少，其在资金筹措等存在重大不确定性的情形下签订股份收购协议，并发布公告。龙薇传媒在通过万家文化向交易所提交"问询函回复"中，未说明其未与金融机构达成融资合作的情况，未清晰告知其融资步骤、金额和款项支付方式等，未说明后续收购资金所需贷款需要动态调整，构成虚假陈述、误导性陈述和重大遗漏。在法律适用上，万家文化及孔德永违反《证券法》第六十三条和第六十八条规定，龙薇传媒违反《证券法》第六十三条规定，应当按照《证券法》第一百九十三条对万家文化、孔德永、龙薇传媒、黄有龙、赵薇和赵政予以处罚。

本案涉及上市公司的杠杆型协议收购，核心争议是收购人是否是信息披露义务人？杠杆收购信息是否是重大信息？收购人应当如何履行信息披露义务？如何协调收购人和上市公司在信息披露中的关系。

二、 协议收购与杠杆收购的并用模式

公司收购具体方式多种多样。龙薇传媒采用了协议收购 + 杠杆收购方式，这在实践中尚不多见。根据《行政处罚决定书》，龙薇传媒与万家集团签订《股份转让协议》约定，龙薇传媒向万家文化支付股份转让价款超过 30 亿元，并在股份转让协议签订之日三个工作日起，分四笔支付股份转让价款。该《行政处罚决定书》还认定，龙薇传媒除首付款中的 6000 万元系自有资金外，15 亿元资金系向银必信公司借入并以赵薇个人信用予以担保，另约 15 余亿元，则由中信银行浙江分行（以下简称中信银行）提供贷款，龙薇传媒同意以其过户后取得的股票作为质押。在股份转让协议签订后，龙薇传媒已与银必信公司签订借款合同，并获得了银必信提供的首笔 19000 万元借款，但龙薇传媒未能与中信银行签订融资协议。

（一）协议收购与杠杆收购的含义

协议收购作为一种股份转让形式，又称"不公开收购"，指上市公司收购人仅与被收购公司的个别股东（通常是大股东）订立股份转让协议，以约定价格购买被收购公司个别股东所持有的股份，从而实现其收购目的的上市公司收购方式①。笔者认为，协议收购可分为狭广两义。在狭义上，它是发生在收购人与投资者之间的股票交易，与公司买卖自身资产无关。在广义上，收购人向公司认购拟发行的股份或股票，且目的在于取得对上市公司控制权。在此场合下，股票买卖发生在收购人与上市公司之间，但因收购标的都是上市公司股票，目的均在于获得上市公司控制权，因而均属于上市公司收购。

① 陈洁：《上市公司协议收购信息披露的逻辑与规范》，载《法学》，2018（3）。

在上市公司控制权的认定标准上，法律规定与实务操作之间存在间隙。一般认为，《证券法》第八十六条系针对上市公司5%以上股份的买卖，该股份比例较低，通常无法代表上市公司控制权，不涉及上司公司收购；《证券法》第八十八条针对的是收购上市公司发行在外30%以上股份的情况，该股份比例较高，通常能反映公司控制权，因而被认为是上市公司收购的典型情况；介于上市公司5%～30%的股份比例，通常不认为代表公司控制权。笔者认为，无论5%抑或30%的股份比例，其实质含义是相对的。有些公司股份集中程度较低，收购人即使持有股份比例低于30%，也可能形成控制权；相反，投资者持有公司股份比例超过30%的，也未必一定获得控制权。因此，是否属于上市公司收购，既要按照《证券法》规定的持股比例予以认定，也要考虑个案中上市公司的股份分散度。龙薇传媒最初拟收购万家文化29.135%的股份，虽未达到30%以上的股份比例，但因龙薇传媒在收购完成后将成为万家文化第一大股东，证监会在《行政处罚决定书》中仍将该收购称为“控股权转让”或者收购控股权，相应地，万家文化收购案应当适用《证券法》关于协议收购的规定。

杠杆收购是万家文化收购案的另一特点。对于杠杆收购，我国法律缺少明确的规定，学者和实务界人士有不同认识。杠杆收购，是经济学界经常讨论的问题，法学界很少给予关注。有研究者认为，杠杆收购是以目标公司的资产或者未来现金流等用作抵押，以其债务资本作为最主要的融资工具，目的是收购目标公司的股权。① 其实，是否以目标公司资产作为抵押，只是收购人在取得融资时采用的担保形式，不影响对杠杆收购的认定。在实务中，杠杆收购存在多种形式。

1. 投资者单独融资型。即投资者以自己名义向第三人融资，再以融入资金支付价款，并以其未来收益或权利等作为偿还债务的保障。投资者可采用贷款、邀请其他人参加合伙与他人设立专项基金等方式融资。这种融资发生在收购人与资金提供方之间，公司未参与其中，债权人利益主要由投资者并购收益予以保障，债权人受保护程度较低。

2. 管理层配合型。在这种收购中，收购目的是使公司管理层获得对公司的控制权，收购人在分享投资收益后退出上市公司。我国早年出现的“管理层收购”（Management Buy - Outs，MBO）即为其例。

3. 被收购公司参与型。在这种收购中，收购人除了向第三人借入资金外，被收购公司还承诺以其资产或者未来收益向债权人提供担保。在收购完成后，债权人有权要求收购人或者被收购公司偿还债务。在这种杠杆收购中，需要公司及其现有股东或投资者积极配合，才能完成杠杆收购。

（二）协议收购与杠杆收购并用的特殊性

我国《证券法》认可协议收购的地位，未禁止收购人采用杠杆收购方式，就此而言，协议

① 陈吕斋：《我国杠杆收购融资的法律困境与完善》，16页，上海师范大学硕士论文，2014。

收购与杠杆收购并用模式并不当然违法，事实上，实务中的协议收购或多或少都采用了少量的财务杠杆。但当两者并用时，尤其当杠杆比例偏高时，往往带来许多特殊问题。

1. 收购协议条款或涉及商业秘密。收购协议是收购双方自愿达成的，有些协议条款涉及双方商业安排的细节和商业秘密。收购人为了保护其商业秘密，难免进行选择性信息披露，从而造成披露不充分。如收购人只披露收购协议的主要内容，而不想披露收购协议的解约条件；再如收购人只披露转让款的付款条款和进度，而不想披露收购资金的来源。由于商业秘密和应当披露信息之间的界限容易产生模糊，收购人不充分披露信息，容易损害投资者利益。

2. 收购协议条款的个性化特征明显。针对协议收购，我国现行法律已作出规定，但现行法律过于原则，操作性较差；行政法规和部门规章有失完整，难免存在操作障碍。一方面，在协议收购中，如何支付价款，如何办理股票过户登记，如何处理违约事项等，主要应由双方当事人商议确定。另一方面，双方当事人既可以签订收购协议，也可以协商变更乃至解除收购协议，但该等协议签订、变更或者解除将直接影响股票价格。

3. 协议收购与杠杆收购并用的违约风险高。在协议收购和杠杆收购并用时，违约风险较高。如当收购人遇到融资困难时，因其自有资金不足，很容易诱发协议收购的失败并诱发股票价格大幅波动。在投资者单独融资型杠杆收购中，收购人能否及时获得所需借款，直接影响到公司收购的成败；收购人到期是否具有还款能力，直接涉及收购人控股权的稳定性。当收购人以股票质押方式获得借款时，若收购人无法偿还借款，质权人可请求变卖所质押的股票并优先受偿，这将直接影响上市公司控制权的稳定性。

我国规范协议收购的实定法规则简陋，不足以满足协议收购信息披露的实践需求，监管者难免感到监管无据①；与此同时，我国杠杆收购的规则付之阙如，《证券法》和《上市公司收购管理办法》完全没有涉及杠杆收购。在这种情况下，并用协议收购和杠杆收购的模式看似简单，实则危险丛生。若协议收购和杠杆收购措施不当，极易损害投资者利益，危及证券市场的公正性。

三、 收购人的信息披露义务人地位

龙薇传媒承认其收购人地位，但认为其不属于“其他信息披露义务人”。理由有三：一是《证券法》主要规范“发行人、上市公司”的信息披露义务，若要扩张至收购人，应有充分和合理的理由。二是收购人系应披露信息的提供者和辅助人，而非直接披露者。三是在实务上，只能先由收购人或投资者将信息通知上市公司，由上市公司转报证监会和交易所，再由上市公司予以公告。由此，收购人不是通常所称“其他信息披露义务人”，不应强制使其承担“其他信息披

① 陈洁：《上市公司协议收购信息披露的逻辑与规范》，载《法学》，2018（3）。

露义务人”的责任。笔者认为，在证券法未明确规定的前提下，应当首先确定收购人是否是“信息披露义务人”或者“其他信息披露义务人”。

（一）收购人作为“信息披露义务人”的规则演变

《证券法》第一百九十三条是以“其他信息披露义务人”作为处罚对象的，然而，《证券法》虽规定收购人应当承担信息披露义务，却没有明文规定收购人是“信息披露义务人”或“其他信息披露义务人”，因而，证监会与龙薇传媒的争议焦点之一，即“收购人”是否是《证券法》第一百九十三条规定的“信息披露义务人”。

《证券法》第一百九十三条首次采用“其他信息披露义务人”的词语，“信息披露义务人”的术语则最早出现在最高人民法院2005年12月12日《关于审理证券市场因虚假陈述引发的民事及赔偿案件的若干规定》（以下简称虚假陈述若干规定）中。证监会后在2006年5月17日《上市公司收购管理办法》第三条中正式提到“信息披露义务人”①。证监会随后在2006年制定的《上市公司信息披露管理办法》中，分别采用了“发行人、上市公司及其他信息披露义务人”和“信息披露义务人”等词语。直到2013年11月30日，证监会才在其官方微博中首次提出收购人是信息披露义务人②。由此可见，自《证券法》颁布至今，法条虽然未经修改，证监会却在执法中逐渐引入“信息披露义务人”的术语，并将收购人纳入“信息披露义务人”中。

这带来两方面问题：一方面，证监会在官方微博中认为收购人是信息披露义务人，这种做法当然容易产生争议，其认定能否被法院接受，当然是存在疑问的；另一方面，一旦将收购人认定为信息披露义务人，收购人就将承担多项信息披露义务，难免加重收购人的信息披露义务，并招致龙薇传媒的异议。

（二）收购人作为信息披露义务人的法条解释

正因《证券法》未明定收购人为信息披露义务人，对于收购人应否属于信息披露义务人，就存在限缩解释和扩张解释的两种可能性。笔者认为，龙薇传媒的申辩难以成立。

1. 文义解释。《证券法》第一百九十三条将“其他信息披露义务人”与“发行人、上市公司”并列，这在逻辑上说明，《证券法》信息披露规则是以“发行人、上市公司”为主要义务人的信息披露规则，相应地，“其他信息披露义务人”应当是与上市公司履行信息披露相关的其他主体。一般来说，董监高与公司之间存在委任关系，对于公司信息披露不实，理应承担责任；中

---

① 《上市公司收购管理办法》于2014年10月23日完成修订。该管理办法第三条规定，“上市公司的收购及相关股份权益变动活动中的信息披露义务人，应当充分披露其在上市公司中的权益及变动情况，依法严格履行报告、公告和其他法定义务”，“信息披露义务人报告、公告的信息必须真实、正确、完整，不得有虚假记载、误导性陈述或者重大遗漏。”

② 《证监会信息披露义务人包括哪些》，资料来源：http：//finance. jrj. com. cn/2013/11/20163616185962. shtml，2018年9月18日访问。

介机构与公司之间存在委托关系，应当依法履行法定职责。换言之，上述主体承担信息披露义务，是因其与上市公司存在特殊关联。收购人与上市公司之间，通常无委托或委任关系，无法影响或左右上市公司信息披露，将其排除在“其他信息披露义务人”之外，是有一定道理的。但《证券法》第一百九十三条中的“发行人、上市公司”与“其他信息披露义务人”是并列关系，两组词语以“或者”相连接，而未以“及其”相连接，说明其他信息披露义务人无须与发行人或上市公司有关，而可以是独立存在的信息披露义务人。

2. 体系解释。根据《证券法》第九十四条第一、第二款，收购人也承担信息披露义务，但其披露信息的方式较为特殊，即仅为“书面报告”和“公告”。至于书面报告和公告的内容如何，以及应通过何种方式报告或公告，《证券法》未予规定。为澄清收购人信息披露义务，《上市公司收购管理办法》作出了补充规定。一方面，根据该管理办法第十六条和第十七条，收购人应采用编制权益变动报告书方式，披露有关上市公司收购的信息；另一方面，根据该管理办法第五十条，收购人不仅要公告上市公司收购报告书，还应提交备查文件。这说明收购人是特殊的信息披露义务人，编制权益变动报告书、公告上市公司收购报告以及提交备查文件是收购人承担信息披露义务的主要方式。考虑到《虚假陈述若干规定》第七条第（七）项以兜底形式规定了“其他作出虚假陈述的机构或者自然人”，若将收购人排除在“其他信息披露义务人”以外，将造成上述法条的对立和冲突。

3. 目的解释。《证券法》第一百九十三条的立法原意是通过打击虚假陈述等行为，加大对投资者的保护力度，促进证券市场健康平稳运行。① 收购人具有掌握收购信息的独特优势，知晓收购具体安排、实施难易程度和交易风险，甚至能够决定收购成败。他们优越于上市公司及其工作人员，甚至优越于证券市场投资者。在杠杆收购中，收购人主要使用借入资金支付转让价款，其应当知晓资金链断裂对收购成败的影响。为了充分揭示收购风险，提醒收购人谨慎行事，《上市公司收购管理办法》第五十条第（六）项特别要求收购人聘请的财务顾问必须核查收购人近3年的诚信记录和收购资金来源等相关信息。

正如《行政处罚决定书》指出的那样，信息披露义务主体所披露的信息不仅止于法定信息，主动或被动披露的信息也应当真实、准确、完整、及时。龙薇传媒作为收购人属于信息披露义务人，属于《证券法》“其他信息披露义务人”的范畴，依法适用《证券法》第一百九十三条。笔者注意到，在万家文化最初公告龙薇传媒实施收购时，投资者给予了热烈回应，但在陆续披露收购细节后，又引起股价暴跌。从维护证券市场秩序角度出发，将收购人纳入《证券法》第一百九十三条规定的“其他信息披露义务人”的范围，是恰当和合理的。

---

① 窦鹏娟：《证券信息披露的投资者中心原则及其构想——以证券衍生交易为例》，载《金融经济学研究》，2015（6）。

四、 杠杆收购中的重大信息

龙薇传媒针对收购信息的重大性，提出两项申辩理由。第一，龙薇传媒的成立时间、是否开展经营活动、资金筹备情况、股份转让交易的杠杆率等问题，属于交易主体自身的商业考量因素，不影响收购行为的合法性、真实性和合理性。第二，龙薇传媒无法事先知晓贷款人无法到期提供后续借款或未能批准融资方案，其已如实对自身的商业判断进行了披露。上述申辩均围绕收购信息的重大性而展开，核心则在于如何判断收购人信息及交易安排和履行情况的重大性。

（一）重大性信息的一般认定标准

公司收购是一项复杂交易活动，在内容上涉及公司收购的相关商业安排和协议条款，在时间上涉及公司收购的准备、协议的签订和履行等诸多环节，因此，公司收购信息纷繁复杂、多种多样。为平衡收购人、上市公司和投资者之间的关系，一般认为，应当披露的信息必须具有重大性。一方面，信息披露义务人违反信息披露义务的行为，足以影响到投资者的投资判断；另一方面，投资者基于内心信赖作出投资决策，却遭受股价涨跌引起的损害。

引入“重大性”标准，可以合理界定信息披露义务人的义务范围和投资者风险。美国证监会（SEC）规则第405条将“重大性”限定为“一个有理性的投资者在决定是不是选择购买该股票时会将此信息认为是重要的实质可能性”。然而，在实务中，任何抽象标准在适用时都难免遇到困扰，美国联邦最高法院在TSC案件中提出，“重大性的判断需要细心地分析一个合理投资者将会从一套既定事实中得到的结论以及这种结论对他是否重要”[①]。换言之，美国法院虽也希望“重大性”标准能够明确下来，但最终认识到这种目标是不现实的。可见，判断一个信息是否属于重大信息，取决于案件实际情况，必须在具体案件中作出具体分析。

对于应当披露的信息，我国《证券法》虽未普遍强调信息的重大性，但学术界普遍认为，应当披露的信息应当具有重大性并且主要采用三项判断标准。首先，该信息是否属于法律规定的重大事件[②]。即使法律条款没有采用“重大”或者“重大事项”的词语，但立法者在列举应当披露的信息时，在实质上秉持“重大事件”或者重要信息应予以披露的规则。其次，信息的披露会否对股票价格造成实质性的影响[③]。法律条款详列重大信息或重大事件，主要是提供了信息披露的行为指引，而非穷尽所有重大信息，通过考虑信息对市场价格的实质影响，可以形成对重大事件列举法的有益补充。最后，投资人是否为理性投资人。刘东辉在研究美国判例后认为，

---

① TSC Industries 426 U. S. at 450.，资料来源：https：//supreme. justia. com/cases/federal/us/426/438/，2018年7月10日访问。

② 《证券法》第六十七条、《虚假陈述若干规定》第十七条。

③ 《证券法》第七十五条和第七十七条。

在 TSC 案及以后的判决中，最高法院确立了一个客观的较高要求的理性投资者标准。从各级法院的判决与一系列非重大性抗辩中可以看出，理性投资者具备特定的知识与能力①，即我们认定的重大性，应该是市场大多数人都认为是重要的事件，而非个体认为是重要的事件。②

（二）公司收购中的重大信息

我国《证券法》确立了收购信息系重大信息的立场，非经披露并办理相关手续，将无法完成股份过户，因而几乎不存在收购人或公司不披露收购信息的情况，主要问题反倒是信息披露不充分或存在重大遗漏的问题。因此，如何认定“遗漏信息的重大性”反倒成为真实的问题。公司收购信息披露与一般信息披露之间是有差异的。从证监会执法来看，被认定为虚假陈述的遗漏信息，至少包括：

1. 收购协议的重要条款。证监会在《行政处罚决定书（中德证券有限责任公司、李庆中、王鑫)》中认定，中德证券作为收购方的财务顾问，在出具《详式权益变动报告书》和《核查意见》时，未获得交易双方正式签署的《收购协议》，致使《详式权益变动报告书》遗漏股份转让协议中“三个月自动解除条款”这一生效条件，所遗漏信息具有重大性，已构成重大遗漏③。

2. 上市公司收购失败的信息。《中德证券行政处罚案分析》④ 在总结证监会在 2015 年初至 2017 年处理的 18 个案件后，得出了这样的结论，即证监会认定未披露终止收购的原因也属于重大遗漏。收购失败虽是一种商业常态，但对于信赖公司收购而购买股票的投资者来说，收购失败显然会直接影响股票市场价格，进而影响到投资者的利益。

3. 已披露信息的变动信息。公司收购是一个持续过程，其间会衍生出新的信息。收购人即使披露了公司收购信息，但在履行中会不断出现新的信息。一旦衍生的新信息与已披露信息存在实质差异，收购人即应予以披露，否则，有可能构成“重大遗漏”意义上的虚假陈述。因此，收购信息披露分为两类：一是基于公司收购直接产生的重大信息，该信息可以是法定信息，也可能是对投资者产生重大影响的信息；二是基于已披露信息的后续变化而应披露的信息，该等信息应以是否对市场或投资者产生重大影响作为认定标准。

4. 对于证券交易所问询函的不实回复。证券交易所依据《证券交易所管理办法》履行一线监管职能，其在审核公司收购事项时，有权随时向公司和收购人发出问询函，后者应当及时予以

---

① 刘东辉：《谁是理性投资者——美国证券法上重大性标准的演变》，载郭峰主编：《证券法律评论》，78 页，法律出版社，2015。

② 李明辉：《美国虚假陈述民事诉讼因果关系的认定及启示》，载《西南政法大学学报》，2004（4）。

③ 中国证监会〔2016〕112 号《行政处罚决定书（中德证券有限责任公司、李庆中、王鑫)》。

④ 赵轶君：《中德证券行政处罚案分析》，资料来源：http：//www. finlaw. pku. edu. cn/law/xinkanDetail？id = 4827&typeid = 29&menu = lawandnewfinance&son = lawxinkan，2018 年 7 月 10 日访问。另参见中国证监会《行政处罚决定书（中德证券有限责任公司、李庆中、王鑫)》，第〔2016〕112 号。

回复。无论问询内容是否属于法定重大信息，公司或收购人若在回复中存在遗漏或者不符合事实之处，也可能构成虚假陈述。

（三）杠杆收购中的资金信息

在万家文化收购案中，龙薇传媒是否存在遗漏信息，遗漏信息是否属于重大信息，是该案件处理的关键之一。《行政处罚决定书》主要列举了龙薇传媒在杠杆收购中的四项不实披露，其表达的核心思想是，杠杆收购中的资金筹措信息，可能构成应当披露的重大信息。在理论上，收购人的财务状况和资金能力，是收购人能否完成收购交易的决定因素。若收购资金几乎全部来自第三人融资，收购人能否落实融资就将决定收购的成败。

1. 自有资金或借贷资金。龙薇传媒的借贷资金约为自有资金的51倍，后续事实也显示，无论龙薇传媒股东是否提供担保，龙薇传媒必然是该借款的债务人。一旦债务到期，龙薇传媒无力偿还，银必信公司有权要求龙薇传媒偿债，甚至要求龙薇传媒变卖所持股份，进而引发股份变动的高度盖然性。若龙薇传媒再以受让股份作为质押向中信银行申请贷款，而自己无力偿还中信银行债务，中信银行将有权主张针对质押的股份行使质权，进而引起质押股份的权利变动。可见，杠杆收购失败风险巨大，难免引起股票价格巨大波动。

2. 筹资方案的确定性和可实现性。龙薇传媒对外声称与金融机构之间存在融资合作，却未能提供其与中信银行达成的融资合作协议。从该案事实来看，不排除龙薇传媒与中信银行相关人员进行融资沟通，但在对外披露收购信息时，龙薇传媒显然没有得到中信银行的正式承诺或者授信。杠杆收购所需资金规模较大，若只是收购人欲与金融机构达成融资合作，充其量只是一种融资计划，而不是已达成融资合作。龙薇传媒是设立不久且注册资本较少的公司，且采用了51倍杠杆率的杠杆收购方式，其失败风险明显偏高，《行政处罚决定书》认为，金融机构融资审批失败对本案收购能否顺利推进有重大影响，属于《上市公司信息披露管理办法》第三十二条所规定的对重大事件产生较大影响的变化，应及时披露。

我国以往未发生杠杆收购失败的案例，《证券法》未就类似情况作出明确规定，但《行政处罚决定书》揭示了证监会在认定杠杆收购中重大信息的基本立场，即“龙薇传媒的成立时间、是否开展经营活动、资金筹备情况、股份转让交易的杠杆率等客观事实，是全面客观反映整个案件违法行为性质及其严重性的重要组成部分，是考量本案信息披露违法情节及影响的重要因素”。

五、 收购人披露信息的特殊程序

（一）收购人披露信息的模式

按照规定，所披露的信息必须通过指定媒体对外发布，在实务上，上市公司必须将应当披露的信息传递给证券交易所，经由证券交易所审核后，才通过指定媒体（包括电子媒体）对外发布。上市公司或者负责人通过非指定媒体对外发布信息的，可能构成虚假陈述。《虚假陈述若干规定》提出了“不正当披露”的术语，并将其界定为“信息披露的义务人没有在合适的期限内或者并没有用法定的方式进行公开披露那些应当披露的信息”，相应地，上市公司在非指定媒体上发布信息，可以被认定为虚假陈述。

需要指出，收购人即使是信息披露义务人，也无法独立履行信息披露义务，即其无法直接在证监会指定媒体上发布收购信息，不可能以自己名义在证券交易所网站上发布收购信息。一般而言，上市公司在披露信息时，可以在指定媒体直接发布信息，也可以借助证券交易所的通道发布信息，收购人披露信息时，则必须经由上市公司才能完成信息披露。根据《上市公司信息披露管理办法》第五、第六条关于“公告文稿和相关备查文件”的规定，在依法披露信息时，上市公司和其他信息披露义务人应当将公告文稿以及相关备查文件等报送到证券交易所进行登记及记录，并且要在指定的媒体进行发布。同样，《上市公司收购管理办法》第十三条至第十五条规定的报告义务主体，在文义上虽然包括投资者或者收购人，在操作上却依然是先由收购人将信息通知上市公司，后由上市公司转报证监会和交易所，再由上市公司予以公告。

（二）收购人与上市公司在信息披露中的关系

基于上述信息披露的模式，上市公司以外的信息披露义务人未经上市公司——证券交易所的渠道，将无法对外披露应披露的信息。于是，收购人与上市公司在该披露程序中的相互关系，就是需要特别考虑的重点问题。

1. 收购人和上市公司是独立的信息披露义务人，各自均应当履行信息披露义务并承担虚假陈述的法律责任。基于此，《行政处罚决定书》认定，龙薇传媒是《上市公司收购管理办法》第三条第二款规定的、万家文化股份权益变动活动中的信息披露义务人，其于2017年1月12日、2017年2月16日通过万家文化对上交所问询函发布回复公告，公告的信息存在虚假记载、误导性陈述、重大遗漏及披露不及时；同时，万家文化作为法定信息披露义务人，其于2017年1月12日、2017年2月16日对上交所问询函发布回复公告，公告的信息存在虚假记载、误导性陈述、重大遗漏及披露不及时。

2. 对于收购人所提供信息的真实性、准确性和完整性，上市公司承担审慎核查义务，对所披露的信息承担法定的严格保证责任。《行政处罚决定书》指出，依照《证券法》第六十三条，上市公司是法定信息披露义务人，对所披露的信息应承担法定的严格保证责任。上市公司有条件也有义务对其他信息披露义务人所提供的信息进行认真核查。不管信息产生的源头是否为上市公司，信息的披露必须通过上市公司发布。因此，“上市公司的信息披露义务不仅仅止于形式审查、‘原汁原味’地披露”，而必须对其他信息披露义务人所提供的信息进行审慎核查。若如万家文化代理人所言，上市公司只是一个信息披露通道，不审核所披露信息的真实性、准确性、完整性，对所发布信息不负任何责任，则《证券法》对于上市公司信息披露的相关规定将形同虚设，投资者也无法信任上市公司。

3. 收购人和上市公司在赔偿责任上的关系。《行政处罚决定书》系针对违法行为作出的行政处罚，不涉及当事人的民事责任问题。至于收购人和上市公司应否承担连带赔偿责任，应由人民法院在民事赔偿案件中予以裁判。《虚假陈述若干规定》明确规定了发起人、发行人、承销商、上市推荐人及其负责人和中介服务机构的共同侵权责任，其中并未规定收购人与发行人或上市公司承担连带责任。在学理上，连带责任系分别责任的对称，有加重责任的属性，一般认为，若法律未明确设定加重责任条款，行为人应当就各自的侵权行为分别承担各自的民事责任。

六、 结束语

上市公司收购涉及公司控制权转移，通常引起上市公司股权结构、管理层、经营决策等一系列事项的变化，各国无一例外地将收购信息作为重大信息。考虑到公司收购不断涌现，我国实定法应在现有协议收购规则的基础上，充实完善实体和程序内容。在实体方面，应明确收购人的信息披露义务人的地位，澄清信息披露义务的具体内容，增补杠杆收购的行为指引，关注杠杆收购的风险和监管需求，强化对遗漏信息披露的特殊监管。在程序方面，应在明确收购人主动披露信息的基础上，为收购人主动披露信息建立合理的程序，尤其是，当被收购公司不予披露或不予协助披露信息时，应当允许收购人以恰当方式披露信息。同时，为了提高收购人披露信息的专业水平，应当突出收购人财务顾问的地位，明确其执业标准，避免出现财务顾问受雇于收购人从而危及证券市场和投资者利益的情况。

（责任编辑：孙棋琳）

公允价值计量与税收核定权之博弈

——以广州德发案为例

■ 张馨予*

摘要：税收核定中“计税依据明显偏低又无正当理由”的判断标准始终是争议焦点。价格“明显偏低”与否实质上是与公允价值相比较的后果，但实践中不乏税务机关以保障税收为目的否定公允价值的情况。公允价值形成机制较为复杂，审计人员必须通过多种审计程序和证据才能得出相应的审计结论，而税务机关仅仅依靠自由裁量权和僵化的价格标准即可进行核定与调整，这背后隐含着税法对市场自由过度干预之可能。在金融、房地产及大数据高度发展的今天，公允价值已成为反映经济实质不可或缺的估值依据。税法规制与市场经济之间的博弈不止是法律法规调控的作用，还有税会差异和技术隔阂所带来的影响。通过法律和会计交叉研究视角，对于识别立法缺陷、完善税收征管工作具有重要启示意义。

关键词：计税依据　税收核定　公允价值　反避税条款　广州德发案

一、 问题的提出

“计税依据明显偏低且无正当理由”不仅是《中华人民共和国税收征收管理法》中的重要条款，同时也以各种形式见于我国绝大部分税种的实体法中。该条款性质和价值功能定位复杂，不仅在实体法中各有不同，即使在征管程序上，对其是否承担反避税功能也始终存在争议；又因为我国税收核定立法体系的不完善，税收核定作为一种“基于盖然性的衡量”①，赋予了执法机关过多自由裁量权，在实践中引发不少争讼。

* 北京大学经济法学博士研究生。

① 刘继虎：《论推定课税的法律规制》，载《中国法学》，2008（1）。

广州德发案[①]正是窥视税法规制与市场经济之冲突的重要窗口。最高人民法院关于广州德发公司案的再审判决书充分展现了拍卖价格与计税依据之间的较量。司法判决书中遵循谦抑性原则，一方面认可了税务机关基于法定调查程序作出的专业认定，另一方面也指出“否定一人竞买的效力尚无明确法律依据”、拍卖价格“可以作为市场的公允价格”的事实，因此，原则上税务机关应当尊重作为计税依据的拍卖成交价格，不应轻易行使税收核定权。

从法律和会计交叉角度来看，广州德发案仅仅是发现问题的起点。公允价值计量作为数字时代不可或缺的估值依据，税法对待市场公允价值的态度影响着未来房地产税和金融税制的税收征管，进而也是影响我国金融创新、市场自由不容忽视的力量。伴随着2006年《企业会计准则》对公允价值计量的大面积使用及2014年《企业会计准则》对公允价值的修订，税法上税收核定、历史成本与收入实现等理念都将进一步扩大税会差异。如果不能正确认识公允价值的特质及税会理念上的差异，实践中将无法规避滥用税收核定权调整公允价值的现象，而这无疑存在税法过度干预市场、破坏纳税人信赖利益、降低会计稳健性等风险。事实上，只有当国家尊重市场规律和经济自由权，在纳税人正当低价销售时忍受税收收入的减少，才能在纳税人高价销售商品时享受税收增长的利益。这是国家与企业同舟共济原则的体现。[②]

因此，探析公允价值与税收核定权之间的博弈，对于识别税法规制与市场经济之冲突及协调、平衡税收中性具有重要启示意义。

二、 何为公允价值

公允价值，英文为Fair Value，也称Mark - to - Market。美国财务会计准则委员会（FASB）在《美国财务会计准则（公告）》（SFAS）第157号中将公允价值定义为：“在计量日市场参与者之间的有序交易中，卖出资产所收到或转移负债所支付的价格。”我国基本采取了美国的定义

① 《广州德发房产建设有限公司与广东省广州市地方税务局第一稽查局再审行政判决书》，(2015) 行提字第13号中，本案一审二审及再审法院共同查明的事实：2004年11月30日，德发公司与广州穗和拍卖行有限公司（以下简称穗和拍卖行）签订委托拍卖合同，委托穗和拍卖行拍卖其自有房产。随后，穗和拍卖行在信息时报C16版刊登拍卖公告，公布将于2004年12月9日举行拍卖会。穗和拍卖行根据委托合同的约定，在拍卖公告中明确竞投者须在拍卖前将拍卖保证金6800万港元转到德发公司指定的银行账户内。2004年12月19日，盛丰实业有限公司（香港公司）通过拍卖，以底价1.3亿港元（按当时的银行汇率，兑换人民币为1.38255亿元）竞买了上述部分房产。上述房产拍卖后，德发公司先后向税务部门缴付了营业税及堤围防护费，并取得了相应的完税凭证。2006年间，广州税稽一局经向广州市国土资源和房屋管理局调取德发公司委托拍卖房产所在的周边房产的交易价格情况进行分析，得出当时德发公司委托拍卖房产的周边房产的交易价格，认为德发公司出售上述房产，拍卖成交单价格不及市场价的一半，价格严重偏低。遂于2009年8月11日作出税务检查情况核对意见书，重新核定德发公司委托拍卖房产的交易价格，责令补缴税费及加收滞纳金、罚款。德发公司不服广州税稽一局的处理决定，接连提起复议及诉讼。

② 翟继光、孙长举：《税法应体现国家与企业同舟共济》，载《中国税务报》，2013（3）。

模式，2014 年《企业会计准则第 39 号——公允价值计量》将原本会计准则中“在公允价值计量下，资产和负债按照在公平交易中，熟悉情况的交易双方自愿进行资产交换或者债务清偿的金额计量”的规定，更改为“在公允价值计量下，资产和负债按照市场参与者在计量日发生的有序交易中，出售资产所能收到或者转移负债所需支付的价格计量”。

从上述定义中，可以把握到公允价值的几个主要特征。首先是公允性。符合公允的要件为熟悉情况、自愿的交易双方，以及市场中的有序交易。由于公允价值是理性双方自愿达成的交易价格，所以其确定并不在于业务是否真正发生，而在于交易双方是否基于公平交易，并在此信息对称的基础上自愿达成价格共识，这个价格共识即为公允价值。其次是动态时态观。公允价值反映的是市场当下对资产或负债的价值认定，由于市场价格的形成受到许多因素的影响，公允价值也随着交易时间、地点、数量、政策波动等不同而变动。也因此，公允价值的表现形式多样，其并非精确的数值，而是一个合理的价格区间。

拍卖价格作为市场价格的一种，也是公允价值的表现形式之一。[①] 经过法定程序和公开竞价形式进行的拍卖，遵循公平交易的原则，是经过市场竞争的且由理性双方自愿达成的价格共识，因而符合公允价值的计量要求。在广州德发公司一案中涉及一人竞拍价格的争议，但我国《拍卖法》及其实施细则、《拍卖管理办法》、《关于人民法院民事执行中拍卖、变卖财产的规定》、《招标拍卖挂牌出让国有建设用地使用权规定》均未作出禁止一人竞拍的限制。且基于拍卖双方天然的竞争心理，[②] 拍卖较之一般的销售方式更能客观地反映商品价格，[③] 即使一人竞拍以底价交易也存在市场竞争的过程。因此，若无其他法定无效情节，无论其价格高于或低于主观预期，经过法定公开程序的一人竞拍价格可以视作市场上的公允价值。

三、 税收核定权对拍卖价格的调整

（一）对“明显偏低”的认定

从本案最高法的再审判决书中可以得出，经过法定程序形成的拍卖价格，可以视为市场的公允价值，但该公允价值未必符合计税依据的标准。

经过法定程序的拍卖活动，其拍卖价格经过充分竞争，是税法上可以采纳的公允价值。最高

---

① 朱长胜：《“计税依据明显偏低，又无正当理由”在实践中的应用》，载《税务研究》，2017（9）。

② “卖方会希望拍卖的形式能够最大化他在销售物品时的收入。另一方面，从一群潜在卖方接过标价的买方会希望一种拍卖形式能最小化他的成本支出。”引自［美］罗伯特·S. 平狄克、丹尼尔·L. 鲁宾菲尔德著，高远等译：《微观经济学》，474 页，中国人民大学出版社，2011。转引自廖仕梅：《从民法视角探析推定课税——基于“最高人民法院提审广州德发公司案例”分析》，载《地方财政研究》，2015（10）。

③ 《广州德发房产建设有限公司与广东省广州市地方税务局第一稽查局再审行政判决书》，（2015）行提字第 13 号。

人民法院再审判决书指出，依照法定程序进行的拍卖活动，由于经过公开、公平的竞价，不论拍卖成交价格的高低，都是充分竞争的结果，较之一般的销售方式更能客观地反映商品价格，可以视为市场的公允价格。如果没有法定机构依法认定拍卖行为无效或者违反《拍卖法》的禁止性规定，原则上税务机关应当尊重作为计税依据的拍卖成交价格，不能以拍卖价格明显偏低为由行使核定征收权。

而在本案中，最高法在判决书中也明确指出，“对于拍卖活动中未实现充分竞价的一人竞拍，在拍卖成交价格明显偏低的情况下，即使拍卖当事人对拍卖效力不持异议，因涉及国家税收利益，该拍卖成交价格作为计税依据并非绝对不能质疑”，同时也表示，“虽然履行拍卖公告的一人竞拍行为满足了基本的竞价条件，但一人竞拍因仅有一人参与拍卖竞价，可能会出现竞价程度不充分的情况，特别是本案以预留底价成交，而拍卖底价又明显低于涉案房产估值的情形，即便德发公司对拍卖成交价格无异议，税务机关基于国家税收利益的考虑，也可以不以拍卖价格作为计税依据，另行核定应纳税额”。

由此可见，税务机关判断价格是否偏低的标准除了需满足理性双方自愿达成价格共识之外，仍应当满足保障国家税收利益的目的。也即，具备私法效力并不排除税务机关为保障国家税收对计税依据进行“合理”调整。

（二）“明显”一词的认定

“明显偏低”这一用法，在税法规定中层出不穷。如《税收征收管理法》第三十五条第一款第六项规定：“纳税人申报的计税依据明显偏低，又无正当理由的，由主管税务机关核定其应纳税额。”《增值税暂行条例》第七条规定：“纳税人销售货物或者应税劳务的价格明显偏低并无正当理由的，由主管税务机关核定其销售额。”《消费税暂行条例》第十条规定：“纳税人应税消费品的计税价格明显偏低并无正当理由的，由主管税务机关核定其计税价格。”

在税法活动中，2009 法释 5 号《关于适用合同法若干问题的解释（二）》第十九条对“明显不合理的低价”作出过解释，即人民法院应当以交易当地一般经营者的判断，并参考交易当时交易地的物价部门指导价或者市场交易价，结合其他相关因素综合考虑予以确认。转让价格达不到交易时交易地的指导价或者市场交易价百分之七十的，一般可以视为明显不合理的低价；国税函〔2009〕380 号《白酒消费税最低计税价格核定管理办法》第二条规定，白酒生产企业销售给销售单位的白酒，生产企业消费税计税价格低于销售单位对外销售价格（不含增值税，下同）70% 以下的，税务机关应核定消费税最低计税价格。

可以看出，价格“明显偏低”与否是与市场公允价值相比较的后果，但公允价值计量的特征和方法却没有在税收核定体系中作出清晰的规定。根据《税收征收管理法实施细则》第四十七条第一款第四项的规定，税务机关有权采用任一合理方法核定应纳税额。也即，在德发案中，稽查局可以采用自己认为合理的方式进行核定，由于公允价值是一个波动区间，很容易即可得出涉税价格偏低的结论。事实上，70% 的价格比对也仅针对特定税种或特定情形，而非《税收征收管理法》第三十五条中“计税依据明显偏低”的普适标准。价格的形成因素非常复杂，常常受到天气、市场、评估人员主观判断等各种因素的影响，市场公允价值本身就存在估价偏差，缺乏“明显偏低”的参照标准显然降低税务机关的证明责任并扩大自由裁量权的空间，这使得税法上认为公允的计税依据进一步与经济活动中的公允价值产生偏离。

（三）何为“正当理由”

税法中的“正当理由”也是构成计税依据可能偏离公允价值的一个重要因素。如果说“明显偏低”尚有量化标准，那么“正当理由”则存在更多的主观因素和判断难度。就现有税法而言，近年来税收立法表现出以“合理商业目的”替代“正当理由”的趋势。我国《企业所得税法》首次引入了“合理商业目的”的概念；营改增也将税务机关核定增值税纳税人销售额的判断依据之一“无正当理由”替换为“不具有合理商业目的”。结合《企业所得税法实施条例》第十二条和国家税务总局《关于全面推开营业税改增值税试点实施办法》第四十四条规定可以得出，不具有合理商业目的是指以谋取税收利益为主要目的，通过人为安排，减少、免除、推迟缴纳税款的情形，如关联交易等。然而伴随着市场的发展，现如今大多数金融工具的交易具有独立于税收的商业考虑，如现金流、风险管理、监管义务等，获取税收利益并不必然是其唯一或主要的目的。

本案中，广州市地方税务局 2013 年修订后的《存量房交易计税价格异议处理办法》明确规定，通过具有合法资质的拍卖机构依法公开拍卖的房屋权属转移，以拍卖对价为计税价格的，可以作为税务机关认定的正当理由。德发公司因债务危机而低价出售房产的理由在一审二审中均被驳回。本着谦抑性原则，最高法在判决书中再次明确，“税务机关对作为计税依据的交易价格采取严格的判断标准符合税收征管法的目的”。可见，对正当理由的考察主要在于该交易安排是否以避税为目的，原则上只有当该交易以避税为主要目的甚至唯一目的时才可认定为无正当理由，但实践中不乏税务机关“采取严格的判断标准”认定正当理由的情形。

四、 税收核定权与公允价值计量之博弈

广州德发案引发的争议延续至今，也从侧面印证了税收核定权与经济自由权之间的博弈是场无休止的战争。这不仅是法律形式与经济实质之争，同时也隐藏着法律规制与经济计量在技术上的隔阂。通过探析税收核定权与公允价值计量之间的博弈关系，可以发现其中存在建立对立统一秩序的可能。

（一）税收核定权对公允价值的监督和调整

1. 公允价值计量与税法理念存在冲突。我国 2014 年出台的新会计准则中大面积使用了公允价值计量，《企业会计准则第 22 号——金融工具确认和计量》中明确了列为公允价值计量的金

融工具，规定金融衍生品的报告价值即为市场价值。反观，我国《企业所得税法》仍然主要采用历史成本计量，因为历史成本真实可靠，符合成本补偿要求，也更有利于税收征管。① 事实上，税法的目的更在于对企业当下纳税义务的核算，而非着眼于对企业未来经营状况的预测。当企业发生重组等交易，如果会计上已按评估价值或公允价值对相关资产的入账价值进行调整，但资产隐含的增值并没有在税法上得到确认，就会形成资产的计税基础与账面价值的差别。② 因此，税法采用公允价值计量调整资产只适用于收入不公允的情况，且由于几乎不考虑货币资金在未来可能的变动，所以并不具备会计当中可变现净值或现值的计量需求。③

2. 公允价值计量存在避税空间。公允价值的确定具有较强的主观性，因市场环境复杂多变，在活跃市场下，公允价值往往是同类交易的价格，在非活跃市场下，公允价值计量更多地依靠的是专业人员的估值判断。因此，这给企业提供了利用公允价值进行盈余管理从而达到避税目的的有效途径。④ 各国公司所得税法规定企业转让、销售资产时，坚持历史成本原则扣除资产成本，而非依照会计准则对资产负债表中不符合现实公允价值的项目进行调整，原因就在于防止企业通过账面价值变动将资产的增值逃逸到征税范围以外。⑤ 因此，对于不具有“正当理由”或无合法商业目的的“计税依据明显偏低”情形，税务机关对其进行合理调整，是为维护国家税收管理秩序和税基稳定所必不可少的征管程序。

（二）行使税收核定权应尊重市场自由和规则

1. 公允价值计量正是响应市场需求而生。相较于历史成本和收入实现制，公允价值计量将经济收益反映得更加真实、全面。公允价值的动态性和真实性能够更准确地披露企业现金流量和资产现状，从而更全面地反映企业偿债能力和财务状况，提升会计信息质量，提高利益相关者决策的科学性；伴随着数字时代的来临和金融创新的不断发展，公允价值计量因其虚拟性和动态时态观，并不需要以业务是否真正发生为要件，而是假定的买方和卖方之间经过一致同意即可形成一个对市场价值判断后的价格，这很好地解决了金融衍生品交易和无形资产估值等问题。

---

① 广东省地税局：《2008 年 1 月 29 号问题答疑：税法对资产计税基础的确定为什么坚持历史成本原则?》，资料来源：http://www.gdltax.gov.cn/gdsite/portal/gdsite/2008－01/29/content_22WVUD9VL9CJXPQ8H5BFLH8GYFQOSUFS.shtml，2018 年 7 月 10 日访问。

② 同注①。

③ 李丽琴：《税会差异的成因及纳税调整》，载《中国市场》，2017（6）。

④ 李心源、戴德明：《税收与会计关系模式的选择与税收监管》，载《税务研究》，2004（11）。

⑤ 广东省地税局：《2008 年 1 月 29 号问题答疑：税法对资产计税基础的确定为什么坚持历史成本原则?》，资料来源：http://www.gdltax.gov.cn/gdsite/portal/gdsite/2008－01/29/content_22WVUD9VL9CJXPQ8H5BFLH8GYFQOSUFS.shtml，2018 年 7 月 10 日访问。

对“计税依据明显偏低”的规制反映的是税法对市场交易秩序的干预和调整。①为尊重市场自由配置机能，避免公权力不当干预营业人之价格决定权，应仅限于有经常性之重大出入或市场有失效之虞之情形。② 因此，面对金融衍生品和电子商务交易形式的复杂性，考察计税依据是否具有“正当理由”应当结合交易形式本身的特性和商业目的来进行考量，只有当该交易形式“以减少、免除或者推迟缴纳税款为主要目的”时③，才可启动税收核定。否则，税法上语焉不详的核定标准存在着否认市场复杂交易形式的可能，这对于保障国家经济平稳运行和发展创新经济无疑具有负面影响。

2. 公允价值是价格范围，而非精准数值④。税法上僵化的价格衡量标准也是容易引发税收核定的重要原因，甚至在《企业所得税核定征收办法》（试行）第五条中规定“采用两种以上方法测算的应纳税额不一致时，可按测算的应纳税额从高核定”，这种仅以国库利益为目的的立法模式显然与复杂的市场环境和经济自由权存在根本性的冲突。价格是由一系列复杂因素综合决定的。首先，市场价格的类型分为很多种，就同一件商品而言，在具体销售中可以衍生出促销价、团购价、溢价或折价等⑤；其次，价格波动也受到诸多因素的影响，如商品属性、折旧率、供求关系，乃至竞争环境、国家政策等；最后，公允价值评估本身即兼具客观性与主观性，非活跃市场下资产难以获得同类产品价格，即使针对同一资产，面对不同评估方法和评估人员，得出的评估价格也未必统一。因此，“计税依据明显偏低”本身即是一个难以评判和量化的标准。税收核定以“有意识地不考虑个别案件，而以公式化（机械化）的粗糙纲目进行运作”⑥，核定的结果是否能真正反映经济实质，而不是破坏市场经济秩序和私法自治原则，依然值得深思。

五、 税收核定权的理性回归

税收核定权在实践中引发的诸多案例使我们不得不对税收核定条款的设置进行反思。“计税依据明显偏低又无正当理由”的规定因缺乏种种专业判断和参照标准，将税务机关的税收征管工作带入进退两难的境地。透过法律和会计交叉视角来审视其间问题，可以发现，让税收核定权理性回归、推动税收立法充分认识和尊重市场规则，才是保障税基稳定的良策。

（一）回归税收核定体系，引入一般反避税规则

《税收征收管理法》第三十五条通常被认为是税收核定条款，其中第六项“计税依据明显偏

① 王宗涛：《“计税依据明显偏低无正当理由”条款的法律逻辑》，载熊伟主编：《税法解释与判例评注》（第七卷），258 页，法律出版社，2016。

② 陈清秀：《税法各论（上）》，449 页，台湾元照出版公司，2014。

③ 翟继光：《论“计税依据明显偏低又无正当理由”的判断标准》，载《税务研究》，2016（8）。

④ 朱长胜：《“计税依据明显偏低，又无正当理由”在实践中的应用》，载《税务研究》，2017（9）。

⑤ 同注④。

⑥ 陈清秀：《税法总论》（第 7 版），242 页，台湾元照出版公司，2012。

低又无正当理由”置于税收核定规则体系中，性质上也应当属于税收核定条款。[①] 但实践中该款项已事实上承担起反避税功能，与前五项列举的违反协力义务的行为形态产生脱节。追其立法演变，该条款作为一项兜底式规定，本意是为了补充未尽协力义务而需要对涉税信息进行核定的法律情形，但因为该项的适用只需税务机关承担较轻的举证责任而无须达到高度盖然性证明标准，且使纳税人负有提出反证的责任，[②] 在涉税信息获取成本较高的情况下，“计税依据明显偏低又无正当理由”条款自然取代《税收征收管理法》第六十三条成为税务机关反避税乃至反逃漏税的兜底性条款。

但以“计税依据明显偏低又无正当理由”作为反避税工具显然是过于简易的。事实上，与《企业所得税法》第四十七条一般反避税条款进行对比，即可发现二者在适用情形、调整规则、法律后果及处理程序上皆有诸多不同，[③] 仅仅是避税安排和税收核定的简单拼凑难以承担复杂的反避税功能。在税收核定这种简化的事实认定和证明责任机制下，税务机关只需在其已掌握的零星信息的基础上进行经验性判断，而无须重视纳税人已尽协力义务的申报事实，即可在缺乏事实查明和高度盖然性证据证明的基础上作出计税依据偏低的反避税的税收核定，[④] 这无疑将导致交易规则体系的混乱和对纳税人信赖利益的破坏。因此，应当将“计税依据明显偏低又无正当理由”仅仅限制在违反协力义务的核定范围中，统一税收核定条款体系。同时，在《税收征收管理法》中加入一般反避税条款，将对市场的干预限定在“以减少、免除或者推迟缴纳税款为主要目的”[⑤] 的情形，使税收核定与反避税的“合理调整”各归其位[⑥]。

（二）价格判断应充分尊重第三方专业渠道

应纳税额是否低于市场价值不仅仅是税法上的判断。公允价值常以市场价格和资产估值等形式表现。[⑦] 伴随着金融和房地产市场对公允价值的采纳，公允价值作为估值依据将在经济交易中大面积使用。因其数值获取主观性和动态性的特征，仅仅依靠税法和国库本位的理念来进行税收征管无疑将引发不少争讼，因此必须充分发展独立的第三方专业渠道，建立成熟的资产评

---

① 王宗涛：《“计税依据明显偏低无正当理由”条款的法律逻辑》，载熊伟主编：《税法解释与判例评注》（第七卷），258 页，法律出版社，2016。

② 吴杰：《德国的证明责任的减轻理论之研究——以表见证明为中心》，载田平安主编：《比较民法诉讼论丛》，274 页，法律出版社，2005。

③ 王宗涛：《“计税依据明显偏低无正当理由”条款的法律逻辑》，载熊伟主编：《税法解释与判例评注》（第七卷），258 页，法律出版社，2016。

④ 汤洁茵：《不可承受之重：税收核定的反避税功能——第 35 条第（6）项为起点的探讨》，载《中外法学》，2017（6）。

⑤ 《中华人民共和国企业所得税法实施条例》，第十二条，2008 年 1 月 1 日生效。

⑥ 同注④。

⑦ 转引自朱长胜：《计税依据明显偏低，又无正当理由在实践中的运用》，载《税务研究》，2017（9）。

估市场，以第三方审计或评估报告作为反避税程序的基础。此外，税务会计市场对于减少因税会差异带来的税收风险、保护纳税人利益也发挥着显著作用。面对公允价值，会计与税法不仅适用情形不同，所理解的概念定位也不尽相同。事实上，由于资产是动态的概念，资产的价值受到许多因素的影响，如市场、交易时间、资产用途等。公允价值计量模式要求随着计量日的不同，对资产或负债的价值进行实时的动态计量，这无疑加大了会计监督成本，而税务会计则有助于增强对会计税收差异的信息披露，减少纳税人与税务机关的信息差异。因此，为税务会计建立一套科学、合理、完整的理论体系，不仅有助于协调会计与税法之间的冲突，也在实务中起到提升会计稳健性和信息质量、防范偷税避税风险的作用。

（三）重视市场价值的税收监督作用

公允价值在于对企业财务状况进行实时性的调整与披露，在活跃市场中，有大量同类产品可以进行价格比较，第三方评估数据也是参考市场价值的重要标准。一方面，市场价值的公开性和实时性对于申报涉税价格和应纳税额起到有效的监督作用；另一方面，在公允价值计量中，企业只要稍稍改变估价过程就可有效地操纵盈余，仅仅通过税法的监控难以识别此类税收风险，但通过认识并重视公允价值计量方法，理顺税法、会计和资产评估中各类“公允价值”的关系，有助于税务机关更好地发现获取公允价值过程中的瑕疵和问题，准确定位常见避税安排。事实上，我国税法也在一定程度上与会计中的计量方式进行协调。比如《企业所得税条例》即规定购买权益性证券、投资者投入、接受捐赠、非货币性资产交换、债务重组取得的投资资产，按该投资资产的公允价值和应支付的相关税费作为计税基础。积极利用税会间共同的计量方式，对于减少因技术隔阂而带来的避税空间无疑具有不容忽视的力量。

六、结语

广州德发案是一场拍卖价格和税收核定权之间的较量，同时也是税法规制和经济自由权间的博弈。经过公开程序的拍卖价格作为公允价值表现形式的一种，在具有私法效力的前提下，理应得到税务机关的尊重和认可。但“计税依据明显偏低又无正当理由”作为一般反避税规则的替代条款，因其简易规定和较低证明责任，极易带来随意核定应纳税额的结果。这背后暴露出的不仅是税法立法技术上的疏漏，也是税法和市场规则间的技术隔阂。正确认识公允价值计量的特征，有助于更好地区分正常交易和避税安排间的区别；滥用税收核定权，将引发税法对市场运行的过度干预。公允价值作为大数据时代金融创新、房地产发展不可或缺的估值依据，复杂的交易形式和动态的估值空间会引发税收核定程序对公允价值的频繁核定与调整。让税收核定权理性回归、完善反避税条款，推动税收立法充分认识与尊重市场规则，是保障国家税基稳健、保护纳税人信赖利益必将走向的立法趋势。

（责任编辑：李　忱）

金融科技法制

日本法对虚拟货币的监管规制

■段 磊*

摘要：日本在2016年修改《资金结算法》等法律，开始对虚拟货币进行监管规制。修法的目的主要有两个：第一，防范虚拟货币被用于资助恐怖组织或者洗钱等违法行为；第二，保护虚拟货币使用者的合法权益。实现这些目的的具体手段包括两方面：一是对虚拟货币和虚拟货币交易机构的定义作出规定，划定监管范围；二是对虚拟货币交易机构设置一定的监管规则。其中，最重要的规制是采用登记制，虚拟货币交易机构必须取得“虚拟货币交换业”牌照，方可为客户提供虚拟货币的买卖、兑换等服务。交易机构在经营过程中应当遵守信息安全管理、财产分别管理和客户身份信息确认等义务。

关键词：虚拟货币　资金结算法　虚拟货币交易　机构登记制

一、 前言

2017年是比特币等虚拟货币在全球迅猛发展的一年，但各国政府面对这一新生事物尚未达成统一的认识，对于虚拟货币的监管松紧不一。比如，2017年9月4日，中国人民银行等七部委联合发布《关于防范代币发行融资风险的公告》（以下简称《公告》），以罕见的措辞禁止了代币发行融资（ICO）行为，[①] 明确指出比特币等虚拟货币不是货币，不能在市场中流通，[②] 并加强了对代币融资交易平台的管理，几乎禁止了交易平台的相关业务。[③] 继中国之后，韩国金融服

---

* 华东师范大学法学院副教授。

① 《公告》第一条第一款：“代币发行融资是指融资主体通过代币的违规发售、流通，向投资者筹集比特币、以太币等所谓‘虚拟货币’，本质上是一种未经批准非法公开融资的行为，涉嫌非法发售代币票券、非法发行证券以及非法集资、金融诈骗、传销等违法犯罪活动。”第二条：“各类代币发行融资活动应当立即停止。”

② 《公告》第一条第二款：“代币发行融资中使用的代币或‘虚拟货币’不由货币当局发行，不具有法偿性与强制性等货币属性，不具有与货币等同的法律地位，不能也不应作为货币在市场上流通使用。”

③ 《公告》第三条：“任何所谓的代币融资交易平台不得从事法定货币与代币、‘虚拟货币’相互之间的兑换业务，不得买卖或作为中央对手方买卖代币或‘虚拟货币’，不得为代币或‘虚拟货币’提供定价、信息中介等服务。”

务委员会（FSC）于9月29日也宣布禁止所有形式的代币发行融资。

与此形成对照的是，日本可能是目前对虚拟货币最为“友好”的国家之一。目前，日本虽然在私法层面上对虚拟货币的法律性质和地位尚存争议，但在监管法层面上，虚拟货币作为一种支付手段已于2016年写进了《资金结算法》，可以在市场中使用、流通。并且，日本金融厅对虚拟货币交易机构采用登记制来进行监管。

截至2018年7月30日，日本共有16家虚拟货币交易机构经登记成为“虚拟货币交换业者”，为客户提供虚拟货币的买卖、兑换等业务。其中就包括日本比特币交易所的巨头BitFlyer。日本第二大比特币交易机构Coincheck也于2017年9月提交了登记申请，目前尚未获批。①

由于监管力度上的差异，亚洲很多虚拟货币的投资者和从业者都将日本视为“避风港”之一。但值得注意的是，日本2016年修订《资金结算法》的最大目的其实是“反洗钱”，监管的对象是虚拟货币交易机构。为了划定监管范围，监管法要对“虚拟货币”进行定义。但这并不等于承认虚拟货币为法律意义上的“货币”，尤其该法在定义中还特别指出了“虚拟货币不是“货币”（《资金结算法》第二条第五款第一项）。

那么，日本为什么要将虚拟货币作为一种支付手段写进法律？日本法对虚拟货币的监管规制究竟涵盖了哪些内容？虚拟货币交易机构在日本要取得哪些牌照？本文主要围绕这三点就日本法对虚拟货币的监管规制进行说明，进而探讨虚拟货币在法律上尚待解决的问题。

二、日本法对虚拟货币规制的背景和功能定位

（一）规制背景

2016年5月25日，日本国会通过法案修改了《资金结算法》，在该法中增加了“虚拟货币”一章，具体内容有：一是对虚拟货币的定义作出了规定，二是对虚拟货币交易机构（日本法上称为“虚拟货币交换业者”）设置了一定的监管规则。从2017年4月1日起，该法律修正案正式生效。

日本此次修法的目的有两个：一是防范虚拟货币被用作恐怖组织资金或者被用于洗钱等违法行为；二是保护虚拟货币使用者的权益。②

---

① Coincheck于2018年1月26日发布消息称，价值约580亿日元（约5.3亿美元）的虚拟货币新经币（NEM）被黑客盗取，涉及客户数量多达2.6万人。从受损金额来看，超过2014年2月Mt. Gox事件曝光的约480亿日元，为迄今最大的损失规模。当日，Coincheck停止了虚拟货币的存取和买卖等大部分服务。2018年1月29日，日本金融厅对Coincheck发出业务整改命令，并要求其提交一份关于黑客事件、风险管理以及防止类似事件再发生措施的调查报告。Coincheck的负责人表示，将以公司自有资金来向受损客户偿还约460亿日元的损失，占总损失金额的80%。

② 藤武寛之「FinTech法の概要」LIBRA2017年4月号4頁。

首先，由于持有人具有很强的隐匿性，比特币等虚拟货币有被用于洗钱或者向恐怖组织提供资金的风险。2015年6月8日，在日本三重县召开的G7峰会上，各国首脑就反恐合作事项交换了意见，并将“采取行动确保增加金融流动的透明性，包括对虚拟货币及其他新型支付手段进行规制”这一内容写入了首脑宣言。此后，由G7成员国组织的反洗钱金融行动特别工作组（FATF）于6月26日正式发表声明：“各国应当对洗钱、为恐怖组织提供资金的行为进行规制，如对虚拟货币与法定货币之间兑换的交易机构采用登记制，交易机构有义务确认客户的身份信息，保存交易记录，对可疑交易进行备案。”受此影响，日本为完成其对国际社会的承诺，于2016年进行了上述法律修改，开始对虚拟货币进行规制。

其次，2014年2月28日，曾是世界上最大的比特币交易机构——日本Mt. Gox资不抵债，向东京地方法院申请进入破产程序。该交易机构称，有近85万个比特币被黑客盗窃，其中75万个属于客户所有，两者合计约占当时世界比特币总量的7%，估值约4.73亿美元。该事件也给日本的虚拟货币监管敲响了警钟。人们逐渐意识到，对于比特币等虚拟货币，政府一方面可以支持利用这类金融创新技术提高和改善人们的生活水平，另一方面也要加强监管，重视对虚拟货币使用者和投资者的保护。

（二）《资金结算法》的功能和法律定位

在2010年以前，依据《银行法》的规定，在日本能够提供转账服务的机构被严格限制为银行。随着互联网技术的进步，近年来在银行以外也出现了许多提供转账、电子结算服务的支付机构。为了与《银行法》进行衔接，对这些非银行支付机构进行监管，日本于2010年颁布了《资金结算法》。该法是一部针对非银行支付机构的监管法，其主要目的是规制发行购物券、预付式充值卡和电子货币等（日本法上称为“预付式支付手段”，见该法第二章）的企业，以及提供资金转账（日本法上称为“资金移动”，见该法第三章）服务的非银行支付机构。①

日本《资金结算法》在2016年修改时，新设第三章之二“虚拟货币”。从这一立法方式来看，主要是将虚拟货币作为一种结算、支付手段，并对虚拟货币的交易机构设置了监管规则。《资金结算法》是一部监管法，而不是私法。因此，日本本次修法并没有解决虚拟货币在私法上的性质问题，其主要目的是对虚拟货币交易机构进行监管，以此加强对虚拟货币使用者的保护。

三、虚拟货币的定义和效果

（一）虚拟货币的定义

日本修改《资金结算法》是为了对虚拟货币交易机构进行监管，但监管的前提之一是需要明确虚拟货币的定义，以此来划定监管范围。因此，该法第二条第五款规定，虚拟货币应当具有

① 増島雅和「FinTechの法律」（日経BP社・2016年）206－207頁。

如下五个要件：（1）以计算机及其他电子方法进行记录的财产性价值；（2）购买物品、接受服务时可以作为对价向不特定人使用；（3）可以以不特定人为相对方购入或者卖出；（4）用电子信息处理系统能够转移；（5）不属于日本及国外的货币或者以货币支付的资产。

第一个要件中，“以计算机及其他电子方法进行记录”，既可以是在一个中央系统中进行记录，也可以是利用区块链技术进行记录，法律在记录技术这点上是中立的。另外，这里的“财产性价值”不是民法上的物权或者债权，只要社会上承认其具有一定的财产性价值即可。一般而言，如果满足第二个要件，可以认为是具有财产性价值。① 第二个要件强调，虚拟货币应作为对价向不特定人使用。换言之，只能向特定人使用的财产性价值不是虚拟货币，比如地铁公司发行的交通卡、商家发行的充值卡（电子货币）、游戏公司发行的游戏币等。这些属于“预付式支付手段”，不属于虚拟货币。第三个要件是指流通性，如果在系统上或者规定上不能向其他人转让，则不属于虚拟货币。第四个要件是指，使用电脑等电子信息处理系统可以进行转移。第五个要件是为了排除法定货币、存款债权、电子债权等资产，它们虽然满足前四个要件，但也不属于虚拟货币。

从内容来看，该定义具有较强的抽象性和原则性。这是为了应对信息技术日新月异变化发展所采取的灵活策略。因此，如果某人利用区块链技术发行了一种类似于货币的东西，并不能直接说这就是《资金结算法》上的虚拟货币，而应当看其是否符合以上五个要件，综合进行判断。日本金融监管机构——金融厅随后公布的《事务指引》中也提到，要判断实践中出现的产品是否属于虚拟货币，“要根据其使用形态等进行个别的、具体的判断”。②

此外，鉴于日本民法上关于物的概念比较狭窄，日本在《资金结算法》中对虚拟货币进行定义时，也未将虚拟货币列入“物”或者“财产”的范畴，而是将其定义为一种“财产性价值”。但该定义不能应对实务中已经出现的诸多困难，比如，东京地方法院在 Mt. Gox 破产一案的审理过程中，就遇到了不少棘手的问题：一是比特币是否属于客户所有的“物”，受民法上所有权的保护？二是客户在 Mt. Gox 公司破产时，能否基于对比特币的所有权，向公司行使取回权？由于日本民法第八十五条将物的概念限定于“有体物”，且客户对比特币也不具有“排他的支配可能性”，所以东京地方法院在本案判决中未承认比特币属于民法上的“物”，客户不能基于所有权向破产公司行使取回权。③

（二）虚拟货币作为支付手段的效果

虽然虚拟货币作为一种结算、支付手段已经写进了日本《资金结算法》，但是虚拟货币仍不

---

① 森下哲郎「FinTech 時代の金融法の課題」月刊資本市場 2016 年 10 月号 60 頁。

② 金融庁「事務ガイドライン第三分冊：16 仮想通貨交換業関連」4 頁。资料来源：http：//www. fsa. go. jp/news/28/ginkou/20170324 - 1/19. pdf，2018 年 8 月 30 日访问。

③ 东京地方法院 2015 年 8 月 5 日判决，平成 26 年（ワ）第 33320 号。

是法定货币。该法第二条第五款规定的虚拟货币定义中，特别将“日本及国外的货币”排除在外（下文详述）。当然，从使用效果上讲，比特币等虚拟货币不会因缺少“货币”头衔而影响其使用。[①] 截至2018年8月10日，日本共有259家公司宣布接受客户用比特币进行支付。尽管如此，实际使用比特币支付的消费者却非常罕见，比特币并未成为一种常用的支付手段，而是成了一种投资对象。这些商家单方面地宣布接受比特币支付，其商业宣传意义更大于实际使用意义。

虚拟货币虽然不影响支付使用，但是否承认其是“货币”，在法律效果上存在着很大区别。假设虚拟货币被承认为“货币”，那么日本国民在缴纳所得税、消费税等税金时，可以使用虚拟货币缴纳；虚拟货币的借贷活动需要遵守《银行法》或《贷款业法》，提供该借贷服务的机构须取得“银行业”或“贷款业”的牌照。[②] 但是，日本的税法上要求国民缴纳的税金必须是“金钱”，[③]《银行法》或《贷款业法》规制的借贷活动的对象也是“资金”或“金钱”。[④] 由于虚拟货币并不是“货币”，当然也不是“资金”或“金钱”，所以，日本国民在缴纳税金时不能使用虚拟货币，[⑤] 虚拟货币的借贷活动也不受《银行法》或《贷款业法》的规制。

四、 日本法对虚拟货币交易机构的规制

（一）虚拟货币交易机构的定义

在界定了虚拟货币之后，《资金结算法》将虚拟货币交易机构称为“虚拟货币交换业者”，是指从事“虚拟货币交换业”，并在财务局登记过的股份有限公司。由此可见，日本法是从经营内容上对虚拟货币交易机构进行定义的，并采用了登记制。

根据《资金结算法》第二条第七款，“虚拟货币交换业”是指从事下列任何一项的经营行为：(1) 虚拟货币的买卖或者与其他虚拟货币进行交换；(2) 前项行为的居间、行纪或者代理；(3) 与前两项行为有关的，对使用者的金钱或者虚拟货币进行管理。

其中，第一项经营行为的典型模式是交易机构自己持有虚拟货币，并将其出售给客户。如果

---

① 例如，日本电器销售巨头BIC CAMERA在2017年宣布全日本所有店铺均接受客户用比特币进行支付，单笔上限为10万日元。日本两大旅行社之一的H. I. S. 公司于2017年9月23日宣布，通过交易所BitFlyer接受比特币支付，购买交易金额将限制在相当于200万日元的额度。日本接受比特币支付的商家汇总可参见https：//jpbit-coin. com/shops，2018年8月30日访问。

② 即该机构要向财务局申请登记成为“贷款业者”后方可营业。下同。

③ 如日本《国税通则法》第三十四条规定：“缴纳国税的人，应当将其税额相当的金钱……缴纳给税务局的职员。”

④ 日本《银行法》第二条第二款第一项、《贷款业法》第二条第一款正文。

⑤ 相反，日本国民如果投资虚拟货币获得的增值收益，是要缴纳所得税的。这里的“所得税”当然也是指“金钱”，税率为15%～55%。日本国税厅就虚拟货币的所得税问题，于2017年12月1日专门公布了一个文件。参见：国税局「仮想通貨に関する所得の計算方法等について（情報）」，资料来源：https：//www. nta. go. jp/shiraberu/zeiho－kaishaku/joho－zeikaishaku/shotoku/shinkoku/171127/01. pdf，2018年8月30日访问。

交易机构自己不进行买卖，而只是为客户之间的买卖提供中介、平台服务，则属于第二项。第三项则是将虚拟货币交易中随附的管理行为也纳入监管对象，但单纯提供虚拟货币管理服务的并非“虚拟货币交换业”。①

（二）虚拟货币交易机构的登记

虚拟货币交易机构作为“虚拟货币交换业者”要在日本开展业务，首先要向财务局申请登记。登记时，公司的注册资本应当在1000万日元以上，净资产不得为负值（《关于虚拟货币交换业者的内阁府令》第九条）。登记提交的书面材料中除记载公司的人员、财务等信息外，还应当记载所运营虚拟货币的名称及概要等事项。具体而言，包括以下事项：公司的商号及住所、注册资本的金额、营业场所的名称及所在地、董事及监事的姓名、运营的虚拟货币的名称、经营虚拟货币交换业的内容及方法等。如果公司将部分业务委托给第三方，还应当记载委托的具体内容以及受托人的有关信息（《资金结算法》第六十三条之三）。

之所以在登记时要提交所运营虚拟货币的有关材料，是因为实践中会不断出现各种各样的虚拟货币，监管机构要从保护使用者和公益性的角度出发，对于该产品是否属于虚拟货币、经营该虚拟货币的合适性等进行审查，防止以虚拟货币之名进行欺诈等违法行为。②

对于法律生效前已经从事虚拟货币交换业的交易机构，法律要求其在实施之日起6个月以内（即2017年9月30日前）申请登记，以便于统一监管。在获批登记前将其视为“虚拟货币交换业者”，适用《资金结算法》的相关规制。

（三）虚拟货币交易机构的牌照监管

实践中，由于虚拟货币交易机构涉及的业务范围很广泛，不仅仅从事虚拟货币的买卖、兑换等，还可能为客户提供虚拟货币支付、信用交易甚至衍生品交易等，因此，交易机构除取得“虚拟货币交换业”的牌照外，还应当根据其经营业务的不同，取得相关领域的牌照。

1. 用虚拟货币支付或转账所需牌照。在买卖合同中，只要买卖双方达成合意，买方可以向卖方支付虚拟货币代替法偿货币作为对价，这构成民法上的代物清偿。在此过程中，买方可以通过虚拟货币交易机构将自己的虚拟货币转移到卖方账户，相比日本的银行转账更为省时、便捷，③ 而且节省了手续费等成本④。

但是，虚拟货币交易机构在将卖方的虚拟货币转移给买方（即对价支付）的过程中，可能会构成日本《银行法》第二条第二款第二项规定的“转账交易”，如果虚拟货币交易机构未取得

① 有吉尚哉等「FinTechビジネスと法25講：黎明期の今とこれから」（商事法務·2016年）194－195頁。

② 金融庁「事務ガイドライン第三分冊：16仮想通貨交換業関連」4－5頁。

③ 日本的银行资金转账要通过全国银行协会的系统来完成，目前该系统的工作时间（周一至周五8：30～15：30）以外，还无法实现即时到账。

④ 田中貴一「仮想通貨交換業の周辺論点」LIBRA2017年4月号8頁。

"银行业"或者"资金移动业"(非银行支付机构)的牌照,这就违反了《银行法》的规定,有被刑事处罚的风险(《银行法》第六十一条第一款)。当然,虚拟货币交易机构可以同时申请"资金移动业"(非银行支付机构)的牌照,然后从事转账交易,但单笔转账的限额为100万日元(约5.8万元人民币)(《资金结算法》第三十七条)。

日本《银行法》并没有明确地定义(该法第十条第一款第三项)何为转账交易。这一问题最终是通过日本最高法院的判例确定的,即"从客户处接受、履行下列事务:在异地者之间不直接输送现金,而是使用资金转移系统将资金进行转移"①。从该定义的内容可以看出,因为虚拟货币本身并不是"资金",所以单纯地转移虚拟货币并不直接构成"转账交易"。但如果该过程中伴随着卖方用资金购买虚拟货币,买方收到虚拟货币后取现等行为,就有可能被认定为"转账交易"。因此,虚拟货币交易机构为了避免违反《银行法》的风险,有必要事先一并申请"资金移动业"(非银行支付机构)的牌照。②

2. 虚拟货币信用交易所需牌照。目前,以比特币为代表的虚拟货币除了可以作为支付手段以外,在实践中更多的是作为一种投资的对象。在虚拟货币的市场上,价格每时每刻都在不断变化中。同股票的买卖一样,虚拟货币投资者也有信用交易的需要。也就是说,客户在买卖虚拟货币时,只需向交易机构支付一定的保证金,或者向交易机构交付一定的虚拟货币,然后由交易机构提供"融资"或者"融币",来"买空"或者"卖空"。目前,日本法上并没有明文禁止虚拟货币的信用交易。但交易机构在向客户提供"融资"时,有可能构成"从事金钱借贷业务",需要取得"贷款业"的牌照(《贷款业法》第二条第一款、第三条第一款)。

当然,《贷款业法》中还有两个例外的规定,如果虚拟货币的信用交易构成例外情形,交易机构就无须取得"贷款业"的牌照。一是"其他法律有特别规定的"(该法第二条第一款第二项),比如,根据《金融商品交易法》第三十五条第一款第二项的规定,证券公司从事信用交易属于其随附业务,证券公司向客户提供"融资"的,无须取得"贷款业"的牌照。但对于虚拟货币交易机构而言,目前还没有法律作出特别的规定,不构成该例外情形。二是"物品的买卖、运送、保管或者买卖居间经营者的随附业务"(该法第二条第一款第三项),但虚拟货币不是"物品",也不构成该例外情形。③

因此,虚拟货币交易机构在信用交易中为客户提供"融资"的,应当事先申请"贷款业"

---

① 日本最高法院2001年3月12日判决,参见《刑事判例集》第55卷第2号第97页。

② 该问题还有待学界和实务界的进一步探讨,目前日本金融厅的态度还比较谨慎。在其公布的《事务指引》中提到了虚拟货币交易机构"有必要申请资金移动业"的牌照。参见:金融庁「事務ガイドライン第三分冊:16 仮想通貨交換業関連」5頁注2。

③ 田中貴一「仮想通貨交換業の周辺論点」LIBRA2017年4月号9頁。

的牌照。①

3. 虚拟货币衍生品交易所需牌照。利用虚拟货币也可以进行衍生品交易，比如虚拟货币的期货交易。日本通过《金融商品交易法》对此进行规制，进行衍生品交易的机构应当事先取得“金融商品交易业”的牌照。

然而，适用《金融商品交易法》的前提是，该衍生品交易的基础资产必须是“金融商品”。该法第二条第二十四款各项列举的各项金融商品中并没有虚拟货币，所以目前还很难说虚拟货币是“金融商品”。那么，以虚拟货币为基础资产的衍生品交易并不适用《金融商品交易法》。换言之，即便虚拟货币交易机构提供虚拟货币衍生品的柜台交易，也暂时无须取得“金融商品交易业”的牌照。

当然，该法第二条第二十四款中还有一个兜底条款：“存在同一种类的多数资产，且价格变化显著的，有必要对该资产衍生品交易（包括类似于衍生品交易的交易）中的投资者进行保护的，由行政规章另行规定。”虽然目前还没有行政规章作出与虚拟货币有关的规定，但虚拟货币可以说是“同一种类的多数”“且价格变化显著的资产”（财产性价值），如果日本监管部门认为有必要保护投资者利益，今后有可能以行政规章的方式，将虚拟货币衍生品交易纳入《金融商品交易法》的监管范围。②

（四）虚拟货币交易机构的法定义务

《资金结算法》为保护虚拟货币使用者的利益，对于获批登记的虚拟货币交易机构，还规定了经营过程中应当遵守的行为规范。具体而言，虚拟货币交易机构应当遵守以下五项义务：（1）信息安全管理义务；（2）如果部分业务委托给第三方，对受托人负有指导义务；（3）采取有关措施保护客户的义务，如进行信息披露；（4）财产分别管理义务；（5）适用金融诉讼替代性纷争解决机制（Alternative Dispute Resolution System，金融 ADR）的义务。以下重点对信息安全管理义务、保护客户义务中的客户身份信息确认以及财产分别管理义务进行分析。

1. 信息安全管理义务。信息安全管理义务是最重要的一项。由于虚拟货币交易机构的服务器可能遇到黑客攻击，导致客户的虚拟货币被盗窃，比如前文提及的 2014 年的 Mt. Gox 事件和 2018 年的 Coincheck 事件，因此，对交易机构而言，维护系统的安全性是其最大的责任。交易机构要尽可能地把客户的虚拟货币存储在“冷钱包”（cold wallet），以实现离线保管。③

2. 财产分别管理义务。财产分别管理义务是指，虚拟货币交易机构应当将自己的资金、虚

---

① 金融厅在其公布的《事务指引》中也持此意见。参见金融庁「事務ガイドライン第三分冊：16 仮想通貨交換業関連」5 頁注 5。

② 田中貴一「仮想通貨交換業の周辺論点」LIBRA2017 年 4 月号 10 頁。

③ “冷钱包”又称“冷储存”，是指将钱包离线保存的一种方法。参见金融庁「事務ガイドライン第三分冊：16 仮想通貨交換業関連」20 頁。

拟货币与客户的金钱、虚拟货币分别进行管理，不得混同。关于分别管理的具体方法，在其他领域中一般要求机构将一定比例的金钱提存或者信托，但由于虚拟货币在私法上的法律性质尚不明确，无法进行提存或者信托，因此，法律要求虚拟货币交易机构将自己的资产与客户资产明确区分开来，达到立即能够识别的状态来进行管理。如果出现会计账簿上的金钱、虚拟货币与银行账户余额、"钱包"上的虚拟货币不一致的情形，交易机构要在一定期间（2个或5个工作日）内弥补差额。

财产分别管理义务的意义，在于防止交易机构随意挪用客户资产。当交易机构破产时，尽可能地减少对客户的影响。当然，要实现这一目的，除法律上给交易机构设定义务之外，区块链等技术上的革新发展也是必不可少的，这需要技术领域与法律领域的专家不断地对话合作，共同促进行业的发展。①

3. 客户身份信息确认义务。如上所述，日本2016年修法的目的之一是防范虚拟货币被用于洗钱等违法行为。因此，日本在修改《资金结算法》的同时，一并修改了《犯罪收益转移防止法》，要求虚拟货币交易机构在进行交易之时，有义务确认客户的身份信息。但是，如果交易机构在每一笔交易时都要去确认客户身份信息，这会带来成本的急剧上升，不利于企业和行业发展。因此，为了减轻交易机构的成本，身份信息确认义务仅限定于实施下列交易时：②

第一，签订合同时，且合同内容是持续地、反复地进行虚拟货币交易。如客户在交易机构开设账户时所签订的合同就属于该类交易，此时交易机构应当确认客户的身份信息。

第二，买卖或者交换金额超过200万日元（约12万元人民币）的虚拟货币时。

第三，转移金额超过10万日元（约5800元人民币）的虚拟货币时。

虚拟货币的交易几乎都不是面对面的交易，因此，为履行上述身份信息确认义务，交易机构应当要求客户通过网络上传身份证明，并将交易合同等文件邮寄至客户身份证明上记载的地址，由客户本人签收（《犯罪收益转移防止法施行规则》第六条第一款第一项）。

此外，如果虚拟货币交易机构在经营活动过程中发现，其接受的财产有可能是来自犯罪收益的，应当将该可疑交易向行政部门备案（该法第八条）。而判断是否为可疑交易，则要根据交易时确认信息的结果、交易性质、形态及其他因素综合进行。日本的立法者在这一点上采取了比较谨慎的态度，因为虚拟货币的持有人具有匿名性和难以追踪性，虚拟货币的转移也非常迅速，并具有国际性，用于转移犯罪收益的风险较高。③

---

① 森下哲郎「FinTech時代の金融法の課題」月刊資本市場2016年10月号61頁。

② 参见《犯罪收益转移防止法》第二条第二款三十一项、第四条，《犯罪收益转移防止法施行令》第七条第一款第一项。

③ 藤武寛之「FinTech法の概要」LIBRA2017年4月号7頁。

五、虚拟货币发行行为（ICO）的监管问题

从上述监管内容可以看出，日本此次修法只涉及虚拟货币交易行为和交易机构监管等部分内容，对于虚拟货币发行行为（ICO）以及发行过程中的投资者保护问题，日本法尚并没有设置明确的监管规则。其中的原因有很多：第一，2016 年修法是日本为完成其对国际社会的承诺，即防范虚拟货币被用作恐怖组织资金或洗钱，并不包括发行行为。第二，日本已发生的两起虚拟货币重大事件，都是黑客通过网络手段盗取虚拟货币，导致客户发生巨额损失，尚未出现虚拟货币发行过程中存在欺诈等原因，导致投资者遭受重大损失的事件。第三，对于虚拟货币发行行为的界定，尤其是虚拟货币是否属于《金融商品交易法》上的"有价证券"，是否受到该法证券发行规制的监管等问题，在法律上还存在着很大的争议，需要时间进一步讨论。

但是，目前日本实际使用虚拟货币进行支付的消费者非常罕见，虚拟货币并未成为一种常用的支付手段，而是成为一种投资对象。因此，如何规制虚拟货币的发行行为，并在此过程中保护投资者的利益，已成为一个迫切需要解决的监管课题。

虽然还没有出现投资者遭受重大损失的事件，但并不是说日本就不存在虚拟货币发行过程中的欺诈等问题。金融厅在 2017 年 10 月 27 日发布《关于 ICO：对使用者和经营者的注意提醒》，就虚拟货币发行过程中的风险提醒投资者。从这一文件的内容来看，ICO 的定义是："企业等通过电子方式发行代币（token）从公众募集资金的行为。"投资者购买的代币存在着"价格急剧下跌"和"欺诈"① 这两大风险，要求"投资者在购买代币时要认识到风险，在充分理解项目内容的基础上，自负其责地进行交易"。这说明日本的监管者已经认识到了虚拟货币发行过程中的欺诈等问题。"日本监管者并不是真的对 ICO 友好，而仅是在试探性地观察，去尝试弄清楚 ICO 是好是坏。当问题出现的时候，这并不意味着他们不会加大监管力度。"②

在日本现行法律制度下，如果 ICO 投资者支付的对价不是金钱，或者投资者不享有收益分配权，则该虚拟货币不构成《金融商品交易法》上的"有价证券"，不会受到该法的规制。将来，如果日本要对 ICO 进行规制，可以选择的一个路径是：通过修改法律将虚拟货币纳入《金融商品交易法》的"有价证券"的概念中，使其适用该法规定的证券发行规制。

---

① 这里的欺诈主要是指：发行代币时，发行人虽然会向投资者交付白皮书（white paper）来进行信息披露，但白皮书中载明的项目可能未开展，或者约定提供的服务或产品实际上并未提供。参见金融庁「ICO（Initial Coin Offering）について：利用者及び事業者に対する注意喚起」。资料来源：http：//www. fsa. go. jp/policy/virtual_currency/06. pdf，2018 年 8 月 30 日访问。

② 加密货币钱包 IndieSquare 创始人之一东晃慈（Koji Higashi）曾经向媒体如此评论日本监管者对 ICO 的态度。资料来源：https：//cointelegraph. com/news/ico - ban - in - japan - a - definite - possibility，2018 年 8 月 30 日访问。

六、 结论

综上所述，日本在2016年修改《资金结算法》等法律，开始了对虚拟货币的监管规制。修法的目的主要有两个：一是防范虚拟货币被用于资助恐怖组织或者洗钱等违法行为；二是保护虚拟货币使用者的权益。实现这些目的需要从以下方面着手：

第一，对虚拟货币和虚拟货币交易机构进行界定，划出监管范围。

第二，对虚拟货币交易机构设置一定的监管规则。包括，（1）采用登记制，虚拟货币交易机构必须取得为“虚拟货币交换业”的牌照，方可为客户提供虚拟货币的买卖、兑换等服务。交易机构在经营过程中应当遵守信息安全管理、财产分别管理和客户身份信息确认等义务。（2）如果交易机构也为客户提供支付服务，以虚拟货币为手段进行资金转账，则同时须取得“资金移动业”（非银行支付机构）的牌照。这就好比在立法中将中国火币网等类似的比特币交易场所规定为第三方支付机构，要求这些交易场所必须去登记获得许可，并履行反洗钱、保护客户信息和资产安全的义务。（3）如果交易机构为客户提供虚拟货币信用交易，还应当一并取得“贷款业”的牌照。

然而，由于比特币等虚拟货币在私法上的性质尚不明确，其给虚拟货币的使用和监管也带来了不少困难。比如：（1）虚拟货币交易机构应当将自己的资金、虚拟货币与客户的金钱、虚拟货币分别进行管理，不得混同。至于分别管理的具体方法，在其他领域一般要求机构将一定比例的金钱提存或者信托，但由于虚拟货币的私法性质不明确，暂无法进行提存或者信托。（2）根据《贷款业法》的规定，信用交易的经营者向客户提供“融资”服务的，一般要取得“贷款业”的牌照，但“物品的买卖、运送、保管或者买卖居间的经营者的随附业务”则是例外情形，此类经营者无须取得“贷款业”的牌照。然而，虚拟货币在法律性质上并非“物品”，不构成该例外情形。故虚拟货币交易机构在信用交易中为客户提供“融资”的，要事先申请“贷款业”的牌照。（3）在虚拟货币交易机构破产时，由于虚拟货币不属于民法上的“物”，客户不能基于所有权向破产交易机构行使取回权。

此外，在日本现行法律制度下，虚拟货币因不属于《金融商品交易法》上的“有价证券”，而不会受到该法的规制。将来，如果日本要对ICO进行规制，可以通过修改法律，将虚拟货币纳入《金融商品交易法》的“有价证券”的概念中，使其适用该法规定的证券发行规制。

（责任编辑：旷涵潇）

德国涉加密货币增值税征收制度概览

■傅 宇*

摘要：自2009年比特币诞生以来，涉加密货币的交易规模急剧扩大。在此背景下，2018年2月27日德国联邦财政部基于欧洲法院对“Hedqvist案”作出的判决内容发布公函，对涉加密货币的增值税征收作出规定。其内容主要涉及加密货币与传统货币的兑换交易、加密货币作为对价时的交易、“挖矿”、运营加密货币“钱包”及交易平台等行为的增值税征收规则。本文主要对该公函的内容与背景进行介绍，另外还梳理了德国实务界对“公函”规则的相关评价。需要强调的是，该公函未认定加密货币属于德国的法定支付手段，德国唯一的法定支付手段依然仅限于欧元现金。

关键词：德国法 欧盟法 加密货币 比特币 增值税

一、引言

自2009年比特币诞生以来，① 涉及比特币的交易规模急剧扩大。其中主要包括比特币与传统货币之间的兑换、以比特币作为对价进行交易、涉及比特币的“挖矿”、运营比特币“钱包”及相关交易平台等行为。在中国市场，比特币也极为活跃。至2018年上半年，中国矿池全网算力占比至少已达80%。② 另外，火币网等全球最大的几家比特币交易平台也为中国背景。2017年下半年国内比特币交易平台因为监管政策的问题相继关停，转战海外。③ 但是在这些交易平台

---

* 浙江大学光华法学院博士研究生。

① 毛振华：《比特币一再刷新历史最高价，能否“打开应用之门”?》，资料来源：http：//www. xinhuanet. com/fortune/2017 -06/15/c_ 1121149846. htm，2018年6月25日访问。

② Jordan Tuwiner，Bitcoin Mining Pools，资料来源：https：//www. buybitcoinworldwide. com/mining/pools/，2018年9月11日访问；张萍：《今日消息面》，资料来源：https：//www. jutuilian. com/article -20519 -1. html，2018年9月11日访问。

③ 刘鹏：《中国告别比特币交易所：全球最大市场的覆灭》，资料来源：http：//stock. qq. com/a/20170909/020846. htm，2018年9月11日访问；刘景丰：《火币网、OKCoin币行宣布明晚停止国内比特币交易 转向国际业务》，资料来源：http：//www. bjnews. com. cn/invest/2017/10/30/462212. html，2018年9月11日访问。

上，涉比特币的交易依然火热。依据2018年9月11日火币网数据，该平台上24小时的比特币交易额约为一亿一千四百万美元。① 需要注意的是，比特币只是目前市场上加密货币的其中一种。除了比特币之外，以太币、莱特币等币种的出现也深值关注。由此，加密货币交易的规模之大与影响之巨可见一斑。

虽然加密货币目前问题仍较多，市场价格波动较大，但是加密货币去中心化、抗通胀及交易便捷的特点决定了其在今后的支付手段中不可忽视的地位。对于加密货币等新现象切忌“一刀切”式的禁止，而是应加强研究，将其合理利用，发挥其优势。若监管机构希望能对加密货币交易合理监管，则不能避免相关交易的增值税征收问题。对此，海外市场已有初步尝试。本文主要介绍德国对涉加密货币交易增值税征收的规则。了解德国相关规则，有助于观察德国加密货币市场的变化及相关规则的成效与存在的问题。这同时也有利于我国监管机构形成对比特币更为合理的监管规则。另外，观察同为大陆法系的德国法对比特币的增值税征收这一新问题的规制方式，对于我国处理大数据、区块链等新问题应有方法论上的意义。本文也涉及对加密货币性质的认定。但需要注意的是，处理新现象的过程不应落入概念法学的泥淖之中，而是应从相关规范的立法目的出发考察对新事物的规制模式。

德国法中涉及加密货币增值税征收的主要条款为《德国增值税法》第1条第1款第1项（§ 1 I Nr. 1 UStG）② 及《德国增值税法》第4条第8项字符b（§ 4 Nr. 8 Buchst. b UStG）③。前者规定了增值税的课税对象。德国法中，增值税的课税对象包括企业在国内有偿提供其经营范围内的商品（货物）或其他给付（Sonstige Leistung）所产生的营业额（Umsatz）。后者规定涉加密货币交易可能适用的免税规则。《德国增值税法》第4条第8项字符b规定，法定支付手段（Gesetzliches Zahlungsmittel）④ 之间的交易免征增值税。在该增值税征收制度的框架内，对于比特币与法定支付手段

---

① 资料来源：https：//coinmarketcap. com/exchanges/huobi/，2018年9月11日访问。

② § 1 Abs. 1 Nr. 1 UStG：

（1）下列营业额须征收增值税：

1. 一个企业在国内有偿提供其经营范围内的商品（货物）或其他给付。……

③ § 4 Nr. 8 Buchst. b UStG：

本法第一条第一句第一项中的营业额（Umsätze）在下列情况下免税：

……

8.

a. ……；

b. 法定支付手段之间交易及促成其交易带来的营业额。当该支付手段是因为其金属含量或是其收藏价值而被交易时，则不属于上述情形。

……

④ 法定支付手段是指在履行金钱债务时他人不得拒绝的支付手段。参见Gesetzliches Zahlungsmittel in：Glossar von der Deutschen Bundesbank，资料来源：https：//www. bundesbank. de/action/de/723820/bbksearch? firstLetter = G&contentId = 652386#anchor – 652386，2018年9月30日访问。

（如欧元、人民币）之间的交易所产生的营业额以及“挖矿”所产生的营业额是否可以征收增值税等均属于新问题。对这些问题需结合《德国增值税法》具体条文一一予以解决。

针对上述问题，2018 年 2 月 27 日，德国联邦财政部基于 2015 年欧洲法院（EuGH）对“Hedqvist 案”的判决内容，① 公布了以“在征收增值税②上对比特币和其他虚拟货币（Virtuelle Währung）的处理方式”为事由的德国联邦财政部公函（BMF – Schreiben，以下简称德财部公函或公函）。③ 值得注意的是，该公函的内容仅涉及加密货币增值税征收的相关规定。在该公函发布之后，国内部分媒体进行了简要报道。④ 但由于新闻记者语言及专业上的一定限制，简要报道可能会造成读者误读相关内容。例如，读者可能会在个别词句上断章取义，认为德国官方已将比特币等加密货币与法定支付手段在各方面都作一致理解。更有甚者，可能会有读者理解为德国官方已将比特币认定为法定支付手段。为避免上述不必要的误解产生及更好地理解该公函内容，本文拟从专业的视角对这一德财部公函作一个概览式的介绍。

二、2018 年 2 月 27 日德财部公函的适用范围

在 2018 年 2 月 27 日德财部公函的事由及第二部分中，德国联邦财政部使用了“虚拟货币”（Virtuelle Währungen）的概念，⑤即德国联邦财政部认为适用于比特币与传统货币之间兑换的规则，也同样可以适用于其他虚拟货币与传统货币之间的兑换。⑥ 有疑问的是，“虚拟货币”这一概念应如何理解。对于“虚拟货币”的不同理解，会导致公函规则适用范围的不同。

到目前为止，对于“虚拟货币”这一概念尚未有统一的理解。⑦ 其中一种理解方式为，“虚拟货币”的概念与以区块链技术为基础的“加密货币”等同。因为媒体对“虚拟货币”这一概念的大量使用，虚拟货币在日常口语上主要被理解为基于区块链原则的去中心化加密货币。⑧ 本

---

① EuGH, Urteil vom 22. Oktober 2015 – C – 264/14 –, BStBl II 2018, 211.

② Umsatzsteuer 直译应为营业税。但是其在德国法上的含义与我国增值税基本一致。为避免混淆，笔者在本文中将其译为增值税。参见 Englisch in: Tipke/Lang, Steuerrecht, 22. Aufl, Köln 2015, § 17 Rz. 15.

③ 参见„Umsatzsteuerliche Behandlung von Bitcoin und anderen sog. virtuellen Währungen; EuGH – Urteil vom 22. Oktober 2015, C – 264/14, Hedqvist“, v. 27. 2. 2018 – III C 3 – S 7160 – b/13/10001, DOK 2018/0163969，资料来源：https://www.bundesfinanzministerium.de/Content/DE/Downloads/BMF_Schreiben/Steuerarten/Umsatzsteuer/Umsatzsteuer – Anwendungserlass/2018 – 02 – 27 – umsatzsteuerliche – behandlung – von – bitcoin – und – anderen – sog – virtuellen – waehrungen.html，2018 年 6 月 20 日访问。

④ 例如王雅琪：《德国联邦财政部：比特币是法定货币等价物，作为支付手段不会被征税》，资料来源：http://36kr.com/p/5121499.html，2018 年 6 月 20 日访问。

⑤ 同注③。

⑥ 同注③。

⑦ Liegmann, Umsatzsteuerliche Behandlung virtueller Währungen, BB 2018, S. 1175.

⑧ 同注⑦。

文暂将对虚拟货币的此种解释称为“虚拟货币的狭义理解”。另一种对“虚拟货币”理解的可能性为，虚拟货币还包括其他的货币。因为“虚拟货币”这一概念在加密货币发明之前即已存在,① 所以“虚拟货币”这一概念的外延至少还应包括封闭的货币（如游戏中仅能通过游戏行为获得且只能换取游戏中虚拟商品及服务的游戏币）、单向货币（如只能从传统货币到虚拟货币单向兑换的Q币）以及除了加密货币以外的其他双向货币（如可以通过充值获得，并且玩家也可以相互之间进行交易从而重新获得传统货币的游戏币）。② 本文暂将对虚拟货币的此种解释称为“虚拟货币的广义理解”。

“虚拟货币的广义理解”在体系解释和目的解释上存在矛盾。虽然体系解释支持“虚拟货币的广义理解”，但是“虚拟货币的广义理解”会使得公函的规则也可适用于单向虚拟货币，而这是不合理的。从体系解释角度来看，该公函中的虚拟货币应不仅限于加密货币。因为在公函的第三部分中，特地强调游戏币的兑换不适用公函中所提之规则。③ 此处即表明，游戏币虽非加密货币，但是依然在“虚拟货币”这一概念的外延之中。若公函未强调同属于“虚拟货币”的游戏币不适用公函规则，则公函中所提之免税规则对于游戏币同样也可以适用。从目的论角度看，公函中的虚拟货币概念不应作广义理解。依据“虚拟货币的广义理解”，单向虚拟货币作为“虚拟货币”的一种也应可以适用公函中的免税规则。但是单向虚拟货币不能在用户之间交易，而只能在用户与单向交易货币提供方之间进行兑换（如用人民币换Q币）并使用。其作为支付方式的功能仅限于用户与腾讯公司之间。其实质仅为用户对单向交易货币提供方的一种债权而已。其不可能成为市场上普遍流通的支付手段。这与可双向交易的加密货币有着实质性的区别。因此，对“虚拟货币”这一概念不能作广义理解。

“虚拟货币的狭义理解”在适用上同样存在问题。公函的第三部分对《增值税适用规范》(Umsatzsteuer - Anwendungserlasses）的内容进行了修改。④ 该部分将“虚拟货币”与“加密货

---

① Liegmann, Umsatzsteuerliche Behandlung virtueller Währungen, BB 2018, S. 1175.

② 同注①。

③ 参见„Umsatzsteuerliche Behandlung von Bitcoin und anderen sog. virtuellen Währungen; EuGH - Urteil vom 22. Oktober 2015, C - 264/14, Hedqvist“, v. 27. 2. 2018 - III C 3 - S 7160 - b/13/10001, DOK 2018/0163969，资料来源：https://www.bundesfinanzministerium.de/Content/DE/Downloads/BMF_Schreiben/Steuerarten/Umsatzsteuer/Umsatzsteuer - Anwendungserlass/2018 - 02 - 27 - umsatzsteuerliche - behandlung - von - bitcoin - und - anderen - sog - virtuellen - waehrungen. html，2018年6月20日访问。

④《增值税适用规范》第4.8.3段（Abschnitt 4.8.3）中，在第3款之后加上第3a款：

“(3a). 在所谓的虚拟货币（加密货币，例如比特币）作为另一种合同约定的直接支付手段被交易参与者所接受，并且也仅作为支付手段（Zahlungsmittel）被使用时，这些所谓的虚拟货币需与法定支付手段同等对待。（参见EuGH - Urteil vom 22. Oktober 2015，C - 264/14，Hedqvist，BStBl 2018 II S. xxx）该规定不适用于虚拟游戏币(Spielgeld)（所谓的游戏货币或是游戏内货币，特别是在网上游戏中的货币）。”

币”等同处理，并以比特币作为例子进行解释。① 若采用“虚拟货币的狭义理解”，认定“虚拟货币”就是“加密货币”，则公函第二部分对于游戏币的适用排除可以理解为单纯的强调。此处对游戏币的规则适用排除并不是完全列举。上文提到的封闭的货币、单向的货币及其他的双向可交易货币也不适用公函中所提之规则。但如此解释依然存在问题。在某些游戏中，玩家间可以通过系统交易游戏币。这样的游戏币交易系统与比特币系统类似。若交易双方约定愿以该游戏币作为支付手段，② 则该游戏币与传统货币之间的兑换也应像比特币一样免征增值税。③ 因此，采用“虚拟货币的狭义理解”，完全排除上述规则对所有游戏币与传统货币之间兑换的适用，在适用上也是有问题的。④

综上所述，公函的适用范围应为双向可交易货币，其中也包括加密货币。但是公函使用了“虚拟货币”这一概念。这导致公函在适用上不论是广义理解还是狭义理解均有问题。该公函的规则原则上可以适用于所有基于区块链技术的加密货币应无疑问，而这也是该公函的核心内容。因此，本文在介绍该公函内容时，暂以“加密货币”这一概念为中心展开，仅介绍德国法上对于涉加密货币的增值税征收规则。

三、 增值税之于加密货币的兑换与使用

（一）加密货币兑换业务的增值税征收

2018 年 2 月 27 日的德财部公函第一部分规定，比特币与传统货币之间的互换作为其他给付（sonstige Leistung）在征税范围内（steuerbar）。另外，在合指令性（richtlinienkonform）的法律解释框架中，此种其他给付依据《增值税法》第 4 条第 8 项字符 b（§ 4 Nr. 8 Buchst. b UStG）⑤ 免缴增值税。⑥ 公函的第二部分规定，只要交易参与者接受相关加密货币作为可以通过合同选择适

① 参见„Umsatzsteuerliche Behandlung von Bitcoin und anderen sog. virtuellen Währungen; EuGH - Urteil vom 22. Oktober 2015, C - 264/14, Hedqvist“, v. 27. 2. 2018 - III C 3 - S 7160 - b/13/10001, DOK 2018/0163969，资料来源：https://www.bundesfinanzministerium.de/Content/DE/Downloads/BMF_Schreiben/Steuerarten/Umsatzsteuer/Umsatzsteuer - Anwendungserlass/2018 - 02 - 27 - umsatzsteuerliche - behandlung - von - bitcoin - und - anderen - sog - virtuellen - waehrungen.html，2018 年 6 月 20 日访问。

② 在实际生活中，此种以某一网络游戏的游戏币为约定支付手段进行交易的情形较少。但是在规则构建过程中不能不予考察。

③ Liegmann, Umsatzsteuerliche Behandlung virtueller Währungen, BB 2018, S. 1178 - 1179.

④ 同注③。

⑤ 见上文脚注中的翻译。

⑥ 参见„Umsatzsteuerliche Behandlung von Bitcoin und anderen sog. virtuellen Währungen; EuGH - Urteil vom 22. Oktober 2015, C - 264/14, Hedqvist“, v. 27. 2. 2018 - III C 3 - S 7160 - b/13/10001, DOK 2018/0163969，资料来源：https://www.bundesfinanzministerium.de/Content/DE/Downloads/BMF_Schreiben/Steuerarten/Umsatzsteuer/Umsatzsteuer - Anwendungserlass/2018 - 02 - 27 - umsatzsteuerliche - behandlung - von - bitcoin - und - anderen - sog - virtuellen - waehrungen.html，2018 年 6 月 20 日访问。

用的直接支付手段，并且这些货币除了作为支付手段外不用于其他目的，则也将其他的加密货币与法定支付手段同等对待。[①] 也就是说，此类加密货币与法定支付手段互换均免缴增值税。[②]公函中说明，该规则产生的背景是欧洲法院（EuGH）2015 年对“Hedqvist 案”[③] 作出的判决。[④]因此，该判决中的考量对于理解公函中规则的制定应有助益。下文对该判决进行介绍，同时也说明公函规则产生的原因。

此案中，瑞典的 Hedqvist 先生希望通过企业运营比特币与传统货币之间的兑换业务。瑞典税收行政部门 Skatteverk 与 Hedqvist 先生之间就对该业务是否应征收增值税的问题发生争议。[⑤] 因为对该案的法律适用存有疑问，瑞典最高行政法院 Högsta förvaltningsdomstol 将该案提交至欧洲法院处理，并提出了下列问题：

1. 加密货币与传统货币之间的互换是否属于《增值税指令》第 2 条第 1 款字符 c（Art. 2 Abs. 1 Buchst. c Mehrwertsteuerrichtlinie）[⑥] 中的有偿服务？

2. 若第一个问题的答案是肯定的，则《增值税指令》第 135 条第 1 款（Art. 135 Abs. 1 der Mehrwertsteuerrichtlinie）[⑦] 是否应解释为此种货币兑换业务可以免缴增值税？[⑧]

分析问题之前，法院在判决中先对比特币作出了认定。欧洲法院在本案判决中认定，比特币作为一种货币没有单独的发行人，而是直接在网络上通过一种固定的算法被创造出来的。[⑨] 比特币的系统允许匿名占有比特币额度，同时也允许用户之间匿名移转额度。[⑩] 用户可以通过比特币地址对该额度进行处分。比特币地址与由数字组成的银行账户类似。[⑪] 依据欧洲央行（Europäische Zentralbank）2012 年的报告，法院认为比特币属于所谓的双向可交易虚拟货币（die “beidseitigh andelbaren” virtuellen Währungen）。用户可以基于汇率买进或卖出比特币。在现实世

---

① „Umsatzsteuerliche Behandlung von Bitcoin und anderen sog. virtuellen Währungen; EuGH - Urteil vom 22. Oktober 2015, C - 264/14, Hedqvist“, v. 27. 2. 2018 - III C 3 - S 7160 - b/13/10001, DOK 2018/0163969，资料来源：https://www.bundesfinanzministerium.de/Content/DE/Downloads/BMF_Schreiben/Steuerarten/Umsatzsteuer/Umsatzsteuer - Anwendungserlass/2018 - 02 - 27 - umsatzsteuerliche - behandlung - von - bitcoin - und - anderen - sog - virtuellen - waehrungen.html，2018 年 6 月 20 日访问。

② 同注①。

③ EuGH, Urteil vom 22. Oktober 2015 - C - 264/14 -, BStBl II 2018, 211.

④ 同注①。

⑤ EuGH, Urteil vom 22. Oktober 2015 - C - 264/14 -, BStBl II 2018, 211 Rn. 2.

⑥ 上文中的 § 1 Abs. 1 Nr. 1 UStG 是该《增值税指令》条款转换到德国法中的对应条款。

⑦ 以部分金融业务免征增值税为内容的《德国增值税法》第 4 条第 8 项为该《增值税指令》条款转换到德国法中的对应条款。

⑧ EuGH, Urteil vom 22. Oktober 2015 - C - 264/14 -, BStBl II 2018, 211 Rn. 2.

⑨ EuGH, Urteilvom 22. Oktober 2015 - C - 264. 14 -, BStBI II 2018, 211Rn. 11.

⑩ 同注⑨。

⑪ 同注⑨。

界中使用比特币时，它们与其他可兑换的货币类似。① 另外，值得注意的是，比特币与欧盟法概念中的电子货币（E-Geld）不同。在表示比特币额度时，所使用的单位是虚拟的计量单位“比特币”，而不是“欧元”（Euro）。② 在对事实作出此种认定的基础上，欧洲法院分别对上述两个问题进行了解答。

针对第一个问题，欧洲法院分析了《增值税指令》Art. 2 Abs. 1 Buchst. c 应如何解释适用。③ 该条规定，纳税义务人在成员国境内基于对价而提供商品（Gegenstände）及劳务在增值税征收范围之内。此处的关键问题为，传统货币与加密货币之间的兑换是否属于该条款意义上的有偿劳务（gegen Entgelt erbrachte Dienstleistungen）。④

首先需要确认的是，此种双向可交易的虚拟货币“比特币”不能定位为《增值税指令》第14条意义上的“商品”（Gegenstand）。欧洲法院的理由在于，此种虚拟货币存在的目的仅限于作为支付手段（Zahlungsmittel）来使用。⑤ 因此，该兑换业务应属于《增值税指令》第24条意义上的劳务（Dienstleistungen）。⑥ 依据《增值税指令》第14条及第15条规定，商品一般指有体物。另外，电力、煤气、暖气、冷气等类似的物也属于商品。而权利及得利（Berechtigungen）则一般不认定为商品。例如转移债权、著作权等就不能被认定为提供商品。⑦ 比特币的实质为区块链上的权利记载。因此，结合《增值税指令》的条文，也不应将比特币认定为商品。

另外，就“有偿”要件来看，《增值税指令》Art. 2 Abs. 1 Buchst. c 中的“有偿”需要提供的劳务与由纳税义务人获得的对价之间有一个直接的联系。⑧ 当给付人与给付受领人之间互换对应的给付，并且给付人获得的价金构成了向给付受领人履行之劳务的事实上对价，则上述“直接的联系”即可成立。⑨ 本案中，Hedqvist 先生之公司与其合同相对人之间存在双务法律关系。在该法律关系中，任何一方当事人均可负有转让一定数额某种货币，并且依据对价受领一种可双向交易之虚拟货币的义务。该企业也会针对其自身提供的劳务收取一定的费用。这也进一步说明了上述对价关系的存在。该公司在计算买进和卖出相关货币的汇率时会将该费用计算在内。⑩ 此处可能存在的问题是，该费用并非由佣金或特殊费用的形式体现，那么这对于认定劳务

---

① EuGH, Urteil vom 22. Oktober 2015 - C-264/14 -, BStBl II 2018, 211 Rn. 12.
② 同注①。
③ EuGH, Urteil vom 22. Oktober 2015 - C-264/14 -, BStBl II 2018, 211 Rn. 22.
④ 同注③。
⑤ EuGH, Urteil vom 22. Oktober 2015 - C-264/14 -, BStBl II 2018, 211 Rn. 24.
⑥ EuGH, Urteil vom 22. Oktober 2015 - C-264/14 -, BStBl II 2018, 211 Rn. 26.
⑦ 参见 Englisch in: Tipke/Lang, Steuerrecht, 22. Aufl, Köln 2015, § 17 Rz. 100.
⑧ EuGH, Urteil vom 22. Oktober 2015 - C-264/14 -, BStBl II 2018, 211 Rn. 27.
⑨ 同注⑧。
⑩ EuGH, Urteil vom 22. Oktober 2015 - C-264/14 -, BStBl II 2018, 211 Rn. 28.

的有偿属性是否有影响。[①] 欧洲法院已在“芝加哥第一银行案”的判决中表明，是否以支付佣金或特殊费用的形式支付该笔劳务费用，不影响该劳务的有偿属性。[②]

综上所述，欧洲法院对第一个问题的回答为：传统货币与虚拟货币之间的兑换是《增值税指令》Art. 2 Abs. 1 Buchst. c 意义上的有偿劳务。[③]

针对第二个问题，欧洲法院通过解释《增值税指令》第135条第1款字符d到f（Art. 135 Abs. 1 Buchst. d bis f der Mehrwertsteuerrichtlinie）来判断本案所涉之劳务是否可以免征增值税。[④] 欧洲法院认为《增值税指令》Art. 135 Abs. 1 Buchst. d 与 f 均不适用于本案，因此不能依照《增值税指令》Art. 135 Abs. 1 Buchst. d 与 f 对本案所涉之货币兑换业务免税。[⑤] 但是欧洲法院肯定了本案所涉之货币兑换业务可以基于《增值税指令》Art. 135 Abs. 1 Buchst. e[⑥] 而免缴增值税。[⑦]

对《增值税指令》Art. 135 Abs. 1 Buchst. e 进行解释时需注意，该条款所涉概念要在欧盟内部任一语言版本中统一解释适用。[⑧] 在该条款的不同语言版本中不能清晰地统一界定该规定是仅适用于涉及传统货币的营业额，还是也可适用于涉及其他种类货币的营业额。[⑨] 因为存在此种语言上的区别，所以探求存疑法律条款的含义就不能仅考虑语法上的解释，而是应该立足于文本，同时考虑《增值税指令》的立法目的与体系来解释。[⑩]《增值税指令》Art. 135 Abs. 1 Buchst. e 的主要立法目的是消除确定增值税计算基础（税基，Bemessungsgrundlage）及可扣抵之增值税额度（Höhe der abzugsfähigenMehrwertsteuer）的困难。[⑪] 货币兑换业务经营者买进卖出相关法定货币的差额不仅由应税的增值额组成，其通常还包括经营者为承担持有货币的风险而收取的补偿。这部分补偿不应征收增值税。另外，货币兑换中的差额还可能受到市场其他因素的影响。因此，应税增值额在每笔交易中所占买卖法定货币差额的比例不同，很难直接确定应税部分的额度。相应地，确定进项税额也面临着类似的困难。[⑫] 对于纳税义务人与行政机关来说，只有付出不符合比例原则的注意成本（Befolgungskosten）与办公成本，才能完成涉及法定支付手段的纳税与征税

---

① EuGH, Urteil vom 22. Oktober 2015 – C – 264/14 –, BStBl II 2018, 211 Rn. 29.

② EuGH, Urteil First National Bank of Chicago, C – 172/96, EU: C: 1998: 354, Rn. 33, 34.

③ EuGH, Urteil vom 22. Oktober 2015 – C – 264/14 –, BStBl II 2018, 211 Rn. 31.

④ EuGH, Urteil vom 22. Oktober 2015 – C – 264/14 –, BStBl II 2018, 211 Rn. 32.

⑤ EuGH, Urteil vom 22. Oktober 2015 – C – 264/14 –, BStBl II 2018, 211 Rn. 38 – 43, 54 – 56.

⑥ 上文中的§4 Nr. 8 Buchst. b UStG 是该《增值税指令》条款转换到德国法中的对应条款。

⑦ EuGH, Urteil vom 22. Oktober 2015 – C – 264/14 –, BStBl II 2018, 211 Rn. 44 – 53.

⑧ EuGH, Urteil vom 22. Oktober 2015 – C – 264/14 –, BStBl II 2018, 211 Rn. 45.

⑨ EuGH, Urteil vom 22. Oktober 2015 – C – 264/14 –, BStBl II 2018, 211 Rn. 46.

⑩ EuGH, Urteil vom 22. Oktober 2015 – C – 264/14 –, BStBl II 2018, 211 Rn. 47.

⑪ 同注⑩。

⑫ A. Kerrigan, The elusiveness of neutrality – why is it so difficult to apply VAT to financial services? International VAT Monitor 2010, No. 2, p. 107.

事宜。①

如果交易参与者接纳该货币为法定支付手段的替代方式，并且其除了支付手段外不作他用，那么虽然加密货币不是该条款意义上的（在一国或多国适用的）法定支付手段，但是该涉及加密货币的交易也属于金融业务。② 其原因在于，当非法定支付手段的加密货币被交易参与人作为支付手段所接纳，则货币兑换交易是仅涉及传统货币之间的互换，还是涉及双向可交易的虚拟货币与传统货币之间的兑换，对于上文提到的困难没有影响。③ 即使交易的是比特币，同样也很难确定每笔交易中应税增值额所占经营者买卖差额的比例。依据《增值税指令》Art. 135 Abs. 1 Buchst. e 的文本和立法目的，若将该条款的解释仅限于将传统货币作为客体的交易，则可能会造成该条款的目的部分丧失。④

本案中没有争议的是，此种虚拟货币“比特币”除作为支付手段外不用于其他目的。而比特币也正是基于该特点而为一定的经济生活参与者所接受。⑤ 因此，《增值税指令》Art. 135 Abs. 1 Buchst. e 可以适用于加密货币与传统货币之间的兑换业务。涉及该业务的营业额可以免税。⑥

在欧洲法院对于本案所作判决的背景下，德国法中对于《德国增值税法》第 4 条第 8 项字符 b（§ 4 Nr. 8 Buchst. b UStG）的解释适用也应该在合指令性的框架内展开。因此上述营业额在德国法中也应免缴增值税。⑦ 我国立法未规定金融业务可以免增值税。⑧ 欧盟内部也在尝试寻找方案以解决上述确定税基及进项税额的困难，从而改善金融业的增值税征税规则。⑨ 因此，欧盟法对于加密货币兑换业务增值税征收的考量及做法在中国法中的适用应尤为谨慎。

若能认可加密货币是一种支付手段，则在增值税征收时一定程度上可以将其与传统货币兑

---

① Englisch in：Tipke/Lang，Steuerrecht，22. Aufl，Köln 2015，§ 17 Rz. 202.

② EuGH，Urteil vom 22. Oktober 2015 - C-264/14 -，BStBl II 2018，211 Rn. 49.

③ EuGH，Urteil vom 22. Oktober 2015 - C-264/14 -，BStBl II 2018，211 Rn. 50.

④ EuGH，Urteil vom 22. Oktober 2015 - C-264/14 -，BStBl II 2018，211 Rn. 51.

⑤ EuGH，Urteil vom 22. Oktober 2015 - C-264/14 -，BStBl II 2018，211 Rn. 52.

⑥ EuGH，Urteil vom 22. Oktober 2015 - C-264/14 -，BStBl II 2018，211 Rn. 53.

⑦ „Umsatzsteuerliche Behandlung von Bitcoin und anderen sog. virtuellen Währungen；EuGH - Urteil vom 22. Oktober 2015，C - 264/14，Hedqvist“，v. 27. 2. 2018 - III C 3 - S 7160 - b/13/10001，DOK 2018/0163969，资料来源：https：//www.bundesfinanzministerium.de/Content/DE/Downloads/BMF_Schreiben/Steuerarten/Umsatzsteuer/Umsatzsteuer-Anwendungserlass/2018-02-27-umsatzsteuerliche-behandlung-von-bitcoin-und-anderen-sog-virtuellen-waehrungen.html，2018 年 6 月 20 日访问。

⑧《财政部 国家税务总局关于全面推开营业税改征增值税试点的通知》（财税〔2016〕36 号）附件一：附件第一条第五款第二项，资料来源：http：//www.chinatax.gov.cn/n810341/n810755/c2043931/content.html，2018 年 6 月 25 日访问。

⑨ A. Kerrigan，The elusiveness of neutrality - why is it so difficult to apply VAT to financial services? International VAT Monitor 2010，No. 2，pp. 103-112.

换业务的增值税征收相比较。但是我国监管机构目前还倾向于将比特币认定为一种虚拟商品。① 在我国制定涉比特币的增值税征收制度中，对于上述观点间的不同仍需结合两国增值税征收制度的不同作进一步的研究。

（二）加密货币作为交易对价时的增值税征收

2018 年 2 月 27 日的德财部公函不仅贯彻了欧洲法院在“Hedqvist 案”中确立的原则，还对加密货币作为交易对价时的增值税征收与其他涉及“挖矿”“钱包”及交易平台的增值税征收作了规定。② 在加密货币作为对价（Entgelt）时，公函规定只要加密货币的使用除了作为单纯的支付手段外再无其他目的，则在增值税征收上加密货币的使用与传统支付手段的使用会予以同等对待，③ 即认为此类交易不在征税范围内（nicht steuerbar）。④ 在用加密货币支付时，应支付的对价额度原则上取决于成员国货币的对应价值。⑤ 该成员国应为给付完成地，并且计算的时间应以实施给付之时间点为准。⑥ 类推适用《增值税指令》第 91 条第 2 款（Art. 91 Abs. 2 MwStSystRL），换算须以最后公布的交易汇率为准（例如互联网上相应换算门户网站上的行情）。⑦ 而此汇率须由提供给付之企业予以记录。⑧

需要强调的是，此处公函的表达较易引起误解。公函的表达为：“只要比特币除了作为纯粹的支付手段外不作他用，则将比特币的使用与传统支付手段的使用同等对待。”⑨ 此处的“同等对待”有其适用的特殊语境。其仅适用于加密货币用于对价时的增值税征收问题。可以确定的是公函从未认为比特币或其他虚拟货币属于“传统支付手段”或“法定支付手段”。公函的文本

---

① 《中国人民银行 工业和信息化部 中国银行业监督管理委员会 中国证券监督管理委员会 中国保险监督管理委员会关于防范比特币风险的通知》（银发〔2013〕289 号），资料来源：http://www.gov.cn/gzdt/2013-12/05/content_2542751.htm，2018 年 6 月 24 日访问。

② 参见„Umsatzsteuerliche Behandlung von Bitcoin und anderen sog. virtuellen Währungen; EuGH - Urteilvom 22. Oktober 2015, C-264/14, Hedqvist“, v. 27. 2. 2018 - III C 3 - S 7160-b/13/10001, DOK 2018/0163969，资料来源：https://www.bundesfinanzministerium.de/Content/DE/Downloads/BMF_Schreiben/Steuerarten/Umsatzsteuer/Umsatzsteuer-Anwendungserl ass/2018-02-27-umsatzsteuerliche-behandlung-von-bitcoin-und-anderen-sog-virtuellen-waehrungen.html，2018 年 6 月 20 日访问。

③ 同注②。

④ 同注②。

⑤ 同注②。

⑥ 同注②。

⑦ 同注②。

⑧ 同注②。

⑨ 同注②。

中多次表明，其仅将加密货币作为合同约定的支付手段进行讨论。[①] 欧元区内（包括德国），只有欧元现金才是法定的支付手段。[②] 法定支付手段的效力为，在他人以法定支付手段（欧元现金）履行金钱之债时，除当事人必须承担法律上不利益的情形外，当事人不能对此予以拒绝。[③]《德国联邦银行法》第14条（§ 14 BBankgesetz）规定，在德国只有欧元纸币是唯一不受限制的法定支付手段。依据《德国硬币法》第3条（§ 3 MünzG），欧元硬币是受限制的法定支付手段。在德国法上，目前尚未有法律规定或判决认可加密货币是法定支付手段。在他人使用加密货币予以清偿金钱债务时，未有特殊约定，则债权人可以拒绝受领。同样，在中国比特币也不具有法偿性与强制性。[④] 债权人也同样可以拒绝受领加密货币的给付。

四、 增值税之于加密货币的延伸问题

（一）“挖矿”

公函在讨论对“挖矿”（Mining）是否需要征收增值税之前，先对何为比特币“挖矿”进行了认定。矿工为了“挖掘”比特币，将自己的运算力提供给所谓的矿池（Miningpool）进行维持比特币系统必要的运算。[⑤] 在此过程中，矿工完成的主要任务是将交易记录到一个所谓的“区块”（Block）上，并在这之后将其连接到所谓的“区块链”（Blockchain）上。[⑥] 公函认为矿工完成的工作并不在征税范围内。[⑦] 公函对此结论主要就交易手续费与奖励金两个角度进行了论证。[⑧]

矿工借助挖矿可能获得的收益主要包括交易手续费（Transaktionsgebühr）与挖矿成功后系统给予的新的比特币。公函认为矿工从系统的其他用户处可以获得所谓的手续费由其他用户自愿

---

① 参见„Umsatzsteuerliche Behandlung von Bitcoin und anderen sog. virtuellen Währungen; EuGH - Urteilvom 22. Oktober 2015, C - 264/14, Hedqvist“, v. 27. 2. 2018 - III C 3 - S 7160 - b/13/10001, DOK 2018/0163969，资料来源：https://www.bundesfinanzministerium.de/Content/DE/Downloads/BMF_ Schreiben/Steuerarten/Umsatzsteuer/Umsatzsteuer - Anwendungserlass/2018 - 02 - 27 - umsatzsteuerliche - behandlung - von - bitcoin - und - anderen - sog - virtuellen - waehrungen.html，2018年6月20日访问。

② 参见Gesetzliches Zahlungsmittelin：Glossar von der Deutschen Bundesbank，资料来源：https://www.bundesbank.de/action/de/723820/bbksearch? firstLetter = G&contentId = 652386#anchor - 652386，2018年9月30日访问。

③ 同注②。

④《中国人民银行 工业和信息化部 中国银行业监督管理委员会 中国证券监督管理委员会 中国保险监督管理委员会关于防范比特币风险的通知》（银发〔2013〕289号），资料来源：http://www.gov.cn/gzdt/2013-12/05/content_ 2542751.htm，2018年6月24日访问。

⑤ 同注①。

⑥ 同注①。

⑦ 同注①。

⑧ 同注①。

支付，与矿工所完成的工作没有直接的联系。[①] 而矿工通过比特币系统获得新的比特币本身也不能视为是矿工所做工作的对价，[②] 因为矿工的工作不是在交换给付关系（Leistungsaustauschverhältnis）的框架中完成的。该交换关系以存在一个可识别的给付受领人为要件。而该受领人在此情形下并不存在。[③] 实务界对于公函的观点有所质疑。其认为“挖矿”的过程在征税范围内，但是可以基于《增值税指令》Art. 135 Abs. 1 Buchst. d[④] 免征增值税。[⑤] 另一个值得注意的问题为，兼营挖矿业务的企业购买硬件产生的进项税额是否可以进行扣抵，有实务界观点对此倾向于给予肯定。[⑥]

（二）“钱包”与交易平台

涉及“钱包”（Wallet）与交易平台的问题争议较少。公函认定，“钱包”被储存在电脑、平板或是智能手机上。其可以起到保存加密货币的作用。[⑦] 举例来说，一个钱包可以是智能手机上的一个应用（App）。而该应用则可以通过应用商店下载获得。[⑧] 只要电子钱包的提供者要求支付费用，则德国《增值税法》第3a条第5款第2句第3项（§ 3a Abs. 5 Satz 2 Nr. 3 UStG）[⑨]

---

① 参见„ Umsatzsteuerliche Behandlung von Bitcoin und anderen sog. virtuellen Währungen; EuGH - Urteilvom 22. Oktober 2015, C - 264/14, Hedqvist “, v. 27. 2. 2018 - III C 3 - S 7160 - b/13/10001, DOK 2018/0163969，资料来源：https：//www. bundesfinanzministerium. de/Content/DE/Downloads/BMF _ Schreiben/Steuerarten/Umsatzsteuer/Umsatzsteuer - Anwendungserlass/2018 - 02 - 27 - umsatzsteuerliche - behandlung - von - bitcoin - und - anderen - sog - virtuellen - waehrungen. html，2018年6月20日访问。

② 同注①。

③ 同注①。

④ 《增值税指令》Art. 135 Abs. 1 Buchst. d：

（1）成员国对下列营业额免税：

……

d. 储蓄业务、往来账户业务（Kontokorrentverkehr）、支付与转账业务、与应收账款（Forderung）及支票等其他商业票据相关的业务（不包括收取应收账款）的营业额以及促成相关业务的营业额；

……

⑤ Dietsch, Umsatzsteuerliche Behandlung von Bitcoin - Mining, MwStR 2018, S. 255.

⑥ Liegmann, Umsatzsteuerliche Behandlung virtueller Währungen, BB 2018, S. 1178.

⑦ 同注①。

⑧ 同注①。

⑨ § 3a Abs. 5 Satz 2 UStG：

……

（5）……第一句中的其他给付包括：

1. 电信领域的其他给付；

2. 广播电视服务；

3. 通过电子方式完成的其他给付。

……

中所规定的通过电子方式完成的其他给付得以成立。① 此种其他给付为《德国增值税法》第1条第1款第1项中所规定的"其他给付"中的一种。

若交易平台经营者将他的网站作为技术上的市场（technischer Marktplatz）供市场参与者使用，以使其可以获得并且交易比特币，那么这单纯就是为实现电子技术上的清算（Abwicklung）提供可能性。② 依据《增值税法》第4条第8项（§ 4 Nr. 8 UStG）③ 的税务免除此处不予考虑。④ 不过只要平台经营者作为中间人以自己的名义完成买卖比特币的行为，则可以考虑《增值税法》第4条第8项字符b（§ 4 Nr. 8 Buchst. b UStG）⑤ 的税务免除规则适用。⑥ 此处实务上极有可能存在的问题为，交易平台也同时提供"钱包"服务时，增值税的征收规则应当如何制定。⑦ 税收部门在制定相关规则时，对该问题可予以关注。

五、 总结与展望

2018年2月27日的德国联邦财政部公函规定了德国对于涉虚拟货币的增值税征收问题。但是对"虚拟货币"的概念目前尚未有统一的理解，其概念的外延在公函的规则内部尚有疑问，本文将讨论范围限缩到仅围绕"加密货币"的概念展开。必须注意的是，公函中的加密货币至多只是合同约定的支付手段。在债务人使用加密货币清偿债务时，若无特殊约定，则债权人可以拒绝受领。在德国，唯一的法定支付手段为欧元现金。

就加密货币与传统货币的兑换业务，公函认为所涉营业额在征税范围内，但是可以依据德国《增值税法》第4条第8项字符b（§ 4 Nr. 8 Buchst. b UStG）免缴增值税。在比特币被用作对价时，其与法定支付手段作相同的处理，不在征税范围内。就比特币"挖矿"而言，公函认为其不在征税范围内。实务界虽有观点对于论证过程有异议，但是在矿工最终不用缴纳增值税的结论上，其观点与公函一致。若经营"钱包"业务且索取费用，则该业务在征税范围内，也不免税。经营交易平台仅仅提供了清算的可能性，因此也不免税。

---

① „Umsatzsteuerliche Behandlung von Bitcoin und anderen sog. virtuellen Währungen; EuGH - Urteilvom 22. Oktober 2015, C - 264/14, Hedqvist", v. 27. 2. 2018 - III C 3 - S 7160 - b/13/10001, DOK 2018/0163969，资料来源：https://www.bundesfinanzministerium.de/Content/DE/Downloads/BMF_Schreiben/Steuerarten/Umsatzsteuer/Umsatzsteuer-Anwendungserlass/2018-02-27-umsatzsteuerliche-behandlung-von-bitcoin-und-anderen-sog-virtuellen-waehrungen.html，2018年6月20日访问。

② 同注①。

③ 该条款规定涉金融业务的免税规则。公函认为交易平台仅仅为电子技术上的"清算"的可能性，因此并不满足该条款中涉金融业务免税的规定。

④ 同注①。

⑤ 见上文脚注中的翻译。

⑥ 同注①。

⑦ Liegmann, Umsatzsteuerliche Behandlung virtueller Währungen, BB 2018, S. 1179.

从法规类型上看，该公函在德国法上效力与通用性行政规则类似。① 其不能制约法院，也没有改变法律本身。② 所以，德国对于涉加密货币的增值税征收规则日后依然存在较大变动的可能，并且不同种类的加密货币的结构可能差别很大，甚至同一种加密货币在不同阶段的结构也可能有不同。因此，法律界同仁应对现实生活中的新现象予以关注，保持对于时代变化的敏感度，尽可能及时地为现实生活中产生的问题提供合理的制度设计。

德国法上对于加密货币的制度设计可与我国的制度进行比较。在增值税相关问题上，德国法倾向于将加密货币认定为一种支付手段，而不是商品。这既出于德国《增值税法》对于商品提供的认定，也符合增值税征收上加密货币与法定支付手段之间交易的性质，从而避免税基及进项税额确定困难。我国监管部门认定比特币为一种虚拟商品。③ 但是有问题的是，将比特币认定为虚拟商品之后可能对于解决实际问题会有什么影响仍不清晰。单纯的性质认定，对于解决新事物带来的问题可能帮助有限，有时候反而会有一定的误导作用，导致涵射时忽视立法目的而进行简单的概念套用。故对新事物的性质认定应更加慎重。应该在切实理解新事物的基础上通过解决新事物的各种具体问题，来一点点地描绘新事物的全貌，切忌武断的性质认定。

（责任编辑：张　彬）

① 参见 BMF - Schreiben in：Glossar vom Bundesministerium der Finanzen，资料来源：https：//www. bund esfinanzministerium. de/Web/DE/Service/FAQ _ Glossar/Glossar/Functions/glossar. html；jsessionid = C36D3F14352D2E4A5E3BD46793D73A6E？lv2 = 15772&lv3 = 75712#glossar75712，2018 年 6 月 20 日访问。

② 同注①。

③《中国人民银行 工业和信息化部 中国银行业监督管理委员会 中国证券监督管理委员会 中国保险监督管理委员会关于防范比特币风险的通知》（银发〔2013〕289 号），资料来源：http：//www. gov. cn/gzdt/2013 - 12/05/content_ 2542751. htm，2018 年 6 月 24 日访问。

我国 P2P 借贷中信息不对称现象的形成及克服

——以 P2P 平台的法律规制为视角

■ 张世君* 王成璋**

摘要：P2P 借贷在我国迅速发展的同时，也引发了一系列诸如欺诈、跑路等问题，造成这一问题的根源在于信息不对称现象。我国 P2P 平台的定位经历了由信息中介异化为信用中介，再到回归信息中介本质的过程。借贷交易中 P2P 平台未尽到资信评估和信息披露的义务，是导致信息不对称的现实成因。信息不对称进而引发逆向选择和道德风险，加剧市场中非理性行为，将进一步破坏借贷关系，造成投资者损失。现行立法中关于信息评估、信息披露制度规范的缺陷是导致信息不对称的制度成因。介于 P2P 平台在借贷交易中的独特地位，克服信息不对称现象应以规制 P2P 平台为中心，建立市场统一的信用量化评估标准、构建信息披露激励制度、完善信息披露的责任追究制度。

关键词：P2P 借贷　信息不对称　平台　法律规制

P2P 网络借贷（Peer－to－Peer Lending）是民间资本借贷与互联网技术相融合的金融创新产物，P2P 平台是一种撮合借贷双方达成债权债务合同的线上服务。① 因其具有审查手续简单、贷款速度快、交易费用低等优势，迅速被中小微企业和投资者接受。自 2007 年国内首家 P2P 平台“拍拍贷”成立后，P2P 借贷行业逐渐进入野蛮生长期，平台数量快速增长的同时，问题平台的数量也迅猛增长。据网贷天眼的统计数据，截至 2018 年 7 月 31 日，我国 P2P 网贷平台数量累计达 6659 家，其中问题平台 4691 家，占总数的七成以上。② 平台虚假宣传、非法集资、实际控制

* 首都经济贸易大学法学院教授，法学博士，博士生导师。

本文为作者主持的北京市习近平新时代中国特色社会主义思想研究中心暨北京市哲学社会科学基金 2018 年度重大项目“供给侧改革背景下激发企业活力的法治保障机制研究”阶段性成果。

** 首都经济贸易大学法学院硕士研究生。

① 杨东：《互联网金融风险规制路径》，载《中国法学》，2015（3）。

② 网贷天眼：《7 月网贷行业报告：行业调整期，各项指标表现不佳》，资料来源：https://news.p2peye.com/article－519202－1.html，2018 年 8 月 24 日访问。

人卷款跑路、借款人欺诈等经营风险频频发生。如近期发生的 P2P“雷潮”，众多的投资人卷入其中，或将面临“血本无归”的结局。[①] 根据现代风险控制理论的观点，信息的不对称是造成风险的主要原因。[②] P2P 行业“雷潮”的爆发即是信息不对称问题的现实表现，大量投资者对平台的业务经营情况以及借款用途不知情，存在“侥幸”“搭便车”和“逐利”心态，靠投多家平台“广撒网”的方式来分散风险，而信息缺失带来的根本风险未得到解决。信息不对称的负面效应将进一步破坏借贷关系，造成金融市场波动，因此，解决 P2P 借贷中的信息不对称问题，对于维护行业秩序与贷款人资金安全有重要意义。

一、 我国 P2P 借贷平台的信息中介定位及其职能

P2P 借贷交易主要有三方主体的参与，即中介机构（P2P 平台）、借款人和贷款人。借贷双方交易的达成依赖 P2P 平台的撮合与交易信息的提供，因此平台在市场中有着不可替代的重要作用。我国 P2P 平台的定位经历了由传统的信息中介异化为信用中介，再由信用中介回归信息中介本质这一过程。传统的 P2P 借贷交易中，P2P 平台是作为信息中介与借贷双方之间形成居间法律关系，为借贷双方提供交流、协商服务并收取中介服务费用，平台自身不实质参与交易过程。P2P 借贷行业发展之初，囿于国内法律制度供给不足、法律监管缺失的境况[③]，P2P 平台的运营模式逐渐背离信息中介的最初形态，异化出债权转让模式、担保模式和 O2O 模式，平台的性质由初始的“中介平台”异化为“类金融机构”。P2P 平台披着金融创新的外衣不断为自身增加信用中介的职能，导致非法集资、集资诈骗、庞氏骗局等问题频发，各种侵害贷款人利益的事件层出不穷。

为了遏制中介机构职能异化的趋势以及规范平台的经营行为，相应的法律法规陆续出台。2015 年 7 月，中国人民银行等十部委发布了《关于促进互联网金融健康发展的指导意见》，正式确立了互联网金融的合法地位，明确指出网络借贷平台上发生的直接借贷行为属于民间借贷范畴。2016 年 8 月，银监会等四部委出台了《网络借贷信息中介机构业务活动管理暂行办法》（以下简称《暂行办法》），明确了 P2P 平台作为信息中介的定位，确立了网贷行业监管体制及业务规则，体现了平台的定位向信息中介本质的回归。因此，在当前的 P2P 借贷市场中，P2P 平台只

---

① 截至 2018 年 7 月 30 日，传出爆雷的 P2P 平台超过 250 家。以近期爆雷的投融家为例，受其影响的有数万人。参见虎嗅网：《一个 P2P 平台的爆雷倒计时》，资料来源：https://www.huxiu.com/article/255331.html，2018 年 8 月 27 日访问。

② 艾茜：《个人征信法律制度研究》，55 页，法律出版社，2008。

③ 在我国 P2P 借贷行业发展初期，对 P2P 借贷交易及平台运营的法律规制主要靠《中华人民共和国民法通则》《中华人民共和国合同法》《中华人民共和国刑法》《非法金融机构和非法金融业务活动取缔办法》及相关司法解释的调整。

承担信息中介的职能，其他承担信用职能的P2P平台均将面临整改或最终退出交易市场。

信息作为可统计概率、可呈现价格形成之逻辑过程的客观知识，对金融制度构建非常重要。[①] 因此，承担信息中介职能的P2P平台在P2P借贷交易中居于枢纽地位，为借贷双方提供信息搜集、信息公布、资信评估、信息交互、借贷撮合等服务。P2P交易的一系列操作，包括合同的达成、资金的移转等均在网上进行，因此交易具有跨空间性、介于陌生主体之间等特点。具体而言，借款人在平台上申请借款标的，借贷信息便由此产生并流向平台，这体现了平台的信息搜集功能。平台对借款人身份、信用审核评估后予以发布，这一过程中，由平台对借款人的身份信息、信用信息和借贷信息进行审核与评估，之后在网站上予以发布。借贷信息便流向众多贷款人，由众多贷款人进行竞标购买。这体现了平台的信息公布和资信评估功能。从借贷信息的流动过程以及借贷交易的达成整体来看，平台具有信息交互及借贷撮合职能。可见，这一过程中，平台对各类信息的搜集、评估、处理和披露始终对交易的促成有重要影响。

二、 我国P2P借贷中的信息不对称现象

（一）信息不对称在P2P借贷交易中的具体表现

P2P借贷双方交易的达成依赖于借贷信息的传递，因此，信息的真实性、准确性、完整性和及时性对借贷双方进行理性决策有重要意义。在P2P市场中，信息不对称是普遍存在的。但信息在产生与流动的各个环节中，真实性、准确性、完整性和及时性产生偏差则将进一步使贷款人处于信息弱势地位，造成信息不对称。P2P借贷交易中存在信息不对称问题，具体体现为：（1）贷款人对平台及借款人的资信状况难以判断。贷款人作为信息弱势一方，很难有大量精力分析筛选出质量高的借款用户和平台，贷款人的选择多受“搭便车”心理以及逐利心态的驱使。具体而言，信息产生后并不能保证其本身的真实性，当信息传递到平台后，平台未能作出有效的评估并且向广大贷款人提供较为可信的资信评估信息，这使得贷款人承担较大的投资风险。（2）资金用途等信息不明确，贷款人对转移后的资金去向难以了解。网站上标明的资金用途多较为简单，且没有详细说明，以“拍拍贷”为例，在竞拍标的介绍中仅写明“资金周转”“日常花费”等信息，这表明平台在借贷交易过程中信息披露不完全。或者平台本身对借款人的借款用途也不了解，甚至存在借款人欺诈的情形，而平台缺少明晰这一信息的动力，容易导致借款人卷款跑路情形的发生。[②]（3）平台自身的业务瑕疵和违规行为导致信息效力弱化和产生偏差。随着市场监管趋紧，P2P平台的运营逐步走向规范化，但仍有部分平台存在自融、设立资金池等行为，而贷款人往往对此并不知情。如近期发生的大规模P2P“暴雷潮”，唐小僧、联璧金融等明

---

① 杨东：《互联网金融的法律规制——基于信息工具的视角》，载《中国社会科学》，2015（4）。

② 如2014年的红岭创投亿元项目跑路事件。

星平台爆雷引发之后的一系列连锁反应，导致大量投资人利益受损。其根本原因在于，平台自身存在违规的运营行为，而投资者对这一信息无从知晓，形成平台与贷款人之间的信息不对称。公司私自挪用资金进行其他领域的投资①，导致资金链断裂，进而引发民众挤兑，公司最终破产倒闭。

（二）信息不对称的负面效应破坏借贷关系

P2P 借贷中的信息不对称现象将产生负面效应，具体表现为逆向选择和道德风险问题，加剧非理性的羊群行为，这将进一步破坏借贷关系，导致贷款人利益受损。逆向选择是指市场由于交易双方信息不对称产生了劣等产品驱逐优等产品，进而出现整个市场产品平均质量下降的现象。② P2P 交易中逆向选择的成因可归结为两点：第一，互联网中用户交流的匿名形式会降低人们之间的信任感。第二，借款人为提高信用度会美化自己的行为。③ 信用高的借款人因超出预期的高利率而退出市场，信用低的借款人不断涌入市场并且采用各种方式蒙蔽平台以获取借款，导致整体的信用水平下降，借款人不能偿债并卷款跑路发生的概率也相应升高，贷款人承受的风险因此大大增加。P2P 平台为了追逐更高的利润，也倾向于利用更高的利率吸引更多的贷款人和资金进入，高利率平台质量参差不齐，同时隐藏着较高的风险，致使部分高质量的平台因低利率容易被挤出市场，平台整体信用水平下降，贷款人因而承受更高的风险。

信息不对称引发道德风险问题。一方面，P2P 借贷由于具有涉众性强、地域广等特点，一个贷款人通常会面对多个借款人，贷款人很难知晓并监督借款人的资金使用情况。较低的违约成本和事中监督的缺失，使得借款人很可能受利益驱使，违背最初的投资意向和资金用途，转而将资金投入高风险的活动中，使得违约风险大大增加。另一方面，信息不对称也加大平台的道德风险。资金在进入 P2P 平台后可能没有为借款人所用，平台为了追逐更高的收益，将资金用于其他高风险项目，具体表现为形成一个资金池，从事自融、非法集资、庞氏骗局等行为，最终损害众多贷款人的利益。

信息不对称将引发羊群行为。信息不对称使得某些投资者可能掌握着其他投资者所不知晓的私人信息，投资者可以通过观测别人的投资行为来推测其所掌握的私人信息，进而作出决策。信息不对称程度越高，羊群行为就表现得越显著。④ 在信息匮乏的市场中，更容易形成非理性的

---

① 2018 年 7 月，牛板金的前董事孙启良、沈旭卿伙同陈鄂、胡文周，四人联手虚构标的项目，通过平台“牛钱袋”产品卷走了投资人总计 31.5 亿元资金，用于房地产开发，造成平台资金链断裂。

② 谈超、王冀宁、孙本芝：《P2P 网络借贷平台中的逆向选择和道德风险研究》，载《金融经济学研究》，2014（5）。

③ Sufi A, Information Asymmetry and Financing Arrangements: Evidence from Syndicated Loans, Journal of Finance (2007), pp. 393 – 410.

④ 廖理、李梦然、王正位、贺裴菲：《观察中学习：P2P 网络投资中信息传递与羊群行为》，载《清华大学学报（哲学社会科学版）》，2015（1）。

羊群行为。信息是决策的基础，在信息不完全的情况下，投资决策的有效性会大幅度降低，从而加剧非理性的羊群行为。贷款人在交易中处于信息弱势地位，在获得信息有限且已知信息的真实性难以确认的情况下，贷款人很难确定借款人的信用水平及投资风险。缺乏有效信息的贷款人往往会模仿其他贷款人已发生的投资行为。贷款人不根据风险和收益进行决策，而是跟随他人的决定，属于非理性的羊群行为。① 加之我国投资者缺乏投资经验和理性分析能力，在市场中更容易产生盲目跟风行为。② 这种盲目跟风行为和潜在的投机性密切相关，不仅会使贷款人遭受损失，还可能导致金融市场的剧烈波动甚至崩溃。

三、 我国 P2P 借贷中信息不对称成因的法律分析

信息的传递是 P2P 交易的基础，信息是否充裕是 P2P 行业能否健康发展的关键所在。信息的产生、收集和运用对 P2P 行业发展有重要作用。从上文的论述中可以看出，P2P 平台对 P2P 借贷交易具有不可替代的促进作用，交易过程中 P2P 平台未尽到资信评估和信息披露的义务，是导致信息不对称的现实成因。从法律层面上看，现行法律规范在资信评估和信息披露的规定上存在诸多漏洞，给信息不对称现象留下滋生空间。具体包括：资信评估标准不明导致信用信息准确性存疑，信息披露激励机制的缺失弱化了信息的及时性和真实性，责任追究机制的缺失导致信息披露义务约束力不足。

（一）资信评估标准不明导致信息准确性存疑

P2P 借贷交易中的资信评估可分为两方面：一是对借款人所作的资信评估，二是对平台所作的资信评估。P2P 借贷市场属于金融市场，金融市场的首要问题是信用风险问题，信用信息是贷款人据以判断信用风险高低的重要依据。因此，信用信息的真实性、准确性尤为重要。《暂行办法》中规定由平台对借款人进行资信评估，但未对资信评估的办法作出具体规定。可以预见，在缺乏统一的资信评估标准的情况下，将由平台自行制定评估标准。面对不同平台的不同标准，贷款人须耗费大量时间和精力去逐一研究和对比，无形中增加了交易成本。加之平台制定的标准质量参差不齐，贷款人对平台提供的信用信息的真实性持怀疑态度。③ 在贷款人获取借款人信用信息的其他途径不足的情况下，真实性、准确性存疑的信用信息将造成交易主体间的信息不对称，交易风险高低难以确定，贷款人在交易中处于信息弱势地位，将承受不确定的违约风险。

---

① Shen D W, Krumme C, Lippman A, Follow the Profit or the Herd? Exploring Social Effects in Peer - to - peer Lending, Proceedings of the 2010 IEEE Second International Conference on Social Computing, the Second IEEE International Conference on Privacy, Security, Risk and Trust (2010), pp. 137 - 144.

② 宋军、吴冲锋：《基于分散度的金融市场的羊群行为研究》，载《经济研究》，2011 (11)。

③ P2P 平台通过提供资信评估、借贷撮合服务来获得盈利，交易达成的数量越多则平台收益越高，因此容易造成平台为获取盈利而故意提高借款人信用等级或故意隐瞒借款人潜在的信用风险，以促成借贷双方达成交易。

平台自身的信用信息对借贷交易同样有重要影响。《暂行办法》中规定由地方金融监管部门对平台进行评估分类，但未对评估分类的具体细则作出规定。缺乏具体评估标准，将导致评估分类工作难以开展，信用信息生产不足。平台的信用信息并非表明其承担信用职能，而是贷款人据以判断平台经营情况以及披露信息可信度的重要参考依据，在缺乏平台信用信息的情况下，贷款人对平台的信用高低难以判断并作出合理决策。① 因此，贷款人不会贸然进入交易市场，这将导致市场效率降低，借贷双方的投融资需求不能得到满足，P2P 行业促进资金高效流转的作用因此弱化。

（二）信息披露激励制度的缺失弱化了信息的及时性和真实性

信息披露是贷款人获取交易信息、了解交易风险、作出放贷决策的重要渠道，贷款人选择哪个平台、在平台中选择哪个借款人始终需要依赖充分和良好的信息披露。因此，除了保证信息本身的真实性、准确性和及时性，平台对信息的披露也应做到真实、准确、及时。《暂行办法》第五章以及《信息披露指引》规定了平台的信息披露义务和应当披露信息的具体种类，包括平台备案信息、平台组织信息、平台审核信息、交易信息和借款人信息，为信息披露制度的顺利实施提供了法律上的保障。

但激励制度的缺失将导致信息披露效果大打折扣。实践中贷款人的信息弱势地位得不到有效改善，交易主体间的信息不对称依然存在。市场中良性激励制度的缺失，将导致诚信披露为平台运营带来的积极效用不能充分体现，部分平台不愿及时披露相关信息，或者对披露信息内容进行选择性过滤，甚至披露虚假信息。缺乏有效的制度激励促使平台不会自愿主动披露信息，导致信息的真实性、准确性和及时性被弱化，使得平台和贷款人之间出现信息不对称，贷款人承受的交易风险将大大增加。

（三）责任追究制度的缺失导致信息披露义务约束力不足

责任追究制度对于保障信息披露制度的运行以及维护行业的稳定发展有重要意义。我国目前信息披露制度仅从正面引导平台应如何进行，而在平台未完全履行信息披露义务时缺乏完善的责任追究机制。②《暂行办法》第四十条规定平台违反法律法规和监管规定时应承担相应的法律责任，但该规定较为笼统，难以对平台违反信息披露义务的行为作出准确、合理的惩戒。责任追究制度的缺失，一方面导致交易主体的知情权得不到有效保障，另一方面也使得平台违反信息披露义务的违法成本较低，导致法律规定的信息披露义务对平台约束力不足。平台在违反信息披露义务时没有相应的法律责任予以约束，加剧了贷款人在交易中的信息弱势地位，扩大了

---

① 平台为了扩大经营，吸引更多的贷款人和资金进入，会出现过度宣传的现象，贷款人在不了解平台信用水平的情况下，往往难以确认平台发布的信息的真实性。

② 杜明鸣、刘司墨：《我国 P2P 网络借贷平台信息披露制度构建研究》，载《西部金融》，2017（7）。

交易主体间的信息不对称。

四、我国P2P借贷中信息不对称现象的克服

市场经济也是法治经济，解决P2P借贷市场中的信息不对称问题，应依靠法律的规制，需要回归法治道路。在当今激烈的市场竞争条件下，仅依靠平台和行业的自律行为难以抵制交易中巨大的利益引诱。同时，考虑到P2P平台在借贷市场中的独特地位和重要作用，克服信息不对称现象，应从完善行业立法入手，以规范P2P平台运营为中心，强化制度约束，对信息评估、筛选和披露做到有效监管，将P2P平台内在逐利的资本冲动限制在合法合理的限度内，促使平台和市场沿着规范的方向发展，最终达到缓解信息不对称、降低违约风险和信息成本的效果。

（一）加快制定《网络借贷平台信用量化评估细则》

针对P2P借贷市场中资信评估标准缺失导致信用信息准确性存疑，进而引发的信息不对称问题，可通过制定《网络借贷平台信用量化评估细则》（以下简称《评估细则》）来解决。在理念上，通过制定统一的适用于P2P市场的评估标准，为信用信息的生产提供切实可循的法律依据。在贷款人获取信息途径有限的情况下，《评估细则》可增强借款人和平台信用信息的准确性和可靠性，以达到缓解平台、借款人与贷款人之间信息不对称的效果，降低贷款人承受的违约风险。在评估方式上，采用量化分级的方式，对借款人和平台的各项信息进行评分，依据各项分数的总和进行信用评级。采用量化分级的评估方式，使得信用信息以分数的形式直观呈现出来，加强了信息的透明度，有利于促进市场公正。

在评估主体上，由于监管机构难以对数量庞大的借贷主体进行信用评级，建议由平台对借款人进行信用评估，授权行业协会对平台进行信用评估。同时应鼓励行业协会组织行业性的评价信用共享机制，既可防止低信用者通过转移平台规避信用监管，也可实现评级的规模效应。① 《评估细则》应分别对借款人和平台设置独立的量化评估标准，设置一系列的信息评估指标和不同的信用层级，依据信息的完整性、准确性、真实性进行打分，依据各项信息的总分对借款人和平台的信用作出准确判断。总体来说，今后一段时期内的P2P平台是作为信息中介进行运转，但应考虑到，不同的平台有不同的业务，指标的设计既要尽量涵盖所有平台的共性，此类指标可以归为一类，如平台的登记备案情况、对信息披露的程度、是否有效做到资金存管等，也要考虑不同类型平台的独特特点，设计出二类指标，以便对经营同种业务的P2P平台进行评估和比较。

对平台来说，依据有公信力的、明确的评估标准对借款人的信用作出评价，提高了信用信息的权威性，有利于稳定行业发展。对贷款人来说，准确、统一的评估标准可将平台和借款人的信用水平直观地呈现出来，降低了筛选、挖掘信息的成本。此外，加快《评估细则》出台，有利

---

① 冯辉：《网络借贷平台法律监管研究》，载《中国法学》，2017（6）。

于我国征信体系的构建，促使平台征信系统与中国人民银行征信系统的对接，实现信用数据共享。对有必要放开的数据范围、数据获取方式与数据用途，可以规定放开，以推动构建市场化的信用体系。

（二）推动建立信息披露激励制度

信息的公开、透明是市场交易主体双方实现信息对称并处于公平交易地位的核心要求，因此，信息披露制度是实现 P2P 交易主体信息对称的重要保障。立法在强化信息披露的程序性要求和实体性要求之外，还应建立配套的信息披露激励制度，增强信息披露的及时性和真实性，通过促进信息披露达到缓解信息不对称的效果。激励制度一般通过合理配置被激励主体的投入与产出，赋予被激励主体相应的利益，诱导被激励主体从事有利于发展的市场行为。① 信息披露层面推行激励制度的目的在于增强平台披露信息的积极性、主动性、全面性和准确性，提高信息披露的透明度，保障贷款人的知情权。

激励制度的构建应从以下三方面着手：第一，将信息披露程度纳入平台信用评级的考核标准，信息披露程度高的平台将获得更高的分数和信用层级，在市场中更易获得投资者青睐和信任。第二，将信息披露程度作为平台加入行业协会的考核标准。《暂行办法》第三十四条规定中国互联网金融协会从事网络借贷行业自律管理，并履行相应的职责。可以预见，在规范 P2P 行业健康发展的道路上，行业协会将发挥日益重要的作用。将信息披露作为考核平台加入协会的标准，有助于激励平台扩大信息披露的深度和广度，增强信息的透明度。第三，将信息披露义务的履行情况作为国家优惠扶持政策的重要依据。从长远来看，构建信息披露激励制度有利于强化经营者的披露意识，由被动披露转变为自愿主动披露，促进信息流动和信息透明度，使贷款人在交易中获得充分的交易信息，进一步弱化行业中的信息不对称现象，维护金融市场的稳定。

（三）完善信息披露责任追究制度

激励机制的构建是为了鼓励平台自愿主动披露，但仍可能有部分平台为了撮合交易的达成、盲目追求更高的利润而延迟披露信息或者披露虚假信息。因此，除了构建信息披露激励制度，还应建立完善的责任追究制度，强化信息披露义务的制度约束，明确违反信息披露义务的责任主体、归责原则和责任方式，提高违法成本，保护贷款人的知情权，减少不实披露现象的发生，达到缓解信息不对称的效果。

从责任主体上看，应当包括平台本身和平台董事、监事、高级管理人员。《暂行办法》第三十二条和《信息披露指引》第十七条均规定了平台的董事、监事、高级管理人员应当忠实、勤勉地履行职责，保证披露信息的真实、准确、完整、及时，因此将其纳入责任主体范围有利于其更好地履行信息披露义务。从归责原则上看，建议采用过错推定的归责原则。由于过错责任原则

① 陈丽琴：《我国上市公司财务信息披露的激励制度研究》，载《会计之友》，2015（12）。

奉行“谁主张，谁举证”的举证方式，因此若由在交易中权益受到侵害的贷款人进行举证，将大大提高贷款人的救济成本，部分贷款人受制于交易的空间性等因素，难以进行举证并得到合理的赔偿，最终使救济流于形式。采用过错推定的归责原则，要求在损害发生后，贷款人应证明自己的损害是平台的不实披露造成的，平台负责人以及董事、监事、高级管理人员承担已尽忠实、勤勉、尽职义务的举证责任，若不能证明已尽相应的义务，则推定其有过错。

从责任方式上看，可具体分为三种情形：第一，借款人提供的信息真实、充分，由于平台未尽到信息披露的义务导致贷款人权益受到侵害的，则应由平台及责任人员承担赔偿损失的责任，赔偿数额为预期可收到的本息全额。第二，平台尽到合理的信息审查和披露义务，由于借款人提供的信息虚假、有误导致贷款人利益受损的，则应由借款人承担欺诈的民事赔偿责任。第三，借款人和平台在交易中均存在过错的，应分别承担与其过错程度相应的连带赔偿责任。从救济途径上看，贷款人可采取提起诉讼、申请仲裁、请求行业自律组织调解和自行和解的方式解决。

此外，通常救济发生在损害之后，理想的情况是将信息披露不实的行为遏制在损害发生前。因此，应加强交易过程中的信息披露监管，鼓励交易主体及社会公众举报平台违反信息披露义务的行为，推动落实《实施方案》中关于“建立举报和重奖重罚制度”的规定，提高违法成本，强化平台及其负责人的信息披露意识，提高信息披露的透明度。总之，要充分发挥法律的规制作用，为解决信息不对称问题、保障P2P行业的稳定发展提供良好的法治基础。

（责任编辑：李佳澎）

金融刑法

侵犯支付客户信息的刑法规制

■ 汪恭政*

摘要：支付客户信息，分为个人支付客户信息和单位支付客户信息，具有可识别性的本质特征。与公民个人身份信息相比，支付客户信息涵盖的范围更广，但这也方便了非银行支付机构及其工作人员非法获取、提供和利用，给既有刑法规制带来困境。规制侵犯支付客户信息的不法行为，应从侵犯公民个人信息罪和侵犯商业秘密罪区分规制的角度对类似不法行为形成同等性治理，以此为基础适时修改侵犯公民个人信息罪和侵犯商业秘密罪的规范内容，并明确修改后两罪的适用范围及边界。

关键词：非银行支付机构　支付客户信息　侵犯公民个人信息罪　侵犯商业秘密罪

随着网络支付业务的不断发展，支付客户信息已成为非银行支付机构发展的“战略性资源”，其范围早已跨越基本身份信息而向外扩展。然而，伴随支付领域市场竞争的激烈化趋势，非银行支付机构及其工作人员为获得有利的市场地位，不时做出非法获取、利用、提供支付客户信息的不法行为。无论是现有刑法中的侵犯公民个人信息罪还是侵犯商业秘密罪，都难以对支付客户信息起有效的保护作用。面对侵犯支付客户信息的现状，有必要根据个人支付客户信息和单位支付客户信息的属性及特点，修改侵犯公民个人信息罪和侵犯商业秘密罪的规范内容，并完善两罪的适用范围及界限。

一、 支付客户信息及其面临侵犯的不法类型

（一）支付客户信息的基本界定

支付客户，作为接受非银行支付机构网络支付服务的金融消费者，包括个人客户和单位客户。截至2018年6月，我国网络支付用户规模达到5.69亿户，较2017年末增长7.1%，使用比

* 本文系国家社会科学基金青年项目“被追诉人的程序平等权研究”（项目号15CFX030）的研究成果。

汪恭政：武汉大学法学院2016级刑法学博士研究生。

例由68.8%提升至71.0%。① 客户在享受网络支付服务时，与之相关的信息逐渐成为一项容易受到侵害的资源。

虽然现有规范没有明确何谓支付客户信息，但中国人民银行（以下简称央行）《非银行支付机构网络支付业务管理办法》第四十四条从个人支付客户和单位支付客户的角度对其身份信息作了规定："个人客户的身份基本信息，包括客户的姓名、国籍、性别、职业、住址、联系方式以及客户有效身份证件的种类、号码和有效期限。单位客户的身份基本信息，包括客户的名称、地址、经营范围、统一社会信用代码或组织机构代码；可证明该客户依法设立或者可依法开展经营、社会活动的执照、证件或者文件的名称、号码和有效期限；法定代表人（负责人）或授权办理业务人员的姓名、有效身份证件的种类、号码和有效期限。"通过以上信息可以识别主体身份，表明支付客户信息具有可识别性的本质特征。②

另外，央行《关于银行业金融机构做好个人金融信息保护工作的通知》从个人金融消费者角度明确了个人金融信息的范围：一是身份信息，包括姓名、身份证号、联系方式、住处等；二是财产账户信息，涉及收入状况、账号密码、账户数额等；三是金融交易信息，包括交易规模、交易类型、交易对象等；四是金融信用信息，指信用消费、贷款偿还情况以及个人在经济活动中形成的，能够反映其信用状况的其他信息等；五是其他金融衍生信息，包括个人消费习惯、投资意愿等对原始信息进行处理、分析所形成的反映特定金融消费者情况的信息。③ 按照央行支付结算司《〈非银行支付机构网络支付业务管理办法〉条款释义》的规定，"支付机构应参照《中国人民银行关于银行业金融机构做好个人金融信息保护工作的通知》等规定，切实做好客户信息安全保护工作"④。由此可见，支付客户信息的范围早已"超越"《非银行支付机构网络支付业务管理办法》对其身份信息的狭窄界定，已向财产账户信息、交易信息、信用信息以及其他衍生信息扩展。

（二）侵犯支付客户信息的不法类型

非银行支付机构及其工作人员在提供支付及其衍生服务过程中获得了大量的支付客户信息。"由于支付机构本身就留存了大量的客户个人基础信息与交易信息，而这更加剧了支付客户信息

① 中国互联网络信息中心：《第42次中国互联网络发展状况统计报告》，资料来源：http://www.cac.gov.cn/2018-08/20/c_1123296882.htm，2018年9月3日访问。

② 关于支付客户信息可识别性的本质特征，在最高人民法院、最高人民检察院《关于办理侵犯公民个人信息刑事案件适用法律若干问题的解释》第一条中也进一步得到佐证。

③ 《中国人民银行关于银行业金融机构做好个人金融信息保护工作的通知》将个人金融信息分为七类，即个人身份信息、个人财产信息、个人账户信息、个人信用信息、个人金融交易信息、衍生信息，以及在与个人建立业务关系过程中获取、保存的其他个人信息。为研究需要，本文将个人金融信息总结为五类。

④ 中国人民银行支付结算司：《〈非银行支付机构网络支付业务管理办法〉条款释义》，资料来源：http://www.pbc.gov.cn/zhifujiesuansi/128525/128527/2996543/index.html，2018年8月30日访问。

被泄露的风险。"[①] 实践中，侵犯支付客户信息的不法行为已呈现多样化。

1. 非法获取支付客户信息。非法获取支付客户信息主要表现为，非银行支付机构及其工作人员违反国家有关规定，在提供支付及其衍生服务过程中，超越法律规定的权限收集支付客户信息。《网络安全法》第四十一条第二款明确规定，"网络运营者不得收集与其提供的服务无关的个人信息，不得违反法律、行政法规的规定和双方的约定收集、使用个人信息"。但是，非银行支付机构及其工作人员在提供支付及其衍生服务过程中常超越法律规定的权限收集与支付及其衍生服务无关的支付客户信息，即过度收集支付客户信息，通常表现为：一是非银行支付机构及其工作人员利用所提供的支付技术优势，迫使支付客户提供过多的信息，"通信技术特别是互联网在收集更大量的个人数据上提供了新的可能"[②]。例如，非银行支付机构工作人员在向客户推荐支付服务软件时，径直在支付服务软件中设定恶意程序，当支付客户接受服务时须注册服务软件便被"自动"获取了手机通讯录信息等。二是非银行支付机构及其工作人员借助格式条款、一揽子授权协议，使支付客户"被迫"提供过多的信息。比如，违反国家有关规定留存支付客户银行卡敏感信息。2018 年 7 月 30 日，央行对卡友和付临门两家支付机构的违规行为作出罚款决定，其中，处罚的行为就包括违规留存支付客户的银行卡敏感信息。[③] 又如，非银行支付机构为准确判断支付客户的日常出入地点，向支付客户精准推荐支付服务 APP 软件时，假借格式条款所"授予"的权限收集客户的地理位置信息等。诚如有论者所言，"很多机构在收集信息过程中，虽然也会征得消费者同意，但大多是走形式。更有甚者，消费者若不同意，就不能使用金融服务，消费者最终只能忍气吞声，作出无奈的选择"[④]。

2. 非法提供支付客户信息。非法提供支付客户信息，指非银行支付机构及其工作人员将掌握的支付客户信息提供给他人的行为，具体包括非法出售和非法公开支付客户信息两类：

第一，非法出售支付客户信息，即非银行支付机构及其工作人员向他人有偿提供支付客户信息。这种行为的"突出特征就在于提供个人信息以获取非法利益"[⑤]。2013 年，某支付机构内部员工因多次批量出售支付客户信息被杭州警方逮捕，该员工利用工作便利，多次下载并出售公司客户资料，内容超过 20G。[⑥]

第二，非法公开支付客户信息，即行为人向他人非有偿提供支付客户信息，该行为不具有牟

---

① 黎四奇：《二维码扫码支付法律问题解构》，载《中国法学》，2018（3）。

② Giovanni Sartor, The right to be forgotten: balancing interests in the flux of time, 24 International Journal of Law and Information Technology (2016), p. 76.

③ 程婕：《违规留存银行卡敏感信息，违反商户实名制管理规定，两家第三方支付机构被央行重罚》，载《北京青年报》，2018－07－31（A11）。

④ 吴秋余：《谁"偷"了我的支付信息》，载《人民日报》，2016－11－21（17）。

⑤ 全国人大常委会法制工作委员会：《中华人民共和国刑法释义》，458 页，法律出版社，2011。

⑥ 同注④。

利性。实践中有两种方式：一种是非银行支付机构及其工作人员向特定人提供支付客户信息；另一种是通过信息网络泄露支付客户信息。2015 年 1 月，某支付机构泄露了上千万张银行卡信息，涉及全国 16 家银行，之后半年多的时间里，由于伪卡形成的损失已达 3900 多万元。①

3. 非法利用支付客户信息。个人信息海量搜集的背景下，个人信息的滥用是显而易见的。②从语义上看，非法利用指行为主体不当使用的行为。非法利用支付客户信息，则指持有支付客户信息的非银行支付机构及其工作人员不当使用支付客户信息的行为。《网络安全法》第四十一条第一款规定："网络运营者收集、使用个人信息，应当遵循合法、正当、必要的原则，公开收集、使用规则，明示收集、使用信息的目的、方式和范围，并经被收集者同意。"尽管该款要求非银行支付机构使用支付客户信息时应遵守法律规定，但实践中非法使用支付客户信息的行为屡屡发生。

如 2018 年 3 月 22 日，支付宝因违反《消费者权益保护法》，不当使用个人支付客户信息，而被人民银行杭州中心支行处以 5 万元的罚款。③ 据报道，有些非银行支付机构为规避法律规定，会在《平台注册协议》或《支付服务协议》中约定，"只要用户在其处注册完成后，即默认用户无条件同意支付公司及关联公司，甚至合作公司，将用户所有个人信息无期限地用于任何平台，用于任何商业行为"④。比如，海淀法院审理的支付宝非法使用个人信息案中，"该案原告俞先生诉称，其到北京乐友公司运营的'乐友北京清河店'购买牙膏，并使用支付宝支付。支付完成后，俞先生发现支付宝的'支付完成'页面最后一行以很小的字体显示'授权淘宝获取你线下交易信息并展示'，并在其前面设置了'默认勾选'。为查询个人信息是否被泄露，俞先生在尚未对支付宝客户端进行任何进一步确认操作的情况下，立即登录淘宝客户端发现，其与北京乐友公司发生交易的信息（包括商品信息、店铺信息、交易价格等）已显示在淘宝客户端的订单中。随即俞先生又登录天猫客户端查看，发现上述交易信息也已显示在天猫客户端的订单中"⑤。

---

① 吴秋余：《谁"偷"了我的支付信息》，载《人民日报》，2016 - 11 - 21（17）。

② Romany F. Mansour, Understanding how big data leads to social networking vulnerability, 57 Computers in Human Behavior, 348 (2016), pp. 348 - 351.

③ 参见《中国人民银行杭州中心支行行政处罚信息公示表（支付宝）》，资料来源：http://hangzhou.pbc.gov.cn/hangzhou/125268/125286/125293/3514567/index.html，2018 年 9 月 4 日访问。

④ 刘双霞：《个人信息使用，支付公司"不可任性"》，资料来源：http://www.bbtnews.com.cn/2015/1021/123977.shtml，2018 年 9 月 3 日访问。

⑤ 参见《称质疑个人信息遭非法搜集，用户起诉支付宝索赔 2 元》，资料来源：http://bjhdfy.chinacourt.org/public/detail.php?id=5269，2018 年 8 月 20 日访问。

二、 侵犯支付客户信息刑法规制的困境

支付客户信息关乎支付客户的正当权益，其重要性与日俱增。面对个人支付客户信息和单位支付客户信息频遭侵害的局面，《刑法》第二百五十三条之一规定的侵犯公民个人信息罪和《刑法》第二百一十九条规定的侵犯商业秘密罪都作了应对，但在适用过程中仍面临不少困境。

（一）侵犯个人支付客户信息刑法规制的困境

近年来，随着信息网络的普及和发展，侵犯包括个人支付客户信息在内的公民个人信息的违法犯罪愈发突出，出售、非法提供和非法获取公民个人信息的行为日渐增多。为进一步适应治理侵犯公民个人信息犯罪的需要，《刑法修正案（九）》对“出售、非法提供公民个人信息罪”和“非法获取公民个人信息罪”作了修改，增设《刑法》第二百五十三条之一，即设立侵犯公民个人信息罪。

相比之前罪名，新罪名有明显变化：犯罪主体上，将“国家机关或者金融、电信、交通、教育、医疗等单位的工作人员”扩大为任何个人和单位，并对履行职责或提供服务过程中的行为主体处以从重处罚；行为方式上，在出售、非法提供的基础上增加窃取行为，并扩展非法获取的含义；构罪前提要件上，将“违反国家规定”扩大为“违反国家有关规定”；法定刑设置上，增加两档法定刑，最高有期徒刑由 3 年变为 7 年。以上条款的变化无疑对治理侵犯支付客户信息的行为起到积极作用，但在适用时仍面临困境。

1. 不法行为类型规制的遗漏。从信息移转的流程看，信息涉及“获取—利用—提供”三大流转环节。其中，违反国家有关规定，向他人出售、提供包括个人支付客户信息在内的公民个人信息的行为，会受到《刑法》第二百五十三条之一第一款的规制。窃取或以其他非法方法获取个人支付客户信息的行为，也会受到该条第二款惩治。但该条未对违反国家有关规定利用个人支付客户信息的行为作出规制。

目前，非法利用支付客户信息行为，已成为非银行支付机构及其工作人员非法获利的重要手段。随着网络支付业务的发展，享受网络支付便利的客户群体日渐扩大，但“公私领域对于数据利用的需求比以往任何一个时代更加迫切”①。

从域外来看，非法利用包括个人支付客户信息在内的个人信息（数据）已纳入刑法规制范围。在德国，《联邦数据保护法》已将“为获取报酬，为自己或他人谋取利用，以及为他人实施侵害或犯罪故意实施第 43 条（2）中规定的行为”② 纳入刑事处罚范围。其中“第 43 条（2）”就对“未经授权对非公开的个人数据进行收集或处理”和“违反第 28 条（4）第 1 项规定为了

---

① 任孚婷：《大数据时代隐私保护与数据利用的博弈》，载《编辑学刊》，2015（6）。

② Artikel 44 des Bundesdatenschutzgesetzes.

商业或民意调查、处理或利用个人数据”的行为作出界定。日本《个人信息保护法》规定，“违反第63条的规定，泄露秘密或者盗用的，处以两年以下惩役或者一百万日元以下的罚金”①。其中，盗用就包括利用行为。我国台湾地区“个人资料保护法”规定，“意图为自己或第三人不法之利益或损害他人之利益，而违反第6条第1项、第15条、第16条、第19条、第20条第1项规定……足生损害于他人者，处五年以下有期徒刑，得并科新台币一百万元以下罚金。”其中，“第6条第1项”就涉及个人资料的搜集、处理或利用。

2. 刑法规制力度的不均衡。《刑法》第二百五十三条之一第二款对“违反国家有关规定，将在履行职责或者提供服务过程中获得的个人支付客户信息，出售或者提供给他人的”行为作从重处罚的规定，但未对履行职责或提供服务过程中非法获取和出售或提供他人信息作等同规定，以致易造成规制力度的不均衡。

庞大的支付客户群体，为非银行支付机构及其工作人员非法获取支付客户信息创造了犯罪条件。非银行支付机构及其工作人员在提供服务中，无论是在提供支付服务的技术上，还是在提供具体类型的支付服务上，已处于优势地位，能“轻而易举”地利用技术优势、格式条款或一揽子授权协议超越权限获取个人支付客户信息。然而，既有刑法仅对履行职责或提供服务过程中提供个人信息的行为予以从重处罚，而对更为前端的非法获取个人信息作一般处罚，显然有不合理之嫌。

（二）侵犯单位支付客户信息刑法规制的困境

单位支付客户信息与个人支付客户信息尽管都有可识别性的本质特征，但也有不同特点：一是单位支付客户信息不仅包括单位本身的信息，也涉及法定代表人（负责人）或授权办理业务人员的信息。单位本身的信息以可识别于单位身份为本质特征，而法定代表人（负责人）或授权办理业务人员的信息，特别是其身份基本信息，既能起到识别单位身份的作用，也能识别法定代表人（负责人）或授权办理业务人员的个人身份，存在双重识别的属性。

二是单位支付客户信息不同于个人支付客户信息，受企业信息披露、公示机制的约束。随着支付技术的进步与支付需求的增加，单位支付客户信息的范围日渐扩大，信息的供给与传递并非处于完全有效状态，信息不对称成为常态。为保障商事交易的效率、安全，保护投资者、债权人的正当权益，部分单位支付客户信息需要披露、公示，“公开原则被高举为医治社会和企业弊病的良药，犹如阳光是最佳的消毒剂，电灯乃最高效的警察”②。《企业信息公示暂行条例》第一条也规定：“为了保障公平竞争、促进企业诚信自律，规范企业信息公示，强化企业信用约束，

① 《個人情報の保護に関する法律》第七十三条。

② Louis D. Brandeis, Other People's Money and How the Bankers Use it, New York: Frederick A. Stokes Company Publishers, 1914, p. 92.

维护交易安全，提供政府监管效能，扩大社会监督。”然而，在范围日益广泛的单位支付客户信息被披露、公示时，其中含有的商业秘密也面临遭受侵犯的风险。① 而当前对于侵犯单位客户信息中商业秘密行为起积极规制作用的，当属《刑法》第二百一十九条侵犯商业秘密罪，但在适用该罪时也面临争议。②

1. 不法行为处罚范围过于宽泛。《刑法》第二百一十九条对不法获取、披露、使用商业秘密的行为都作了规制，基本涵盖了侵犯单位支付客户信息的不法类型。但该条第二款将“应知前款所列行为，获取、使用或者披露他人的商业秘密的”行为纳入规制范围，无疑扩大了打击范围。“应知前款所列行为而实施侵犯商业秘密行为的，是一种过失的犯罪行为。”③ 对此，关于该款规定的去与留，理论上争议不断。

有学者认为，该款不合理，应予以取消，因为侵犯商业秘密罪属于典型的法定犯，不仅在伦理道德上可谴责性弱，而且不具备设立普通过失犯罪的刑事可罚性，也缺乏刑罚适用的必要性。④ 有论者主张，过失侵犯商业秘密存在规制的必要性，“仅从过失侵犯商业秘密行为给权利人造成重大损失的角度来看，确实不能充分证明用刑罚手段处罚过失泄露商业秘密行为的合理性，但从过失侵犯商业秘密行为给社会造成很严重的危害的角度来看则不然”⑤。

就单位支付客户信息而言，当非银行支付机构与单位支付客户形成资金移转的法律关系时，非银行支付机构及其工作人员无论是获取、提供还是利用单位支付客户信息，调整支付客户信息的民事和行政法律规范（前置性规范）都已作了规定。将非银行支付机构及其工作人员过失侵犯商业秘密的情形纳入刑法调整范围，无疑忽视了前置性规范的前端治理作用，阻碍了网络支付业务的创新发展，而且“应知”的认定在诉讼证明活动中较为困难，强行纳入规制范围无疑增加诉讼成本。

2. 不法行为规制力度缺乏层次性。如前所述，《刑法》第二百一十九条将不法获取、披露和使用商业秘密的行为都纳入调整范围，实现了“获取—利用—提供”行为的系统治理。但该条规制不法行为的力度缺乏层次性，主要表现在未对履行职责和提供服务过程中不法获取、披露、使用行为作从重规制。

---

① 单位支付客户信息包含商业秘密。由于单位支付客户信息受企业信息披露、公示机制的约束，单位支付客户信息并未全部受刑法保护，目前受保护的对象主要集中在其中的商业秘密。因此，单位支付客户信息的侵犯更多地表现为对商业秘密的侵犯。

② 侵犯单位支付客户信息不仅包括侵犯法定代表人（负责人）或授权办理业务人员等个人信息，也涉及对其中商业秘密的侵犯，此处重点讨论侵犯商业秘密的规制困境，对于侵犯法定代表人（负责人）或授权办理业务人员等个人信息的，参照侵犯个人支付客户信息的讨论，此处不再赘述。

③ 赵秉志：《当代刑法学》，547 页，中国政法大学出版社，2009。

④ 唐稷尧：《罪刑法定视野下的侵犯商业秘密罪》，载《四川师范大学学报（社会科学版）》，2003（3）。

⑤ 杨小兰：《论侵犯商业秘密的过失行为可否入罪》，载《社科纵横》，2012（2）。

无论是从技术优势、经济实力，还是议价能力、市场地位来看，非银行支付机构相比单位支付客户而言都占有优势地位。这也就为非银行支付机构及其工作人员在提供网络支付服务过程中获取其所需的支付客户信息提供了便利条件。实践表明，非银行支付机构利用优势地位违反法律规定获取、利用、提供单位支付客户信息的行为十分普遍。而且，相比侵犯个人支付客户信息的刑法规制，《刑法》第二百五十三条之一早已对履行职责和提供服务过程中将获取的个人信息出售或提供给他人的行为作从重处罚的规定。因此，对非银行支付机构及其工作人员在提供服务过程中不法获取、披露、使用单位支付客户信息的行为，也应当从重处罚，这样定然会增强对单位支付客户信息的保护。

3. 定罪量刑情节界定的不充分。《刑法》第二百一十九条第一款规定："给商业秘密的权利造成重大损失的，处三年以下有期徒刑或者拘役，并处或者单处罚金；造成特别严重后果的，处三年以上七年以下有期徒刑，并处罚金。"根据该款规定，无论是入罪条件，抑或法定刑升格条件，都仅以结果为导向，忽视了对情节要素的考虑。

最高人民法院、最高人民检察院《关于办理侵犯知识产权刑事案件具体应用法律若干问题的解释》第七条规定："给商业秘密的权利人造成损失数额在五十万元以上的，属于'给权利人造成重大损失'，应当以侵犯商业秘密罪判处三年以下有期徒刑或者拘役，并处或者单处罚金。给商业秘密的权利人造成损失数额在二百五十万元以上的，属于刑法第二百一十九条规定的'造成特别严重后果'，应当以侵犯商业秘密罪判处三年以上七年以下有期徒刑，并处罚金。"最高人民法院、公安部《关于公安机关管辖的刑事案件立案追诉标准的规定（二）》第七十三条规定，涉嫌给商业秘密权利人造成损失数额在50万元以上、因侵犯商业秘密违法所得数额在50万元以上、致使商业秘密权利人破产的以及造成其他重大损失的情形应以侵犯商业秘密罪立案追诉。

以上规定表明，造成重大损失、造成特别严重后果的认定，重在判断危害结果的严重程度，而对与其社会危害程度相当的严重情形缺乏重视。实践中，无论是侵犯个人支付客户信息，还是侵犯单位支付客户信息，与造成重大损失、造成特别严重后果相当的不法情形多种多样。既有涉及信息数量、信息种类及其侵害程度的情形，也有造成社会不利影响的情形，还有受过处罚再犯的情形。由此看来，忽视不法情形的考虑无疑会弱化规制侵犯单位支付客户信息的预期效果。

三、侵犯支付客户信息刑法规制的完善建议

面对支付客户信息受侵犯的不利局面，"还原第三方支付机构的金融属性不仅是出于对事物'本真'的追求，更是出于对处于弱势地位的消费者提供强有力的公权力保护。"① 因此，针对规

---

① 黎四奇：《二维码扫码支付法律问题解构》，载《中国法学》，2018（3）。

制侵犯支付客户信息的困境，有必要修改刑法规范并从适用上作出完善，以更好地保护支付客户信息。

（一）侵犯支付客户信息刑法规制的规范修改

面对支付客户信息受侵害的现实，特别是非银行支付机构及其工作人员非法获取、利用、提供支付客户信息的现状，有必要结合个人支付客户信息和单位支付客户信息各自特点，对具体适用罪名的规范内容作具体修改。

1. 侵犯公民个人信息罪的规范修改。侵犯公民个人信息罪是调整侵犯个人支付客户信息的关键罪名，根据前文规制的困境，有必要从如下角度完善《刑法》第二百五十三条之一的规定：

第一，应对将在履行职责或提供服务过程中获得的包括支付客户信息在内的公民个人信息作从重处罚的规定。实践中，非银行支付机构作为提供网络支付服务的主体机构，相比个人支付客户而言，无论是技术提供上，还是服务提供上，已占优势地位。为此，有必要对其违反国家有关规定获取包括个人支付客户信息在内的公民个人信息的行为施以更重的处罚，如此一来，便能对处于弱势地位的个人支付客户形成更好的保护。

第二，应将非法利用包括个人支付客户信息在内的公民个人信息行为纳入该罪治理范围，并对在履行职责或提供服务过程中违反国家有关规定利用公民个人信息的行为作从重处罚的规定。从2017年《治安管理处罚法（修订公开征求意见稿）》第五十七条第一款的规定看，[①] 非法获取、持有、使用、出售、提供、传播包括个人支付客户信息在内的公民个人信息已纳入前置性规范的惩治范围。由此表明，非法使用、传播等使用行为的危害程度同非法提供相当。虽然治理该类行为的前置性规范并未生效，但充分说明了非法利用行为侵犯信息法益的现实可能。为此，有必要将其纳入该罪治理范围，并对在履行职责或提供服务过程中违反国家有关规定利用公民个人信息的行为，作从重处罚的规定。

结合以上分析，一要修改《刑法》第二百五十三条之一第一款，将“违反国家有关规定，向他人出售或者提供公民个人信息，情节严重的，处三年以下有期徒刑或者拘役，并处或者单处罚金；情节特别严重的，处三年以上七年以下有期徒刑，并处罚金”修改成“违反国家有关规定，利用或者向他人出售、提供公民个人信息，情节严重的，处三年以下有期徒刑或者拘役，并处或者单处罚金；情节特别严重的，处三年以上七年以下有期徒刑，并处罚金”。

二要修改《刑法》第二百五十三条之一第二款，将“违反国家有关规定，将在履行职责或者提供服务过程中获得的公民个人信息，出售或者提供给他人的，依照前款的规定从重处罚”修改成“违反国家有关规定，在履行职责或者提供服务过程中获取公民个人信息的，或者将在

① 参见《公安部关于〈中华人民共和国治安管理处罚法（修订公开征求意见稿）〉公开征求意见的公告》，资料来源：http://www.mps.gov.cn/n2254536/n4904355/c5604357/content.html，2018年9月4日访问。

履行职责或者提供服务过程中获得的公民个人信息，利用或者向他人出售、提供的，依照前款的规定从重处罚”。

2. 侵犯商业秘密罪的规范修改。针对单位支付客户信息，除单位依法履行信息公示或披露义务以外，其他单位支付信息应当受到刑法保护，并形成与个人支付客户信息同等力度的保护，对类似侵害行为应施以同等力度的刑罚惩治。面对侵犯单位支付客户信息的规制困境，应对《刑法》第二百一十九条的规范内容作如下修改。

第一，应删除过失获取、使用或者披露他人单位支付客户信息中涉及商业秘密的情形。就单位支付客户信息而言，将过失侵犯含有商业秘密的单位支付客户信息的行为纳入该罪规制范围，一定程度上阻碍了网络支付业务的创新发展。过失获取、利用和提供支付客户信息的主体，在主观心态上，通常未能确实知晓其行为对单位支付客户信息法益造成了侵害。缺乏确知的情形就直接动用刑法，在一定程度上与人们全方位、多角度地接触信息的未来趋势发生背离，进而妨害了网络支付业务的发展。因此，有必要删除过失侵犯商业秘密的规定。

第二，完善定罪量刑情节的规定，应在考虑“给商业秘密的权利人造成重大损失”“造成特别严重后果”的基础上，加入情节要素。实践中，无论是非银行支付机构，还是非银行支付机构工作人员，侵犯单位支付客户信息涉及商业秘密的情形多种多样，既包括造成权利人财产损失的危害后果，也涉及诸如造成大量信息泄露、造成社会恶劣影响的严重情节。无论入罪还是法定刑升格，仅考虑造成损失的危害后果，无疑缩小了该罪适用范围，不利于保护单位支付客户信息中所涉及的商业秘密。

此外，与《刑法》第二百五十三条之一相比较，该条在定罪量刑情节上已加入“情节严重”“情节特别严重”的规定。尽管《刑法》第二百一十九条和第二百五十三条之一配置相同梯度的刑罚，但在定罪量刑情节上，第二百五十三条之一的规定较为完善。因此，应考虑在“给商业秘密的权利人造成重大损失”“造成特别严重后果”的基础上，加入“严重情节”“特别严重情节”要素。

对应以上分析，一要修改《刑法》第二百一十九条第二款，将“明知或者应知前款所列行为，获取、使用或者披露他人的商业秘密的，以侵犯商业秘密论”修改为“明知前款所列行为，获取、使用或者披露他人的商业秘密的，以侵犯商业秘密论”。并在其后增加内容，即“违反约定或者违反权利人有关保守商业秘密的要求，在履行职责或者提供服务过程中，获取、披露、使用其所掌握的商业秘密的，依照前款的规定从重处罚”。

二要修改《刑法》第二百一十九条第一款，将“有下列侵犯商业秘密行为之一，给商业秘密的权利人造成重大损失的，处三年以下有期徒刑或者拘役，并处或者单处罚金；造成特别严重后果的，处三年以上七年以下有期徒刑，并处罚金”修改为“有下列侵犯商业秘密行为之一，给商业秘密的权利人造成重大损失或者有其他严重情节的，处三年以下有期徒刑或者拘役，并处或者单处罚金；造成特别严重后果或者有其他特别严重情节的，处三年以上七年以下有期徒刑，并处罚金”。

（二）侵犯支付客户信息刑法规制的适用完善

完善支付客户信息的保护离不开修改后规范的具体适用。根据上述规范的修改建议，侵犯公民个人信息罪、侵犯商业秘密罪在具体适用过程中，应充分发挥前置性规范的规制作用，以明确修改后两罪的适用范围及边界。

1. 侵犯个人支付客户信息刑法规制的适用完善。根据《刑法》第二百五十三条之一的规定，侵犯公民个人信息罪属于情节犯，表明并非出现侵犯个人支付客户信息的行为，就构成该罪。因此，在决定是否适用该罪时应注意以下方面。

第一，应充分考虑前置性规范调整的必要性，具体应把握两点：一是坚持上位法优于下位法；二是当适用规范效力位阶相同时，新法应优于旧法。目前涉及包括个人支付客户信息在内的个人信息保护的主要法律规范有《网络安全法》《消费者权益保护法》《中国人民银行法》《非金融机构支付服务管理办法》《非银行支付机构网络支付业务管理办法》[①] 等，其中，《网络安全法》《消费者权益保护法》《中国人民银行法》属于法律，效力位阶最高，应优先考虑，加之《网络安全法》属于新法，应优先选择适用《网络安全法》。根据该法第六十四条的规定，网络运营者、网络产品或服务的提供者违法收集、使用、泄露、篡改、损毁个人信息的，由有关主管部门责令改正，可根据情节单处或并处警告、没收违法所得、处违法所得 1 倍以上 10 倍以下罚款；没有违法所得的，处 100 万元以下罚款，对直接负责的主管人员和其他直接责任人员处 1 万元以上 10 万元以下罚款。情节严重的，并可以责令暂停相关业务、停业整顿、关闭网站、吊销相关业务许可证或者吊销营业执照。

此外，在考虑前置性规范调整的必要性时，应重在关注侵犯行为性质的判断，而不是将前置法手段和刑法手段进行简单对比。以《网络安全法》第六十四条和《刑法》第二百五十三条之一为例，《网络安全法》第六十四条作了“处违法所得 1 倍以上 10 倍以下”罚款数额的规定，而《关于办理侵犯公民个人信息刑事案件适用法律若干问题的解释》第十二条将罚金数额规定为“违法所得的 1 倍以上 5 倍以下”。同时，《网络安全法》第六十四条规定，非银行支付机构等单位侵犯个人支付客户信息，情节严重的，处以责令暂停相关业务、停业整顿、关闭网站、吊销相关业务许可证或者营业执照；而《刑法》第二百五十三条之一第四款仅对包括非银行支付机构在内的单位适用罚金处罚。

将二者治理力度简单对比不难发现，无论是罚款数额，还是业务活动范围、资格的限制或剥

① 具体参见《网络安全法》第六十四条、《消费者权益保护法》第五十六条、《中国人民银行法》第四十六条、《非金融机构支付服务管理办法》第四十三条和《非银行支付机构网络支付业务管理办法》第四十二条。

夺,《网络安全法》似乎都比刑罚的治理力度大。但是,实践中的法律适用并非两者治理力度的简单对比。因为手段的来源依据不同,应更多地偏重于判断侵犯行为的性质,根据性质的严重程度,决定适用前置法《网络安全法》,还是适用《刑法》。当侵犯个人支付客户信息的行为足够严重,必须以刑事处罚威慑行为人,以达到预防日后再次发生此类行为的目标时,就需要优先考虑适用《刑法》第二百五十三条之一,而不是适用罚款数额更大的《网络安全法》第六十四条。

第二,要考虑适用侵犯公民个人信息罪规制的范围,即侵犯个人支付客户信息应达到"情节严重"的程度。情节严重的界定,在参照《关于办理侵犯公民个人信息刑事案件适用法律若干问题的解释》的基础上,可从侵犯个人支付客户信息的行为次数、侵犯个人支付客户信息的数量以及危害结果程度上作以下完善:在侵犯个人支付客户信息的行为次数上,当行为人因侵犯个人支付客户信息已受过刑法手段调整的,若再次违反即可构成情节严重;当行为人因该类行为已受过两次前置法手段(行政处罚)规制的,也属于情节严重情形;若无前两者情形的,则以三次以上违反为限;侵犯个人支付客户信息的数量上,应以对个人支付客户信息可识别性的程度为标准,确立不同层级的信息数量认定模式,如身份信息和财产账户信息 50 条、交易信息和信用信息 500 条、其他衍生信息 5000 条以上的,应认定为情节严重;危害结果程度上,建议将造成个人支付客户财产损失较大的情形纳入情节严重的范围。

另外,对于侵犯单位支付客户信息中法定代表人(负责人)或授权办理业务人员信息的,若其信息属于与依法履行单位信息公示或披露义务无关的信息,则应纳入侵犯公民个人信息的规制范围。达到情节严重的,受侵犯公民个人信息罪的规制。

2. 侵犯单位支付客户信息刑法规制的适用完善。单位支付客户信息与个人支付客户信息相比,虽然都有可识别性的本质特征,但又存在单位信息须依法公示的独有特点。因此,适用侵犯商业秘密罪的关键,在于厘清商业秘密的范围,并明晰"其他严重情节"的界限。

第一,商业秘密的范围。《刑法》第二百一十九条第三款规定:"商业秘密,是指不为公众所知悉,能为权利人带来经济利益,具有实用性并经权利人采取保密措施的技术信息和经营信息。"可见,商业秘密有三大特点:一是秘密性,即不为公众所知悉;二是价值性,即能给权利人带来经济利益;三是保密性,即需要权利人采取保密措施。根据前文,单位支付客户信息涉及基本身份信息、财产账户信息、交易信息、信用信息以及其他衍生信息诸多类别。对于基本身份信息,根据国家标准《企业信用数据项规范》的规定,主要涉及工商、税务和组织机构代码等登记的信息,依法应向社会公开。对于财产账户信息、交易信息,根据《企业信息公示暂行条例》第九条第二款的规定,资产总额、负债总额、对外提供保证担保、所有者权益合计、营业总收入、主营业务收入、利润总额、净利润、纳税总额信息可由单位(企业)选择是否向社会公示。信用信息中的信贷信息,根据《征信业管理条例》第二十九条第二款的规定,从事信贷业务的机构向金融信用信息基础数据库或者其他主体提供信贷信息,应事先取得信息主体的书面同意。由此表明，财产账户信息、交易信息、信用信息以及其他衍生信息中若存在具有秘密性、价值性、保密性特点的信息，应将其认定为商业秘密，经权利人同意方可公开。

第二，“其他严重情节”的界限。本文认为，应借鉴《关于办理侵犯公民个人信息刑事案件适用法律若干问题的解释》的相关规定，出台司法解释，将侵犯商业秘密的行为次数、数量、重要程度以及给社会造成恶劣影响的因素纳入“其他严重情节”的考虑范围。具体而言，侵犯行为次数上，可借鉴上文关于侵犯公民个人信息行为次数的修改规定；侵犯商业秘密的数量上，可结合侵权产品的数量进行考虑；侵犯商业秘密的重要程度，可从侵权产品的市场价值角度考虑；造成社会的恶劣影响，可考虑是否引起商业秘密权利人停产、清算、解散，或者对行业发展产生严重的不利影响。当非银行支付机构及其工作人员侵犯含有商业秘密的单位支付客户信息没有造成重大损失或其他严重情节的，可依照《民法总则》第一百二十三条①、《反不正当竞争法》第九条和第二十一条的规定，落实前置性规范确立的责任。

四、结语

支付客户信息归属于网络支付领域的金融消费者，具有可识别性的本质特征，存在个人支付客户信息和单位支付客户信息的具体类别。伴随网络支付业务的发展，支付客户信息早已“跨越”基本身份信息的狭窄范围，向财产账户信息、交易信息、信用信息以及其他衍生信息扩展。支付客户信息范围的扩展，无疑给非银行支付机构及其工作人员非法获取、提供和利用上述信息创造了犯罪机会，给既有刑法规制带来挑战。为有效规制多种侵犯支付客户信息的不法行为，应从侵犯公民个人信息罪和侵犯商业秘密罪区分规制的角度，对类似不法行为形成同等性治理。以此为基础，修改侵犯公民个人信息罪和侵犯商业秘密罪的规范内容，并明确修改后两罪的适用范围及边界，以更好地保护支付客户信息。

（责任编辑：旷涵潇）

① 根据《民法总则》第一百二十三条的规定，商业秘密已纳入知识产权的范畴，属于权利人依法享有的专有权利。

P2P网贷中集资诈骗罪的司法认定

——基于28个案件的实证分析

■ 袁一绮[*] 张旭东[**]

摘要：频发的P2P网贷集资诈骗案决定了在P2P网贷领域要准确理解与适用集资诈骗罪，必须基于已宣判的案例进行深入分析。实证表明，司法一般基于客观行为事实来认定“非法占有目的”，其中“灭失性处置”“借新还旧”被直接认定具有“非法占有目的”，但仅凭“将集资款用于维持平台运营”不足以认定“非法占有目的”；客观行为方面，“诈骗方法”只可实质限定，而非局限于几种特定手段，具体判断立足于诈骗罪的基本构造即可，此外对集资行为的“非法性”宜作实质理解；犯罪数额认定上，司法遵循“实际所得”标准，将案发前已归还的数额扣除，且不扣除犯罪成本。

关键词：P2P网贷　集资诈骗罪　非法占有目的　非法集资　数额认定

一、问题的提出

2018年6月1日至7月12日短短四十余天内，全国有108家P2P平台“爆雷”，相当于日均“爆雷”2.6家。① 一系列问题频发的P2P平台不断触及刑事红线，损害广大投资者的利益。截至2018年8月，P2P平台刑事案件共160余起，其中集资诈骗案发率近30%，② 成为涉P2P平台最高发的刑事案件之一。由于触犯该罪同时侵犯金融秩序与财产权利两大法益，故其严重的社会危害性亟待司法予以规制，进而保护投资者利益。

---

* 北京大学法学院2016级硕士研究生。

** 美国加州大学伯克利分校2018级硕士研究生。

① 凤凰网：《42天104家P2P爆雷！7万亿资产、上千万受害人卷入！爆雷之后真的有晴天吗?》，资料来源：http://finance.ifeng.com/a/20180719/16393903_0.shtml，2018年8月24日访问。

② 无讼案例，资料来源：https://www.itslaw.com/search?searchMode=judgements&sortType=1&conditions=searchWord%2BP2P平台%2B1%2BP2P平台&conditions=caseType%2B2%2B10%2B刑事&searchView=text，2018年8月30日访问。

由于P2P网贷具有虚拟、风险、创新等特殊属性，司法在该领域适用集资诈骗罪的过程中产生了诸多盲区与难点。最高人民检察院第十批指导性案例“周辉集资诈骗案”的办案人员就指出，面对P2P平台的创新，由于法律条件上存在不足，司法相关部门在资金用途、使用人身份等要素的核实、甄别等方面存在较大难度。① 为此，有必要立足司法实践，对已经宣判的案件进行深入分析，检视与思考集资诈骗罪的主客观要件，抽象出当前司法机关具有共性的认定与处理，以期为P2P网贷领域集资诈骗罪的理解与适用提供一定借鉴。

二、“非法占有目的”的认定

“主观目的的证明应当建立在客观事实的基础上。为此就有必要采用推定的方法，根据客观存在的事实推断行为人主观目的之存在。”② 由于主观目的认定上的困难，司法实践中往往通过客观行为事实以推定主观目的。因此，有必要从客观素材中条分缕析地提取出那些能够反映“非法占有目的”的行为事实，如此才能准确把握P2P网贷领域中“非法占有目的”的内涵。

根据已宣判的28起P2P网贷集资诈骗案③对应裁判文书的具体表述，法院主要参考2010年《最高人民法院关于审理非法集资刑事案件具体应用法律若干问题的解释》（以下简称2010年《解释》）及2001年《全国法院审理金融犯罪案件工作座谈会纪要》（以下简称《纪要》）这两个文件进行定性。笔者据此共梳理得到16项关于“非法占有目的”客观行为事实的抽象化表达，各行为事实对应的P2P平台数量及名称如表1所示。

根据统计，在表1的16项客观行为事实中，出现频次位居前列的分别为“未将集资款用于正常的生产经营活动”与“将集资款用于借新还旧”以及“明知无归还能力仍骗取资金”“为集资诈骗而设立平台”“将集资款用于个人还债”。司法裁判文书对于以上几类行为事实多着笔墨，一方面反映了这几类行为事实在认定“非法占有目的”时较为常见，亟待处理与解决；另一方面更为重要的是，各个法院在不同的裁判文书对这些客观事实的定性存在争议，反复论证。故有必要着重探讨上述几类行为事实在认定中的难点。

---

① 新浪网：《办案检察官揭下假借P2P外衣非法集资真面目》，资料来源：https://news.sina.com.cn/sf/news/ajjj/2018-07-13/doc-ihfhfwmu6978313.shtml，2018年8月24日访问。

② 陈兴良：《目的犯的法理探究》，载《法学研究》，2004（3）。

③ 见文末附表。注：28起案件所涉的裁判文书中，编号1~20为终审结果，编号21~28为初审结果。截至笔者完成本文时，编号21~28的8起已初审的集资诈骗案是否二审或存在其他进展情况未予公布。

表 1　P2P 网贷集资诈骗案中"非法占有目的"之客观行为事实

<table>
<tr><th colspan="3">"非法占有目的"之客观行为事实</th><th>P2P 平台</th></tr>
<tr><td colspan="2">1</td><td>为集资诈骗而设立平台</td><td>(共 11 个)华强财富、华中易投、徽商金融、君茂财富、乐贷通、文妥财富、新加坡永利集团、易拍金、银坊金融、雨滴财富、众信财富</td></tr>
<tr><td colspan="2">2</td><td>存在虚构、伪造、隐瞒的情况</td><td>(共 4 个)徽商金融、家家贷、君茂财富、优易网</td></tr>
<tr><td colspan="2">3</td><td>明知无归还能力仍骗取资金</td><td>(共 12 个)创新众投、大家网、华中易投、家家贷、君茂财富、乐贷通、瑞贷通、新加坡永利集团、艺商贷、中宝投资、众信财富、中大财富</td></tr>
<tr><td>4</td><td rowspan="10">未将集资款用于正常的生产经营活动</td><td>未将集资款用于正常的生产经营活动</td><td>(共 19 个)大家网、都梁创投、国惠金融、华中易投、徽商金融、家家贷、聚宝堂、乐贷通、乐天在线、鲁润创投、瑞贷通、新华贷、新加坡永利集团、艺商贷、优易网、雨滴财富、浙江贷、中宝投资、中大财富</td></tr>
<tr><td>5</td><td>将集资款用于维持平台运营</td><td>(共 7 个)亨丰理财、华强财富、皇顺贷、乐天在线、新华贷、银坊金融、中大财富</td></tr>
<tr><td>6</td><td>将集资款用于借新还旧</td><td>(共 12 个)大家网、都梁创投、亨丰理财、家家贷、瑞贷通、文妥财富、新加坡永利集团、易拍金、银坊金融、优易网、雨滴财富、中大财富</td></tr>
<tr><td>7</td><td>将集资款用于从事违法犯罪活动</td><td>(共 5 个)大家网、国惠金融、乐天在线、瑞贷通、文妥财富</td></tr>
<tr><td>8</td><td>将集资款用于高息放贷</td><td>(共 4 个)大家网、聚宝堂、雨滴财富、浙江贷</td></tr>
<tr><td>9</td><td>将集资款用于个人还债</td><td>(共 11 个)都梁创投、国惠金融、华强财富、皇顺贷、徽商金融、家家贷、君茂财富、乐天在线、银坊金融、雨滴财富、中大财富</td></tr>
<tr><td>10</td><td>肆意挥霍集资款</td><td>(共 6 个)国惠金融、华中易投、聚宝堂、瑞贷通、银坊金融、中宝投资</td></tr>
<tr><td>11</td><td>将集资款用于个人投资</td><td>(共 3 个)新华贷、艺商贷、优易网</td></tr>
<tr><td>12</td><td>将集资款用于个人消费</td><td>(共 4 个)皇顺贷、瑞贷通、新华贷、雨滴财富</td></tr>
<tr><td>13</td><td>集资款归个人支配使用(含供他人使用)</td><td>(共 7 个)创新众投、大家网、亨丰理财、皇顺贷、家家贷、乐贷通、优易网</td></tr>
<tr><td colspan="2">14</td><td>隐匿、销毁账目或拒不交代资金去向</td><td>(共 2 个)乐贷通、优易网</td></tr>
<tr><td colspan="2">15</td><td>将集资款抽逃、私分、隐匿、转移</td><td>(共 3 个)大家网、鲁润创投、银坊金融</td></tr>
<tr><td colspan="2">16</td><td>携集资款逃匿</td><td>(共 3 个)华中易投、皇顺贷、优易网</td></tr>
</table>

资料来源:根据 28 起案件对应裁判文书整理所得。

（一）关于“明知没有归还能力”与“未将集资款用于正常的生产经营活动”的理解：“灭失性处置”

鉴于实践中反映《纪要》规定中的“明知没有归还能力”难以认定，2010年《解释》将之修改规定为“集资后不用于生产经营活动或者用于生产经营活动与筹集资金规模明显不成比例”。然而，无论是《纪要》还是2010年《解释》，相关规定仍属较原则化的表述。

有观点认为判断是否“明显不成比例”关键是看数额的占比，但是“商事领域的投入、产出与盈利存在复杂性与多样性（如有的领域存在投入时间长，产出时间长以及盈利周期长的客观实际）”①，互联网金融行业的收益存在成本准入门槛，在未投入至一定成本额时，再高的比例也不属于将资金用于回报出资人的生产经营活动。所以量化分析似乎并不具有可行性，对此应作定性的理解，明确行为人是否具有排除权利人的意思，以及客观上是否具有排除其他权利人的效果。

在16项客观行为事实当中，第5~13项行为均是目前司法予以认定行为人是否具有非法占有目的的具体客观行为事实。若对上述行为抽象出共性，山东省德州市中级人民法院在对“乐天在线”案的裁判文书②中所使用的“灭失性处置”一词比较精准。“集资诈骗罪的成立在主观上要求行为人具有非法占有目的，具体表现为行为人具有不归还集资款的意思。”③ 那么，行为人将集资款进行“灭失性处置”，而并非将集资款用于正常的生产经营活动或约定的投向，则集资款由于彻底灭失而无法偿还出资人，也不存在进一步产生利息的可能性，从这一客观事实可以反向印证行为人具有不归还集资款的意思，从而认定行为人具有非法占有目的。

其中，需要对“将集资款用于高息放贷”及“将集资款用于个人投资”两项行为作进一步的解读，尽管二者被归为“灭失性处置”，但作为高风险伴随高收益的处置方式，这两项行为仍存在收回本金及相应利息的可能性。结合目前已宣判的案例可见，行为人将集资款用于高息放贷与个人投资之后所得的本息并没有偿还出资人，而是将之占为己有并归个人支配，用于归还个人债务或再次用于高息放贷与个人投资，从事与正常生产经营无关的活动。更为常见的情形是，在高息放贷无力收回，或个人投资已巨额亏损并已无力偿还先前出资人的情况下，行为人仍在继续以诈骗方法扩大集资，那么此种情形下行为人的非法占有目的显而易见。因此，在行为人将集资款用于高息放贷或个人投资时，需进一步判断其高息放贷与个人投资所得本息是否用于偿还出资人，以明确行为人对集资款是否具有非法占有目的。

---

① 石奎、陈凤玲：《集资诈骗罪“非法占有目的”的司法认定——基于样本的抽样统计分析》，载《江西社会科学》，2016（4）。

② （2017）鲁14刑终25号刑事裁定书。

③ 张明楷：《刑法学》（第5版），797页，法律出版社，2016。

（二）关于“借新还旧”应否直接被认定为具有“非法占有目的”

曾有意见指出：将后期所集资金主要用于支付前期本金和高额回报的情形，可以直接推定为“以非法占有为目的”。但在一定意义上，按期支付本金和高额回报反而有可能说明行为人主观上没有非法占有目的。然而，最高检指导性案例周辉集资诈骗案的公诉人曾指出“虽暂可通过‘拆东墙补西墙’的方式偿还部分旧债维持周转……未投入生产经营，不可能产生利润回报”，其裁判要旨①也明确：行为人利用网络借贷平台将集资款主要用于借新还旧和个人挥霍，应认定具有非法占有目的。

“借新还旧”能够基本断定行为人最终不具有归还能力，但其不具有归还能力的根本原因不在于是否支付本息，而是没有将集资款用于具体的生产经营活动。② 关于如何认定“将集资款主要用于生产经营”，“应当结合是否存在真实项目、项目的实际运行情况、集资款的实际用途、去向等综合判定，对于不能证明行为人将集资款确实用于因生产经营活动所需的正常合理支出的，则不能将该行为排除于犯罪之外”③。因此“借新还旧”实质上只是“集资后不用于生产经营活动或者用于生产经营活动与筹集资金规模明显不成比例”的一种具体表现，可以被包含在2010年《解释》所列明的情形中，继而被认定为具有非法占有目的。

（三）关于“将集资款用于维持平台运营”应否被认定为具有“非法占有目的”

尽管部分法院在说理时提及了“将集资款用于维持平台运营”这一客观行为事实，但各法院在28起案件对应的裁判文书中均未把“将集资款用于平台运营”作为唯一的客观行为事实用以证明行为人具有非法占有目的，而是将其与“用于个人还债”“用于个人消费”等行为事实一并罗列以佐证非法占有目的。

单凭“将集资款用于维持平台运营”这一行为事实不足以证明行为人的非法占有目的；仅在明确平台系为集资诈骗而设立时，可直接由“将集资款用于平台运营”认定行为人具有非法占有目的。若直接把行为人将集资款用于维持平台运营这一行为事实作为认定其具有非法占有目的的唯一依据，可能有失公允。尽管行为人未按照与出资人的约定将集资款投入指定的投向，构成了民法意义上的合同违约，但这并不必然意味着行为人对集资款具有非法占有目的，行为人极有可能是为了周转资金而将集资款暂时用于维持平台运营，并能够在之后向出资人进行返还。

---

① （2015）浙刑二终字第104号刑事裁定书：“网络借贷信息中介机构或其控制人，利用网络借贷平台发布虚假信息，非法建立资金池募集资金，所得资金大部分未用于生产经营活动，主要用于借新还旧和个人挥霍，无法归还所募资金数额巨大，应认定为具有非法占有目的，以集资诈骗罪追究刑事责任。”

② 南英主编：《刑事法律文件解读（2014年第5辑）》，34页，人民法院出版社，2014。

③ 李勤：《非法吸收公众存款罪与集资诈骗罪区分之间——以“二元双层次”犯罪构成理论为视角》，载《东方法学》，2017（2）。

此外，不同于将集资款用于个人还债、消费等灭失性处置必然伴随着非法占有目的，将集资款用于维持平台运营这一行为事实可能发生于非法占有目的的产生前、产生中、产生后的任何一个阶段，因而将其与具有非法占有目的的建立必然联系是不妥当的。浙江省高级人民法院在审理吴顺陆等人集资诈骗案时即已明确："行为人在非法集资过程中产生非法占有目的，应当只对非法占有目的的支配下的非法集资犯罪行为以集资诈骗罪定性处罚。"①

三、 客观行为的检视

（一）"诈骗方法"的多样化

《刑法》第一百九十二条仅概括地规定了"使用诈骗方法"。司法实践中，结合对28起案件诈骗方法的梳理，当前主要有三种诈骗方法，分别为"虚构用途+虚假证明+高额利息"、"虚构用途+虚假证明+高额利息+额外奖励"与"虚假证明+高额利息"（见表2）。

表2　P2P网贷集资诈骗案的诈骗方法

诈骗方法		P2P平台
1	虚构用途+虚假证明+高额利息	（共19个）新华贷、华强财富、众信财富、君茂财富、亨丰理财、家家贷、文妥财富、易拍金、聚宝堂、浙江贷、瑞贷通、徽商金融、艺商贷、中大财富、优易网、华中易投、都梁创投、乐贷通、乐天在线
2	虚构用途+虚假证明+高额利息+额外奖励	（共8个）中宝投资、皇顺贷、大家网、银坊金融、新加坡永利集团、创新众投、鲁润创投、雨滴财富
3	虚假证明+高额利息	（共1个）国惠金融

资料来源：根据28起案件对应裁判文书整理所得。

"虚构用途""虚假证明"及"高回报率"是否必须同时满足才构成"诈骗方法"？从P2P网贷领域的司法实务看，并非必须。以"国惠金融"案为例，其通过网站发布的借款标的并没有虚构其集资用途，而仅是人为调整平台上的标的数额，使之远大于实际出借给借款人的数额。再以"中宝投资"案为例，它的额外奖励是法定代表人周某额外建立投资人QQ群，以提供独家内幕的投标信息、专业的指导咨询为诱饵，显然这些增值服务并不能当然地被评价为具有"高回报率"，因其服务质量的高低具有极强的主观性，因人而异。进一步而言，实践中同样存在极大可能是行为人虚构了集资用途，并以高回报率利诱，但其中却提供了真实的证明文件，比如真实存在的授权委托书、借款合同、抵押合同等，而且正是利用了这些文件所带来的条件和地位进行了诈骗。

① 肖国耀、陈增宝：《非法集资类犯罪的司法认定》，载《人民司法·案例》，2012（2）。

除“高回报率”之外，确实不能排除P2P平台公司以其他形式作为诱饵的诈骗方法。比如“乐贷通”的实际控制人为了造成平台虚假繁荣，冒充投资者大量出借资金打款给平台；“都梁创投”案的行为人为了骗取投资人信任，通过召开投资人见面会等方式进行宣传；“优易网”的实际控制人谎称平台公司属香港某国际集团旗下成员单位，若借款人发生逾期则由P2P平台风险理赔金赔付出资人本息，同时将平台公司的注册资本增资至1000万元来夸大公司实力，以增强欺骗性；“国惠金融”以空壳公司为借款人提供担保等。上述列举的行为，未必具有“高回报率”的特性，却制造了P2P平台值得信赖的假象，使投资者陷入了认识错误，投资者基于此种认识错误进行出资并因此遭受财产损失，而制造假象的行为人却从中渔利。

之所以上述这些平台公司仍然被定罪，显然是司法机关在对“诈骗方法”进行理解与适用的时候，以《刑法》第一百九十二条为基点，结合诈骗罪的基本构造，遵循了实质主义的概括式规定。在认定“诈骗方法”时，需认识到集资诈骗罪作为一种特殊的诈骗罪，与诈骗罪具有相同的构造：行为人实施欺骗行为→使对方陷入认识错误→对方基于认识错误处分财产→行为人或第三者取得财产→被害人遭受财产损失。那么在P2P网贷领域适用集资诈骗罪时，只要某种行为足以使对方陷入“行为人属合法募集资金”“行为人属正当募集资金”“行为人的集资获得了有权机关的批准”“出资后会有回报”等认识错误，进而导致对方“出资”，那么这种行为就属于集资诈骗中的“诈骗方法”，“至于行为人是就事实进行欺骗，还是就价值进行欺骗，均不影响欺骗行为的性质”①。

“熟悉的事实不等于应然的规范，将规范的涵摄范围限定为解释者所知的有限事实，并不合适。”② 因此，对集资诈骗罪“诈骗方法”只能进行实质的限定，而不可能穷尽其具体表现。在把握P2P网贷领域集资诈骗的“诈骗方法”时，司法机关立足于诈骗罪的基本构造进行判断即可。

（二）“承诺回报”的形式与内容

“非法集资”表现为虚假承诺回报。“承诺还本付息或者承诺分红的，承诺以货币、股权、债权或实物回报的，都符合承诺回报的要素。”③ 从承诺回报的形式与内容上来讲，不应过于狭隘地理解，也不应过于宽泛地理解。

承诺回报的形式并不限于还本付息，但需要注意承诺的回报必须是虚假的，而不是真实的。承诺回报应限于行为人承诺“只要出资即可通过出资行为获得回报”。一方面，部分P2P平台设置交易积分制度，借贷数量越大，积分就越高，相应的积分还能兑换数码产品等实物。根据行为

① 张明楷：《刑法学》（第5版），796页，法律出版社，2016。

② 张明楷：《刑法分则的解释原理》，1-2页，中国人民大学出版社，2004。

③ 同注①，797页。

人的承诺，这一类回报只要出资人进行出资即可获得，因此基于出资行为即给予出资人证券化资产等标书回报或货币、实物等回报，都属于可定性为集资诈骗罪“承诺回报”的形式。另一方面，一些P2P平台会设定出资人每完成一定任务便给予其一定货币资金的奖励回报，进而作为理财资金继续吸引出资人投标，如“新加坡永利集团”对出资人承诺，介绍新会员即可获得10%的奖励分红。这一类的奖励回报则并不属于“只要出资即可通过出资行为获得回报”，而需要出资人通过介绍新客户或者完成一定任务之后才能获得，且这些奖励回报一部分确实得到了兑现，并非虚假承诺，那么此种承诺回报就不能被认定为集资诈骗罪中的“承诺回报”。

“承诺的回报不应是间接获得的收益”①，承诺回报应限于行为人承诺“只要出资即可通过出资行为获得回报”，而不是承诺出资人在出资后再通过出资人的生产、经营等行为可以获得报酬。以“皇顺贷”为例，其回报具体体现之一为“先投月标再抢秒标”的百万元秒标奖励，出资人只有在出资投月标后再抢得秒标，才能获得更高的回报率，那么单就此情形而言，只能认定为普通的诈骗罪。

从内容上来讲，承诺的回报并非必须具有确定性，只要承诺的回报具有可能性即可。持有股票并不必然能获得分红，但陕西省高级人民法院在（2008）陕刑二终字第99号裁判文书曾指出，向社会发行不实股票并随意处置投资者的股权转让款，行为性质属于集资诈骗。② 此外，彩票的中奖率极低，购买者获得回报的可能性极小，但实践中以非法占有为目的发行彩票向社会公众非法募集资金的，也可认定为集资诈骗罪。以“银坊金融”为例，其根据不同用户投资的期限给予奖励回报，由于存在用户可能提前提现而中断投资的可能，投资者能拿到的利息并不一定是年化收益率所确定的数额。但即便最终回报率不能确定，只要行为人虚假承诺回报，令出资人错误认识到能够因出资而获得回报的可能性，则并不会影响集资诈骗罪的认定。

（三）集资行为“非法性”的理解：实质非法还是程序非法

《刑法》第一百九十二条明确了集资诈骗罪的行为模式是“使用诈骗方法非法集资”，那么对于集资行为的“非法性”，应作实质上的理解还是程序上的理解？

在28起P2P网贷集资诈骗案对应的裁判文书中，有7份明确采用了涉案P2P平台“无金融类经营资质”“未经国家金融主管部门批准”“违反国家金融管理法律规定”“并非从事融资的合法经营主体”等认定P2P平台程序非法的表述。但在28起案件中，也不乏经由国家有关主管机关批准、设立程序合法的涉案P2P平台，而这28起已被定性的案件在实体上无一不存在集资诈骗的事实行为。相应地，最高检指导性案例③中提到：P2P网络借贷，是指个人利用中介机构

① 张明楷：《诈骗罪与金融诈骗罪研究》，502页，清华大学出版社，2006。

② 高伟、吴加亮：《集资诈骗犯的非法占有目的》，载《人民司法·案例》，2009（10）。

③ （2015）浙刑二终字第104号刑事裁定书。

的网络平台，将自己的资金出借给资金短缺者的商业模式。只有在对P2P网贷的行政监管中才以适度容忍的态度对待，刑罚是对具有严重社会危害性的违法行为的惩处，具有法定性与严格性。[①] 因此，在司法中应对“非法性”作实质理解，即不论是否为经批准的P2P网贷平台，只要存在集资诈骗行为均应予规制。

四、 数额的认定标准

观察已宣判的28起P2P网贷集资诈骗案，司法机关在集资诈骗数额的认定上遵循的是“实际所得”标准，即用行为人集资诈骗总额减去案发前已经返还给受害人的本息所形成的数额。根据2001年最高人民法院发布的《纪要》，这一标准也已经得到了官方的认可，即“应当将案发前已经归还的数额扣除”。

存有争议的点在于：计算集资诈骗罪数额时，应否扣除犯罪成本？以“国惠金融”案为例，被告人虽然在实施诈骗过程中支付了租金与押金等成本，但审理法院认为，这部分成本是其完成诈骗行为而支付的犯罪成本，不应在诈骗金额中予以扣除。一方面，“集资诈骗罪属于目的犯，应当从非法占有目的实现的角度来认定诈骗数额”[②]。基于主客观一致原则，因为行为人主观上意图骗取的资金并非扣除犯罪成本后的数额，而如果客观上以扣除犯罪成本后的数额予以计算，那么就会出现主客观的不一致。另一方面，“无论是集资诈骗罪，还是合同诈骗罪抑或普通诈骗罪，都是对个别财产的犯罪而非对整体财产的犯罪，只有在对整体财产的犯罪进行评价时，才将财产的损失与获得作为一个整体进行评价”[③]。

在28起已宣判的集资诈骗案中，有12个P2P平台存在将集资款用于借新还旧的情况。根据入罪时举轻以明重的原则，在行为人尚有成本支出时即只关注骗取的财产数额，不将犯罪成本从诈骗金额中予以扣除；那么在平台公司几乎没有成本支出，而是采取“空手套白狼”的方式，运用骗取的财产作为成本去骗取更多的资金时，显然更应当将借新还旧的部分认定在集资诈骗的数额之内而不能予以扣除。

有观点认为“扣除犯罪成本是出于鼓励犯罪分子尽早偿还款项的目的”[④]，但是在P2P网贷领域，“拆东墙补西墙”的方式并非出于行为人的尽早还款目的，反而是其为了骗取更多投资人的资金。以“瑞贷通”案为例，审理法院认为，行为人通过支付高额利息获得先期社会效果，从而吸引更多的集资参与人投钱，且在明知无力归还的情况下，仍采用诈骗的方法虚构事实，将

---

① 彭冰：《P2P网贷与非法集资》，载《金融监管研究》，2014（6）。

② 刘为波：《关于〈审理非法集资刑事案件具体应用法律若干问题的解释〉的理解与适用》，载《人民司法》，2011（5）。

③ 张明楷：《论诈骗罪中的财产损失》，载《中国法学》，2005（5）。

④ 王晨：《诈骗犯罪研究》，85页，人民法院出版社，2003。

集资款用于支付其之前借款的本金和高额利息，行为人对集资款仍是一种非法占有的行为，该数额也应当计入其集资诈骗数额。此种司法认定，也恰能与上文第二部分认定非法占有目的中的第二点进行相互印证：在P2P网贷领域，将集资款用于“借新还旧”，即可认定行为人对集资款具有“非法占有目的”。那么针对“借新还旧”的这一部分所谓“成本”，行为人主观上具有“非法占有目的”，已构成了集资诈骗罪，显然不能够予以扣除。

进一步而言，政策上的考量并不能排除法律内的理由，况且，积极补救的行为本身就属于量刑的考察范围，如果是出于鼓励犯罪分子向善的目的，完全可以在量刑环节实现，而无须徒增罪名认定上的逻辑不自洽。这一点在“乐贷通”案的裁判文书中也能够得到一定的印证，审理法院认为：“本案要论证的是行为人在案发期间，对于款项是否有非法占有目的的问题，有无归还能力以及羁押后归还款项实际多少等问题，不影响定性。”①

五、 结论

基于当前的司法实务，在P2P网贷领域适用集资诈骗罪时，一般基于客观行为事实来认定“非法占有目的”。具体而言，宜以“灭失性处置”来理解“明知没有归还能力”与“未将集资款用于正常的生产经营活动”，从而认定“非法占有目的”。“借新还旧”即被认定具有“非法占有目的”。单凭“将集资款用于维持平台运营”这一行为事实不足以认定“非法占有目的”；仅在明确平台系为集资诈骗而设立时，可直接认定行为人具有“非法占有目的”。

客观行为方面，P2P网贷领域集资诈骗的“诈骗方法”只能作实质限定，而非局限在几种特定手段，立足于诈骗罪的基本构造判断即可。非法集资承诺回报的形式不限于还本付息，但承诺的回报必须是虚假的且非间接获得的，具有可能性而非确定性即可。此外，司法对于集资行为的“非法性”倾向于作实质理解。

司法机关在集资诈骗数额的认定上，遵循“实际所得”标准，将案发前已经归还的数额扣除，且不应扣除犯罪成本。

① （2016）浙03刑终1896号刑事裁定书。

附表 已宣判的28起P2P网贷集资诈骗案汇总表

序号	P2P网贷平台	案号	审理法院
1	华强财富	(2015)铜中刑终字第00038号	安徽省铜陵市中级人民法院
2	众信财富	(2017)冀09刑终580号	河北省沧州市中级人民法院
3	中宝投资	(2015)浙刑二终字第104号	浙江省高级人民法院
4	新加坡永利集团	(2016)粤04刑终436号 (2016)粤04刑终270号	广东省珠海市中级人民法院
5	家家贷	(2016)浙刑终68号	浙江省高级人民法院
6	文妥财富	(2017)粤刑终152号	广东省高级人民法院
7	易拍金	(2017)粤17刑终75号	广东省阳江市中级人民法院
8	聚宝堂	(2016)粤13刑终145号	广东省惠州市中级人民法院
9	浙江贷	(2017)浙08刑终266号	浙江省衢州市中级人民法院
10	瑞贷通	(2017)赣刑终18号	江西省高级人民法院
11	创新众投	(2017)鄂01刑终1470-2号	湖北省武汉市中级人民法院
12	艺商贷	(2017)粤刑终151号	广东省高级人民法院
13	中大财富	(2017)粤刑终58号	广东省高级人民法院
14	优易网	(2015)通刑二终字第00074号	江苏省南通市中级人民法院
15	乐天在线	(2017)鲁14刑终25号	山东省德州市中级人民法院
16	乐贷通	(2016)浙03刑终1896号	浙江省温州市中级人民法院
17	华中易投	(2016)冀09刑终534号	河北省沧州市中级人民法院
18	国惠金融	(2017)粤刑终1096号	广东省高级人民法院
19	都梁创投	(2016)苏01刑终413号	江苏省南京市中级人民法院
20	鲁润创投	(2016)冀06刑终702号	河北省保定市中级人民法院
21	新华贷	(2017)京02刑初33号	北京市第二中级人民法院
22	雨滴财富	(2015)丽莲刑初字第645号	浙江省丽水市莲都区人民法院
23	皇顺贷	(2015)利刑初字第117号	山东省利津县人民法院
24	大家网	(2015)嘉善刑初字第318号	浙江省嘉善县人民法院
25	君茂财富	(2015)浙杭刑初字第165号	浙江省杭州市中级人民法院
26	银坊金融	(2015)浙杭刑初字第200号	浙江省杭州市中级人民法院
27	亨丰理财	(2016)冀0983刑初174号	河北省黄骅市人民法院
28	徽商金融	(2016)皖0103刑初字99号	安徽省合肥市庐阳区人民法院

(责任编辑:涂 晟)

海外传真

美国《小企业法》7（a）担保贷款项目及其启示

■ 罗欢平*

摘要：近年来的相关财务数据表明，美国《小企业法》7（a）担保贷款项目运转良好，究其原因在于其充分强调私营实体的参与和信息披露的充分，规定了较长的贷款期限和清晰、透明的申请、代偿程序，以及建立了规范的贷款销售二级市场以增强银行流动性。2015年以来，我国中小企业融资担保行业改革浪潮席卷全国，在政府的支持下，整个行业焕发新生，但对比美国做法，在上述问题上还有较大的改进空间。

关键词：7（a）担保贷款项目　融资担保行业　中小企业

20世纪90年代至今的二十余年里，我国逐渐建立起了“一体两翼四层”（政策性担保为主体，商业性担保和民间互助性担保为两翼，全国、省、市、县分层组建）的融资担保体系，但二十余年的实践证明，融资担保体系解决小微企业“融资难”“融资贵”难题的政策效应没有得到应有体现：商业性担保机构野蛮生长，政策性担保机构则普遍出现“惜担”情形。在此背景下，2015年8月13日《国务院关于促进融资担保行业加快发展的意见》出台，充分强调在融资担保行业发展中要发挥政府主导作用，随后各省市陆续积极地响应中央号召，融资担保行业的改革浪潮席卷全国。2017年10月1日《融资担保公司监督管理条例》施行，其中第五条也明确规定，“国家推动建立政府性融资担保体系，发展政府支持的融资担保公司”。在政府的支持下，融资担保行业焕发新生，如何在充分发挥政府主导作用的同时，严守风险底线，实现规范经营和创新发展的平衡；如何在可持续发展的基础上保证融资担保体系的金融和经济附带效应，是此时最需要关注的问题和研究的重点。

美国《小企业法》7（a）担保贷款项目被普遍认为是政府作用显著、成效突出的典范，本文即拟以此为研究对象，分析其成功的原因，以期能对我国政府性融资担保体系的发展与完善提供有益借鉴。

---

* 法学博士，湘潭大学法学院副教授。

一、7（a）担保贷款项目发展近况

美国有近3000万家小企业，累计提供了超过6000万个工作岗位，且美国每年新增岗位的三分之二都来自小企业，超过一半的美国人要么为小企业工作，要么拥有小企业。① 可见，小企业的发展对美国的经济至关重要，因此美国联邦政府历来重视小企业的发展，并专门设置了小企业管理局（Small Business Administration）来负责扶持和帮助小企业的发展。小企业管理局的设置与运作的法律基础是1953年颁布的《小企业法》，该法后来汇编入美国法典（United States Code）成为其第15章。

首先应明确，美国联邦政府扶持和帮助小企业发展的途径，或者说小企业管理局的任务，并不限于为小企业申请贷款提供担保，而是"尽可能地为小企业提供援助、咨询、协助和保护。"② 但贷款项目无疑是其最主要的服务内容。具体而言，小企业管理局主要提供三类贷款项目，即7（a）项下的担保贷款项目、504项下的贷款项目和赈灾贷款项目。其中504项下贷款项目是小企业管理局为了小企业获得业务发展和扩张所需的主要资产而提供的长期直接融资。③ 赈灾贷款项目顾名思义是为了扶持灾后重建而提供的贷款项目，7（a）项下担保贷款项目则是《小企业法》下最常使用的融资担保项目。本文主要介绍和分析的就是其7（a）项下的担保贷款项目。

表1是笔者为直观了解美国《小企业法》7（a）项下融资担保项目的发展近况，根据美国小企业管理局官方网站（www. sba. gov）上可公开获取的一系列财务报告归纳整理出来的一个表格。

（1）栏目一和栏目二分别是小企业管理局每个财年通过7（a）贷款项目所担保贷款的笔数和总金额。从数据可以看出，2009财年笔数和金额都有较为明显的下降，这被认为是经济衰退带来的不确定性导致贷款需求减少以及贷款人因经济衰退，更加担心贷款坏账风险因而收紧贷款条件所致④，其后，小企业管理局降低7（a）项目的收费并将担保额度临时提高到90%，以

---

① Karen Gordon Mills and Brayden McCarthy, 2017, The State of Small Business Lending: Innovation and Technology and the Implications for Regulation, Harvard Business School, Working Paper No. 17－042, p. 14.

② Small Business Act. 15 U. S. C. § 631.

③ 在此项目下，小企业管理局通过其贷款合作伙伴，即一个非营利性的认证开发公司（Certified Development Company），提供以小企业管理局100%担保的债券为保障的长期融资。通常一个小企业的预计资本中，非认证开发公司的私人贷款人提供50%的融资，同时享有高级留置权，认证开发公司在小企业管理局100%担保的债券的支持下提供最多40%的融资，同时享有初级留置权，借款人自己也需要提供至少10%的资金。13 C. F. R § 120. 102，转引自Katie Sander, 2013, Realizing on Your SBA7（a）Loan Guaranty － Recovery is not Always Guaranteed, http://ehjlaw. com/wordpress/wp－content/uploads/2013/08/Realizing－on－your－SBA－7a－Loan－Guaranty－Recovery－is－not－Always－Guaranteed. pdf, 2017/11/16.

④ Robert Jay Dilger, 2017, Small Business Administration 7（a）Loan Guaranty Program, Congressional RESEARCH Service, p18, https://fas. org/sgp/crs/misc/R41146. pdf, 2017/11/10.

致2010财年和2011财年笔数和金额都开始回升①，随着临时性政策的施行终止，2012财年笔数和金额又有明显下滑，但之后一直呈稳定上升趋势。

表1 7（a）项下担保贷款项目财务数据

栏目 \ 财年	2008	2009	2010	2011	2012	2013	2014	2015	2016	2017
贷款笔数	69441	41273	46922	53688	44358	46389	52044	63460	64074	62431
总批准贷款金额	128.2	92.6	124.2	197	152.6	180.6	194.5	238.8	245.1	258.1
未偿还贷款余额	476.9	485.6	508.5	564.4	600.8	636.7	681.9	730.2	787.9	861.9
坏账冲销金额	N/A	7.1	13.5	10.1	6.7	4.9	8.1	14.8	14.3	6.9
坏账冲销比例	N/A	1.46%	2.65%	1.80%	1.12%	0.76%	1.18%	2.02%	1.82%	0.80%
代偿金额	N/A	22.4	25.5	16.7	12.8	10.6	8.3	7.1	5.9	6.6
代偿比例	N/A	5.05%	5.58%	3.29%	2.37%	1.85%	1.33%	1.03%	0.77%	0.78%
总回收金额	1.7	1.8	2.8	3.4	3.8	3.8	3.6	3.7	3.2	3.6
总回收比例	N/A	19.67%	22.58%	24.28%	27.03%	28.48%	25.53%	25.98%	20.13%	11.07%
坏账回收金额	N/A	0.13	0.26	0.31	0.37	0.39	0.35	0.33	0.33	0.67
坏账总回收比例	N/A	4.9%	4.87%	5.0%	5.54%	5.20%	1.71%	1.58%	0.09%	1.35%

注：为使表格更简洁，除贷款笔数栏和百分比栏外，表中的数字均为约数，单位为“亿美元”。

（2）栏目三为未偿还贷款余额（Unpaid Principal Balance），是指在特定会计年度结束时还没有偿还的年末贷款本金余额；栏目四为坏账冲销金额（Charge Off Amount），是指小企业管理局认定无法从借款人处收回的贷款余额，笔者认为可以理解为是认定为坏账损失的金额；栏目五为坏账冲销比例（Charge Off Rates），是指特定会计年度小企业管理局认定无法收回的金额占该财年结束时未偿还贷款余额的比例。首先需要明确的是，虽然未偿还贷款余额呈逐年上涨趋势，但因为其不仅包括已到期未偿还的金额，还包括未到期未偿还的金额，而后者会随着每年新批贷款金额的增长而增长，因而并不能据此认为7（a）项下的贷款回收越来越困难。相反，栏目四的坏账冲销金额和栏目五的坏账冲销比例没有明显增长趋势，坏账冲销比例最高的是2010财年，为2.65%，其余财年大多在2%以下，2016和2017财年更低至1.82%和0.80%，而美联储提供的有关数据显示，在商业贷款中2016和2017财年的坏账冲销比例分别是0.41%和

① SBA, Press Office, Recovery Loan Incentives Spurred Continued Rebound in SBA Lending in FY2010, October, 4, 2010, https://www.sba.gov/content/, 2017/11/8.

0.34%，① 在商业银行的消费贷款中对应的数据则分别为1.9%和2.2%。② 与对应数据相比，7（a）项下的融资担保项目坏账率并不算高，与消费贷款相比，优势还较为明显。

（3）栏目六是代偿金额（Purchase Amount），是指贷款违约时，小企业管理局代为支付的总的本息金额；栏目七是代偿比例（Purchase Rates as a Percent of UPB），是指特定会计年度小企业管理局代偿金额占该财年结束时未偿还贷款余额的比例。从数据可以看出，无论是代偿金额，还是代偿比例都呈逐年下降趋势，说明7（a）项下的融资担保项目处于良性运转状态，小企业管理局对该项目所承受的代偿压力不仅没有增长态势，反而越来越低。

（4）栏目八是总回收金额（Gross Recovery Amount），是指小企业管理局代偿后收回的总金额；栏目九是总回收比例（Total Recovery Rates），是指每一财年小企业管理局所代偿的贷款，到2017年12月31日为止共回收的金额占当年代偿金额的比例；栏目十是坏账回收金额（Post - Charge Off Recovery Amount），是指在小企业管理局认定无法从借款人处收回更多本金和利息后仍然得以追回的金额；栏目十一是坏账总回收比例（Total Post - Charge Off Recovery Rates），是指当年认定的坏账损失，到2017年12月31日为止共回收的金额占总金额的比例。这四个栏目主要揭示的是小企业管理局代偿以及认定为坏账损失后，后续能追回的金额及其占比。首先需要明确，栏目九和栏目十一中每个财年的比例数字不能直接进行比较，因为它们是当年代偿的担保贷款，到2017年12月31日为止共回收的金额的占比，其经历的财年数不同。如2009财年的19.67%和4.9%是2009—2017年的九年间共回收的金额占比，而2017财年的11.07%和1.35%只是2017年这一年回收的金额占比，合理推测下，2017财年的回收金额会随着时间的推移而不断增加，该比例也就会不断提高。我们换个角度来看这些数据，2009财年的代偿金额，经历了九年的回收后，总回收比例为19.67%，而2013财年的代偿金额，经历了五年的回收后，总回收比例已达28.48%，2017财年的代偿金额，仅经过一年多的回收，回收比例已达11.07%。可见，总回收比例实际上是有明显的提高趋势的。我们可以再对比一组数据，即每一财年所代偿的金额中，在当年即实现回收的金额占比，2009财年至2017财年，数字分别是2.27%、2.93%、3.6%、5.71%、6.06%、5.13%、7.47%、4.92%和7.41%，③ 除两个财年的比例稍有下降外，其余财年都是呈上升趋势。因此，从数据不难看出，小企业管理局代偿后仍可追回部分金额，追回的比例有明显提高趋势；坏账负担并不是纯粹的亏损，每个财年所产生的坏账，都有一定比例

① Fed. Reserve Bank of St. Louis, 2018, Charge - Off Rate on Commercial and Industrial Loans, All Commercial Banks, Fed. Reserve Bank of St. Louis Economic Data, https://fred.stlouisfed.org/series/CORBLACBS, 2017/11/20.

② Fed. Reserve Bank of St. Louis, 2018, Charge - Off Rate on Consumer Loans, All Commercial Banks, Fed. Reserve Bank of St. Louis Economic Data, https://fred.stlouisfed.org/series/CORCACBS, 2017/11/20.

③ SBA, 2017, Total Recovery Rates for Guarantied programs by program, Table 10, https://www.sba.gov/sites/default/files/aboutsbaarticle/WDS_ Table10_ RecoveryRates_ Report.pdf, 2017/11/8.

的回收，且回收比例也有逐年提高趋势。

此外，有研究表明，2014 年至 2017 年小企业管理局没有申请任何财政拨款用于其 7（a）项下的担保贷款项目，[①] 换言之，7（a）项目近年来通过收取的手续费和回收金额实现了自我良性运转。

二、7（a）担保贷款项目的具体做法

根据美国《小企业法》的相关规定，7（a）担保贷款项目的具体做法如下：

（一）借款人适格要求

根据《小企业法》3（a）款第（1）项，小企业包括但不限于从事食品和纤维生产业务的企业，从事家畜养殖和饲养、水产养殖以及其他所有农业和农业相关行业的企业，它们应是独立拥有和经营，并在其经营领域不占主导地位的企业。具体认定时应综合考虑雇员人数、净资产、经营规模和净收入等多个因素。具体到 7（a）担保贷款项目，能申请该项目的小企业必须是在美国境内从事营利性活动、雇佣员工 500 人以下，年收益 750 万美元以下，企业主实际投入了时间或资产，且从其他地方无法获得信贷的小企业。[②] 7（a）项目担保的贷款用途可以多样化，可以用来充实营运资金、投资、购置机器设备、购买土地、建筑物和债务再融资等。

（二）贷款利率和贷款期限

根据《小企业法》7（a）（4）的规定，贷款利率由贷款人和借款人协商，但双方约定的利率最高不得超过小企业管理局规定的利率水平。任何银行或其他贷款机构在请求小企业管理局代赔时可以要求赔偿从违约日到支付日的符合要求的利息。[③]

贷款期限则取决于贷款性质和借款人的偿还能力。一般而言，充实营运资金和购买设备的贷款期限可达 10 年，购置不动产的贷款期限可以达 25 年。[④]

（三）担保比例

7（a）担保贷款项目的贷款最高限额为 500 万美元，没有最低限额，且小企业管理局提供担保是有比例限制的。常规担保，如贷款金额低于或等于 15 万美元，小企业管理局的担保额度为 85%；如贷款金额高于 15 万美元，担保额度为 75%。这一担保比例可以应参与的贷款人的要求而降低，但小企业管理局不可以将贷款人要求的担保比例作为确定本条规定的贷款担保申请

---

① Robert Jay Dilger, 2017, Small Business Administration 7（a）Loan Guaranty Program, Congressional RESEARCH Service, p20, https：//fas. org/sgp/crs/misc/R41146. pdf, 2017/11/10.

② SBA, 2017, Table of Small Business Size Standards, https：//www. sba. gov/sites/default/files/files/Size_ Standards_ Table_ 2017. pdf.，2017/11/8.

③ Small Business Act. 15 U. S. C. § 636（a）（4）.

④ Small Business Act. 15 U. S. C. § 636（a）（5）.

优先次序的标准。另外，还有一些特殊的贷款担保，其担保金额和条款会有不同，如出口营运资金计划和国际贸易贷款计划的担保比例均为不超过90%。①

（四）担保收费标准

小企业管理局会因为提供贷款担保而收取一定费用，费用由贷款人承担，但可以向借款人收取，收取的费用用来在借款人不能清偿到期债务时偿还贷款人。根据《小企业法》7（a）第（18）项的规定，小企业管理局可以按下述比例就本条项下的贷款担保向贷款人或借款人收取担保费用：贷款总额不超过15万美元的，担保费用不超过2%；贷款总额在15万美元至70万美元之间的，不超过3%；贷款总额在70万美元至100万美元之间的，不超过3.5%；超过100万美元的，在3.5%的基础上，再加收0.25%。参与计划的贷款人可以保有不超过上述担保费用的25%。②

（五）申请程序

小企业管理局会根据贷款人的申请决定是否向具体的贷款人授权。贷款人是否得到授权，其申请担保的程序是不一样的。

非授权的银行想申请担保有两种途径：（1）7（a）小额贷款，是指35万美元以下的贷款。贷款人首先通过网络提供申请材料，小企业管理局参考一系列数据进行信用评分，如果评分结果符合要求，贷款人就可以适用简化的、更短的调查方式，只需要提交有限的和重要的资料。如果评分结果没有达到要求，贷款人就需要按照标准程序提交申请，或者如果贷款人属于小企业管理局特快贷款人的，可以使用其特快授权，但其担保比例最多不超过50%。（2）常规7（a）程序。贷款人须提交全面的申请文件包，小企业管理局通过自行分析贷款人的申请，来确认贷款人的授信决定，一般需要5～10个工作日。

授权的银行申请担保的途径主要有以下几种：（1）贷款人认证计划。贷款人认证计划是为业绩良好的贷款人准备的。一旦认证，贷款人申请担保后，小企业管理局不自行分析和评估，而是直接确认贷款人的授信决定。一般只需要3个工作日。（2）优先贷款人计划。最为经验丰富的贷款人可以加入优先贷款人计划，其不需要事先通过小企业管理局的审查即可启动、停止、服务和清算大部分的小企业管理局担保贷款。当申请担保时，优先贷款人计划的贷款人只需提交一个简短的清单证明进行了合理的顾客评估，通常小企业管理局的审查不超过24小时。（3）特快贷款人计划。操作方法与优先贷款人计划类似，合格的贷款人被授权提供授信，被允许最大限度地使用自己的合格贷款分析、规划程序和文件来发放贷款。但相应地，担保比例最高不超过50%。

---

① Small Business Act. 15 U.S.C. § 636（a）（2）.

② Small Business Act. 15 U.S.C. § 636（a）（18）.

（六）代偿程序

当借款人违约，未能按期偿还贷款本息时，贷款人可以申请由小企业管理局购买该贷款，也就是我们平时所理解的承担代偿责任。首先，贷款人应向小企业管理局提交一份包含十个表格的文件包。文件包应包含的文件的名称和具体要求都有明确规定。① 其次，收到文件包后，小企业管理局工作人员会对文件进行审查，审查主要包括四个方面，即贷款的发起、完成、服务、清算和诉讼。如贷款的发起是否符合条件和标准程序，贷款的完成是否符合贷款授权的要求，贷款人提供的服务是否符合贷款授权的要求，贷款的清算和催收是否符合程序等。最后，根据审查情况，决定代偿还是拒绝代偿。

（七）二级市场

为了让贷款人拥有更大的流动性，从而为小企业提供更多授信的机会，美国在20世纪70年代建立了小企业管理局贷款的二级市场。二级市场上，小企业管理局对贷款人提供的有条件的担保变成对投资者没有条件的担保，即只要借款人违约，而贷款人拒绝回购，小企业管理局就会自行回购贷款。二级市场的具体做法是：小企业管理局的财政转让机构（Fiscal Transfer Agent，FTA）负责监管二级市场。首先，贷款人必须同意将担保部分的贷款出售给购买者，FTA 负责管理销售过程。销售结束时，购买者会收到一份小企业管理局担保的利息证书，所以这个销售又被称为销售证书。贷款在二级市场上出售后，仍然由贷款人负责贷款的收回，收回贷款后要将担保部分转交给 FTA，然后由 FTA 负责支付给购买者。为避免产生过高的利息费用，一旦贷款逾期超过60天，担保贷款必须从二级市场上被回购。小企业管理局强烈鼓励贷款人回购，如果贷款人回购后随即要求小企业管理局购买，贷款人要满足与请求提前购买相同的要求；如果贷款人不回购，那么在收到回购要求的文件的情况下，小企业管理局应自行回购，此时贷款人应在15个工作日内提交一份贷款状态报告以及足够的文件以使小企业管理局能进行购买后的审查，如果贷款人提交的文件不充分，小企业管理局自己也要进行审查并限制该贷款人再次进入二级市场。②

三、 美国做法对我国中小企业融资担保行业发展的启示

从上述美国7（a）担保贷款项目的具体做法来看，该项目之所以可以良性运转多年，以下几点功不可没。

---

① 十个文件的具体内容可以在小企业管理局的官方网站上获得。具体路径为：7（a）Guaranty Purchase Package Tabs，htttp：//www.sba.gov/content/7a－guaranty－purchase－package－tabs，2017/11/8.

② SBA Secondary Market Program Guide，http：//www.colsonservices.com/main/forms/secguide_table_of_contents.pdf，2017/11/8.

（一）充分保证私营实体的参与

私营实体的参与是中小企业融资担保行业可持续发展的保障。其意义主要有三个方面：首先，可以充分利用私营实体的专业优势，因为在评估、决定借款人以及回收贷款的工作上，贷款人比政府主导的融资担保机构更有专业经验和动力。其次，借款人的违约风险由担保机构和贷款人共同承担，可以实现风险共担，也有利于担保行业的可持续发展。最后，私营实体的参与还可以防范道德风险。一方面，贷款人须负担部分风险，可以促使其认真对待风险控制，从而减少贷款人与借款人之间的道德风险；另一方面，由贷款人而不是担保机构评估和选择借款人，可以防范担保机构和借款人之间的道德风险和钱权交易。

美国《小企业法》7（a）担保贷款项目的制度设计就充分强调了私营实体的参与。首先是担保比例的设计，如前所述，美国《小企业法》7（a）（2）项规定的常规贷款担保比例为75%（超过15万美元时）和85%（等于或低于15万美元时），这意味着另外的25%或15%的违约风险由贷款人自行承担，这既能吸引贷款人参与到这个项目中来，也使其有动力去认真对待风险的合理评估和控制。其次是贷款程序的设计，如前所述，在美国《小企业法》7（a）担保贷款项目的发放过程中，是由贷款人具体负责贷款的评估和回收。小企业管理局授权给贷款人，但授权不是发放贷款的协议，即此时并没有担保，贷款人得到授权后，是否向具体的小企业发放贷款还需要其自己作出是否授信的判断。换句话说，小企业管理局与借款人之间并没有协议，它只是对贷款人进行授权，贷款人具体负责贷款的评估和回收，这充分体现了小企业管理局与借款人之间的隔离，以防范道德风险。

回头来看我国融资担保行业的制度设计，以“成为全国行业典范和标杆”的安徽省新型担保模式为例，其在全国率先推行“4321”新型政银担合作机制，充分实现了风险共担。根据《安徽省融资性担保风险补偿试点方案》第三点“分担比例”的规定，“4321”新型政银担合作机制的具体做法为“省再担保机构参股的政策性融资担保机构分担40%，中央和省财政代偿补偿专项资金（单户企业在保余额500万元至2000万元的，只是省财政代偿补偿专项资金）承担30%，银政担合作风险分担试点银行承担20%，所在地本级财政分担10%”。由此可知，银行作为贷款人，需要承担20%的借款人违约风险。但是，安徽省新型担保模式在担保程序设计上却完全忽略了对道德风险的防范。从安徽省信用担保集团有限公司官网“安徽担保网”（www. ahguaranty. com）上展示的担保业务流程可知，担保业务流程的第一步即“企业向担保集团提出担保申请，担保集团经过了解同意担保后向银行或信用社推荐贷款客户”，在企业按要求提交相关资料后，还是由担保集团“根据对企业的调查了解和所收集的资料出具尽职调查报告，按照担保集团相关规定进行项目评审”，可见，安徽省担保模式是担保人而不是贷款人来进行贷款评估，而正如本部分第一段所述，一方面，贷款人进行贷款评估有其专业和经验优势，另一方面，因为政府主导的担保人，其资金来源主要为各级政府财政，加之国家为扶持中小企业发展，大力推行政府性融资担保，对各担保机构的绩效评估都不以资产的保值增值为主要评估因素，因而担保人对风险的敏感度和风险控制的积极性天生不及在商言商的贷款人。虽然在“4321”合作机制下，贷款人承担的责任比例只有20%，其审查的动力也可能会受到影响，但如果能辅之以更科学的责任承担比例设计机制，贷款人就仍有动力去审查和监督贷款的审批和偿还。如规定所发放的贷款违约率高的贷款人，责任承担比例会随之提高。此外，在现今经济下行、企业生存困难的时期，可以说担保人握有对借款人“生杀予夺”的权力，如果权力监督措施不力，难免产生道德风险和钱权交易现象。有研究证明，由融资担保机构选择借款人和回收贷款，通常有更高的坏账损失。① 因此，让私营实体充分参与，将贷款评估工作交还给贷款人，应该是美国做法给我国相关行业发展的第一个启示。

（二）清晰、透明的申请和代赔程序

多国实践证明，时间长、成本高的申请和代赔程序不仅不利于体系的透明度和可信度，还会影响贷款人参与的积极性，很多发展中国家早期的信用担保体系对相关程序的规定不明确，导致了很多纠纷。② 因此，清晰的规则、低时耗低成本的程序设计很重要。

美国7（a）担保贷款项目设计了清晰、透明的申请和代赔程序。首先，小企业管理局根据事先授权与否，对不同贷款人申请担保规定了不同的文件提交要求和审查级别。属于优先贷款人计划的贷款人只需提交一个简短的清单证明其进行了合理的顾客评估，小企业管理局的审查时间通常不超过24小时；而非授权贷款人的常规7（a）担保贷款申请程序要求其提交全面的申请文件包，小企业管理局通过自行分析贷款人的申请来确认贷款人授信决定，一般需要5～10个工作日。简言之，不同的贷款人可以根据自身情况，清晰知道需要准备什么样的文件，会受到什么程度的审查。其次，小企业管理局也明确规定了发生借款人违约时，贷款人请求小企业管理局承担代赔责任需要准备的文件和履行的程序。如前所述，所要准备的文件是包含十个文件的文件包，应包含的文件的具体名称和要求都有明确规定。③ 此外，更为重要的是，这些申请文件和程序要求都是十分透明的，所有的信息都在小企业管理局的官网上可以查询，相应的表格模板都可以在官网上直接下载。

回观我国融资担保行业，申请和代赔程序的清晰、透明却存在一些欠缺。仍然以安徽担保为例，在安徽担保网可以查询到清晰的申请条件和申请文件提交要求，但对如何申请代赔责任没

---

① Juan Carlos Gozzi and Sergio Schmukler, Public Credit Guarantees and Access to Finance, Warwick Economic Research Paper Series 1122, 2016.

② Green. A., 2003, Credit Guarantee Schemes for Small Enterprises: an Effective Instrument to Promote Private Sector－led Growth? The United Nations Industrial Development Organization Working Paper No. 10.

③ 十个文件的具体内容可以在小企业管理局的官方网站上获得。具体路径为：7（a）Guaranty Purchase Package Tabs, htttp: //www. sba. gov/content/7a－guaranty－purchase－package－tabs, 2017/11/8.

有提及，即代赔程序的清晰度和透明度不够。可以肯定的是，代赔程序在担保机构和贷款人之间的合同中会有约定，可能是担保机构认为这只关乎其与贷款人之间的关系，无须公开，但公开是公平、公正的前提，信息披露不充分①，担保机构的可信度会被质疑。因此，让申请担保和代偿的程序更加清晰、透明，是美国做法给我国相关行业发展的第二个启示。

（三）较长的贷款期限

美国小企业管理局鼓励与之合作的金融机构发放长期贷款，其提供的各种贷款产品期限都比较长，7（a）担保贷款项目也不例外。若企业贷款用于充实营运资金和购买设备，贷款一般在7~10年；若企业贷款用于购置不动产或其他长期使用的固定资产，最长期限甚至可长达25年。与贷款期限长相对应，小企业管理局担保贷款的还款方式大多是分期还款，小企业（主）的还款压力相对较轻。

而我国融资担保行业所担保的贷款大多数以一年期短期流动资金贷款为主。尽管需要长期资金的借款人通常可以通过过桥贷款来实现还旧贷新的过渡，且从担保机构的角度来看，这样的短期贷款担保有助于控制代偿风险，能够及时止损，还能通过收回旧贷发放新贷的方式实现账面上的担保倍数的放大，但这样的操作方法对借款人而言却是极其不利的。一方面，通过过桥贷款来实现还旧贷新，变相将短期贷款变为长期贷款存在不确定性，一旦无法拆借到过桥资金，就可能出现资金链断裂，不利于其企业运营的可持续性；另一方面，过桥贷款需要支付利息，这不仅导致了中小企业融资的额外成本，一年又一年的还旧贷新也可能带来一年又一年的钱权交易。而延长贷款期限，不仅有助于中小企业经营的稳定，降低其融资成本，而且可以结合后文将提及的贷款二级市场，增加银行的流动性，放大担保倍数，为更多的中小企业服务。

（四）充分的信息披露

信息披露和透明度的重要性在现今社会怎样强调都不为过。充分的信息披露可以提升相关主体的可信度，减少甚至杜绝暗箱操作和钱权交易，同时还能提高办事效率。

美国《小企业法》7（a）担保贷款项目的信息披露非常充分，在小企业管理局的网站上，从业务指南到各地分支机构的联系方式，从申请者要满足的条件到具体的申请文件和申请步骤，从相关法律法规到机构每年的财务报告，各种信息一应俱全。无论是想办理业务，还是搜集有关小企业管理局发展的相关资料，都能在该网站上获取所需要的一切信息。特别值得一提的是，网站的界面非常友好，且指引明确，登录者可以非常方便地获取自己想要了解的信息。

这一方面也是我国融资担保机构所要学习的地方。笔者登录国内多家省级担保平台和中国保险业协会的网站发现，国内融资担保行业在信息披露方面至少存在以下几个方面的问题：首

---

① 值得一提的是，我国融资担保行业信息披露不充分的问题，不仅仅体现在代赔程序不够透明这一方面，而是存在很多需要改进的地方，因此本文另列一点专门进行阐述。

先，信息提供不充分。前述安徽担保网作为行业发展中的佼佼者，尚能在网站上详细列出申请担保业务所需准备的文件材料，而有些省级担保平台的网站上，这些申请信息根本没有展示或者展示不完备，登录其网站会发现，网站仅仅只是它们的宣传窗口，可查的大多是其党建工作、业务工作动态等方面的新闻通稿。即使是宣传窗口，也没有达到应有的效果。宣传效果最好的信息应该就是能够反映其处于良性运转状态的各种财务数据，但无一个省级担保机构的网站对此进行了披露。信息透明度差，银担信息严重不对称，这无疑会打击银行参与的积极性。其次，信息发布严重滞后。安徽担保网的业务咨询栏目中，从 2017 年 5 月到 2018 年 3 月的业务咨询信息均处于“未回答”状态；其资讯中心栏目的信息更新时间均停留在 2016 年；中国融资担保行业协会官网上的行业数据栏目最新的信息发布时间为 2016 年 6 月。种种迹象表明，国内融资担保行业不重视信息披露，缺乏实时更新信息的动力和要求，也没有对此付出努力。最后，用户界面不够友好。安徽担保网在这个方面属于表现较好的网站，主菜单中就有“在线申请”栏目，点击进去即可查询到申请所需文件和要求，在其他省级担保平台的网站上要查询到申请所需文件和要求，要么会失望而归，因为其根本就没有上传至网上，要么就大费周折，因为要经过多层链接后才能指向相关信息。

现在是网络社会，通过官网实现充分的信息披露既是最容易的方式，也是最有效的方式。如果网站上找不到相关信息，足以说明相关信息并未得到有效披露。因此，致力于充分的信息披露应该是我国融资担保行业发展中不可回避的一个任务。

（五）有效的风险管理机制

为了降低中小企业融资担保体系的违约风险，并使风险分散，中小企业融资担保体系应采取再担保、贷款销售或组合证券化等多种风险管理机制。[①] 世界银行发现，其研究的中小企业融资担保体系中，有 76% 的体系采取了风险管理机制，其中 20% 购买了某种形式的贷款保险，10% 实现了组合贷款证券化，5% 适用了风险管理策略。[②]

美国在 20 世纪 70 年代建立了小企业管理局贷款的二级市场。小企业管理局的财政转让机构（FTA）负责监管二级市场。贷款人在二级市场上将担保部分的贷款出售给购买者，销售结束时，购买者会收到一份小企业管理局担保的利息证书，贷款在二级市场上出售后，仍然由贷款人负责贷款的收回，收回贷款后要将担保部分转交给 FTA，然后由 FTA 负责支付给购买者。二级市场上，小企业管理局对贷款人提供的有条件的担保变成对投资者没有条件的担保，即只要借款

① OECD, 2015, Facilitating Access to Finance: Discussion Paper on Credit Guarantee Schemes, https: //www. oecd. org/global - relations/45324327. pdf, 2017/11/10.

② Beck. T. , L. Klapper, J. C. Mendoza, 2008, The Typology of Partial Credit Guarantee Funds around the World, The World Bank Development Research Group, https: //openknowledge. worldbank. org/handle/10986/5375, 2017/11/20.

人违约，而贷款人拒绝回购，小企业管理局就会自行回购贷款。

2015年改革以来，我国融资担保行业采取的主要风险管理机制是再担保，多个省份均成立了省再担保机构。再担保的方式的确可以通过进一步地分担风险，增加私营实体参与的信心，但一方面可能会增加道德风险，不仅借款人与担保机构之间，借款人与再担保机构之间、担保机构与再担保机构之间都可能会产生道德风险，另一方面，省再担保机构仍然以政府为主导，而过分依赖政府财政资金的投入，可能不利于整个体系的可持续发展。因此，笔者认为我国融资担保行业也可以考虑采取二级市场贷款销售方式，配合贷款期限的适当延长，让贷款人拥有更大的流动性，以实现担保倍数的放大，为中小企业提供更多的授信机会。

四、 结论

分析近年来小企业管理局公布的各项财务数据可知，美国《小企业法》7（a）担保贷款项目保持着良好的运转态势，而通过探究该项目的具体做法可以发现，其之所以能维持良性运转状态有其内在制度设计的原因。具体而言，该项目注重私营实体的参与，充分利用私营实体的专业和经验优势；设计了清晰、透明的申请和代赔程序，让申请者易于申请，贷款人充分信任和积极参与；鼓励贷款人发放长期贷款，允许借款人分期还款，有利于借款人经营稳定，降低其还款压力；实现充分的信息披露，业务活动透明高效，提高各方主体参与的积极性；充分利用贷款二级市场，分散风险的同时扩大贷款人的授信能力。我国融资担保行业正处于深化改革的关键时期，各地融资担保机构改革略有成效的同时也凸显了一些问题，此时若能根据我国具体国情在吸引私营实体参与、提高相关程序的清晰度和透明度、进行充分的信息披露、积极寻求风险分散途径等方面对美国《小企业法》7（a）担保贷款项目良好的制度设计吸收借鉴一二，必将有助于行业在焕发新生之后实现可持续发展。

（责任编辑：王　旭）

美国银行业与工商业分离立法之研究

■ 姚一凡*

摘要：美国立法上构建了完整的银行业与工商业分离框架，既限制银行及其子公司直接从事或间接投资非银行业务，又禁止银行控股公司及其关联方从事与银行业无关的业务。美国坚持分离政策逾百年，主要是考虑到银行业与工商业联营会导致经济资源集中，产生滥用权力而破坏竞争的可能，而且会将银行置于利益冲突的境地，导致不稳健的银行实践，从而影响银行体系甚至金融体系的安全和稳固，体现了其保护竞争和维护金融安全的目标。

关键词：银行业与商业分离　银行控股公司　产融结合　金融安全　保护竞争

一、 引言

产融关系的处理是一个永恒的命题，争议已久却未有定论，各国实践也是千差万别。通常来说，并不会出现产融完全分离的现象，大多数情况是产融结合。广义的“产融结合”包含了金融业与工商企业进行合作的各种形式，如银行向工商企业贷款。狭义的“产融结合”则通常是指以股权关系为纽带，通过参股、控股和人事参与等方式进行结合。① 本文关注的是狭义“产融结合”的情况。银行业与工商业联营或是分离的立法在一定程度上反映了一个国家对产融关系的态度。商业银行作为重要的金融中介机构，是工商企业获得资金的重要渠道，尤其是在我国，吸收公众存款和运用存款资金的银行业务在我国金融业中占据绝对主导地位。银行代表了巨大的金融力量，在社会融资体系中有重要作用，而银行业与工商业的产融结合却可能带来诸多结构性问题，如不可避免的经济力量的集中，从而在银行业与工商业应当混业或是分离的问题上，引发了诸多关注。

美国自继承英国限制银行从事工商业规定以来，坚持银行业与工商业分离的政策已逾百年。

---

* 本文由硕士论文修改而成，原文获评“2018 年北京大学法学院优秀学位论文”，作者向指导老师刘燕教授表示感谢。

姚一凡：北京大学法学院 2016 级硕士研究生，现供职于深圳证券交易所。

① 胡恒松：《产融结合监管问题及制度创新研究》，30 页，中国经济出版社，2016。

从1864年《国民银行法》（*National Bank Act*）限制国民银行业务范围，到《1933年银行法》（*Banking Act of* 1933，也称《格拉斯—斯蒂格尔法》，*Glass - Steagall Act*）禁止银行持有大多数工商企业股票，再到《1956年银行控股公司法》（*Bank Holding Company Act of* 1956）及其1970年修正案限制银行和工商企业通过控股公司结构在同一控制下实现联营，美国通过立法逐步确立了银行业与工商业分离的规则。1999年底，美国通过了《金融服务现代化法》（*Gramm - Leach - Bliley Act*），废除了《1933年银行法》的重要条款，使得美国的金融机构尤其是大银行可以通过金融控股公司的形式实现金融混业经营，结束了美国半个多世纪的金融分业经营局面，但是该法也通过填补"单一储蓄控股公司"的法律漏洞强化了银行业与工商业的分离。①

混业抑或是分业，是不同国家根据自己国情作出的政策选择，世界上不乏混业经营的代表，但是美国从银行业立法之初至今一百多年始终坚持了银行业与工商业分离的一般原则，学术界和实务界也对此立法争论了数十年，确实值得一探究竟。

二、 美国银行业与工商业分离立法现状

美国银行业与工商业分离的立法有两个层面，一是银行层面，限制银行及其子公司直接从事或通过股权投资间接从事非银行业务；二是银行控股公司层面，禁止银行控股公司及其关联方从事与银行业务无关的业务。

（一）银行层面

1. 限制银行及其子公司直接从事非银行业务。美国商业银行有国民银行和州立银行之分。②1991年，美国通过《联邦存款保险促进法案》，规定州立银行的业务范围应当以国民银行的业务范围为限，所以即使州立银行根据州法注册，其业务范围也受限于《国民银行法》的规定。《国民银行法》将国民银行可以从事的业务范围限制在银行传统业务和"开展银行业务所必需的附带业务"③，并且明确列举了国民银行的五类业务：（1）商业票据的承兑与贴现；（2）吸收存款；（3）外汇、硬币和贵金属交易；（4）提供贷款；（5）发行票据。④ 同时，这些业务限制也适用于银行的子公司。⑤

---

① 银行业与工商业分离相对的概念是银行业与工商业混业（"银商混业"）。金融混业则是指银行、证券、保险、信托等金融机构向各自金融细分领域渗透，并不涉及非金融性质的工商企业。本文关注的是银商混业而非金融混业。为以示区分，本文所用"工商业"系指"非金融业"，"工商企业"系指"非金融企业"。

② 国民银行是根据National Bank Act注册的银行，州立银行是根据各州银行法律注册的银行，州立银行的业务范围因各州法律不同而各异。历史上，有些州之前把银行权限作为同国民银行特许竞争的一种潜在方式，导致了监管"力争下游"的情况。

③ 12 USC § 24.

④ 同注③。

⑤ 杨勇：《金融集团法律问题研究》，73页，北京大学出版社，2004。

就五类商业银行的传统业务而言，不存在太多争议。对于“开展银行业务所必需的附带业务”，根据判例法，在确定“必需的附带业务”时应当考虑该项业务是否对发挥银行根据《国民银行法》明示授权从事的任何一项业务的作用有便利或有帮助。① 在该项测试下，与传统银行服务在功能上可互替的拟议业务可以得到批准，② 但是，如果银行从事一项业务仅仅是因为银行便于获得资本，或者使得银行承担比传统银行业务更重的责任或风险，则该项业务将会被否决。目前，被允许的附带业务有票据贴现经纪业务、信用证业务等。

2. 限制银行向非银行业务投资。

（1）《国民银行法》及相关规则。《国民银行法》允许国民银行在遵守 OCC 限制和规制的情况下购买投资证券。③ OCC 将“投资证券”界定为“投资级且本质不是投机的有价证券”，④ 主要包括美国联邦或州政府、特定国际组织发行的各类债券以及被评为投资级的公司债券和主权债券。⑤ 州立成员银行也需要遵守一样的限制。⑥

《国民银行法》原则上禁止国民银行进行权益投资，但法律或监管条例另有规定的除外。⑦ 根据例外规定，国民银行只能在两种情况下拥有子公司：第一，持有“从事部分银行业务或银行业务的附属业务”子公司 80% 以上的表决权股份；⑧ 第二，向“银行服务公司”进行不超过银行总资产的 5% 的投资，⑨ 银行服务公司只能为存款机构提供特定服务或从事美联储允许国民银行或银行控股公司从事的业务，⑩ 而且国民银行向银行服务公司投资须经过 OCC 批准。⑪《国民银行法》仅赋予国民银行有限的权力，银行根本不可能控制产业公司。对于银行是否能拥有股票，联邦最高法院作出了不利于银行的判决：《国民银行法》里没有注明银行拥有股票，因此，银行不能拥有股票。⑫ 不过，现在国民银行被允许进行部分权益投资，主要具有公益扶持

① Arnold Tours, Inc. v. Camp, 472 F. 2d 427, 432 (1st Cir. 1972).

② M & M Leasing Corp. v. Seattle First Nat’l Bank, 563 F. 2d 1377, 1383 (9th Cir. 1977), cert. denied, 436 U. S. 956 (1978).

③ 12 USC § 24 (seventh).

④ 12 CFR § 1 (part 1).

⑤ “Report to the Congress and the Financial Stability Oversight Council Pursuant to Section 620 of the Dodd – Frank Act”, pp. 90 – 91.

⑥ 12 USC § 1831a.

⑦ 12 USC § 24 (seventh).

⑧ 12 CFR § 5. 34 (1987).

⑨ 12 USC § 1862 (1982)

⑩ 12 USC § 1863 – 1864.

⑪ 12 USC § 1865.

⑫ California Bank v. Kennedy, 167 U. S. 362 (1897).

性质。①

（2）《格拉斯—斯蒂格尔法》。《格拉斯—斯蒂格尔法》，是在1929年经济危机的背景下出台的，股市大跌引发大量银行倒闭，当时国会调查结果认为银行与证券的紧密联系导致利益冲突，风险跨市场传导，所以最终颁布了该法。该法第16条包括三方面内容：第一，禁止银行自行买卖股票；第二，限制银行投资证券的范围；第三，禁止银行承销或买卖证券，除非是代表“美国国债、任何州或其政治从属机构的一般债务”的证券。② 1999年的《金融服务现代化法》废止了《格拉斯—斯蒂格尔法》的第20条和第32条，结束“银证分离”，但第16条仍然有效，因此银行机构仍然不能自行买卖股票，其证券投资受到限制。

（二）银行控股公司层面

在银行控股公司层面，集中体现于《银行控股公司法》。当时银行为了规避法律实现跨州经营，用控股公司实际上替代了分支机构的功能。美联储的前成员R. M. Evans认为，“控股公司银行制是银行分行制的一种类型，所以对于控股公司的立法应当参照当前对国民银行的立法”，而国会认同了这一观点。③ 基于这样的认识，《银行控股公司法》一定程度上是按照规制银行的逻辑对银行控股公司进行规制。历史上银行不能直接或间接从事非银行业务，那么银行控股公司也应当受到限制，否则针对银行的业务限制很容易就可以通过控股公司规避。所以在众议院的立法报告中，立法者指出了《银行控股公司法》的目的是控制银行控股公司的设立和扩张，将与管理和控制银行的业务不相关的业务分离，原则上保持银行间的竞争并最小化银行控制权集中带来的经济力量的集中（concentration of economic power）的内在危险，并将银行控股公司置于联邦法律和监管机构的规制和检查之下。④

当时出现了像泛美公司这样的，既是银行帝国，又是工商业的控股公司。美联储试图通过《反垄断法》拆分这一集团，但是法院的司法审查撤销了美联储的决定，⑤ 这一事件促使美联储推动国会立法，通过了《1956年银行控股公司法》。其后，该法又经过了多次修订填补法律漏洞，规制规避的法律行为。

1. 银行控股公司与金融控股公司的含义。

（1）银行控股公司。银行控股公司是指任何一家控制了一家银行或者一家银行控股公司的

---

① 比如说国民银行可以进行公共福利股权投资，但不超过资本和盈余总和的5%，经过货币监理署批准可达到15%。See 12 USC § 24（eleventh）。

② 12 USC § 335（repealed by the GLB Act）杨勇：《金融集团法律问题研究》，37页，北京大学出版社，2004。

③ H. R. Rep. No. 84-609（1955）p. 15.

④ H. R. Rep. No. 84-609（1955）p. 11.

⑤ Transamerica Corp. v. Board of Governors of Federal Reserve System, 206 F. 2d 163（3d Cir.）, cert. denied, 346 U. S. 907（1953）.

公司,[①] 在性质上并非银行，而是一般的公司，实际上就是直接或间接拥有或控制银行的公司。根据前述定义，要成立银行控股公司需要满足两个条件：一是“银行”，二是“控制”。

目前,《银行控股公司法》中“银行”包含了两类。一是FDIC的参保银行；二是根据联邦或各州法律设立，并且同时从事下列业务的机构：（i）接受活期存款，或存款人可能通过支票或类似方式向第三人或其他人支付的存款；（ii）从事商业性贷款业务。[②]

对于“控制”的认定,《银行控股公司法》第2条（a）款（2）项规定了三种情形：第一，银行控股公司直接或间接，或者通过他人拥有、控制或者有权力行使一家银行25%及以上的投票权；第二，银行控股公司以任何方式控制了多数董事或受托人的选举；第三，在给予听证会的通知和机会之后，美联储认为这家公司直接或间接地对一家银行或公司的管理和政策实施了决定性的影响。[③] 满足前述任何一种情形，即可认为银行控股公司“控制”了一家银行或公司。

不过，该法也规定了推定为不存在“控制”的情形。比如说，在前述第三种情形下认定“控制”时，如果直接、间接地拥有、控制或者有权力行使一家银行或公司的投票权少于5%的，不能认为存在“控制”。[④]

（2）金融控股公司。1999年《金融服务现代化法》修订了《银行控股公司法》，允许符合条件的银行控股公司申请成为金融控股公司。金融控股公司是从银行控股公司发展而来，可以比银行控股公司从事更广范围的非银业务。

银行控股公司在满足下列条件之后：①所有的存款机构子公司资本良好;[⑤] ②银行控股公司所有的存款机构子公司管理良好;[⑥] ③所有银行控股公司资本良好[⑦]并且管理良好；④控股公司旗下的存款机构在《社区再投资法》的评分中获得“满意”的评分,[⑧] 可以申请成为金融控股公司。而且如果金融控股公司不再满足要求且未在180天内完成整改，就需要选择是回归最初的不从事金融性质业务的银行控股公司，还是剥离其存款机构业务。[⑨]

2. 原则上的禁止规定。《银行控股公司法》第4条（a）款规定了银行控股公司不得从事非银业务。在该法生效后，任何银行控股公司不得：（1）直接地或间接地获得非银行公司的有投票权的股份；或者（2）在其成为银行控股公司两年后，或者依据1970年修正案成为银行控股

---

① 12 USC § 1841 (a) (1).

② 12 USC § 1841 (c) (1).

③ 12 USC § 1841 (a) (2).

④ 12 USC § 1841 (a) (3).

⑤ 12 USC § 1841 (o) (1) (A).

⑥ 12 USC § 1841 (o) (9).

⑦ 12 USC § 1841 (o) (1) (B).

⑧ 12 USC § 1843 (l) (2).

⑨ 12 USC § 1843 (m).

公司的公司，在1980年12月31日后，① 保留对非银行公司或非银行控股公司有投票权股份直接或间接的所有或控制，但从事银行业务或根据本法规定为银行提供服务的子公司、美联储认定的与银行业密切相关以致为银行业务的附属业务。②

除了前述“与银行业密切相关”的附属业务以外，《银行控股公司法》还有其他针对特定业务或特定主体的豁免规定。需要注意的是，除法律另有规定外，银行控股公司应当在豁免取消之日5年内放弃对该股份的直接或间接的所有、控制。公司应努力尽快剥离该股份，并且在豁免被取消的两年之后开始每年向联储理事会报告剥离进程。③

3. 豁免规定。

（1）“与银行业务密切相关”且符合公共利益的业务。银行控股公司可以直接或间接从事“美联储认定的、与银行业务或控制银行的业务紧密相关，以致为银行业务的附属业务”的非银行业务。④ 美联储发布了Y条例，列举了众多被认为是与银行业务密切相关的附属业务。⑤ 如果银行控股公司要开办的某项业务包含在Y条例内，只要在业务开始后10个工作日内书面通知美联储，无须获得提前批准。如是Y条例没有列出的业务，公司就必须向美联储寻求对该业务性质作出决定。美联储需要决定拟议的业务是否“与银行业务或银行的管理或控制密切相关以至于可被当作银行业务的附属业务”。

在National Courier Asso. v. Board of Governors of Federal Reserve System一案中，美国联邦哥伦比亚特区巡回法院指出，在确定什么是“密切相关”时，立法意图至少包含了下列三方面要求：一是银行通常实际上提供拟议的服务；二是银行通常提供与拟议的服务在操作上或功能上如此相似的服务，以至于使它们特别适合提供拟议的服务；三是银行通常提供与拟议服务密切不可分的服务，使得必须以某种特定形式提供该服务。⑥

根据联邦法律的规定，银行控股公司申请开展新业务，除了要证明其与银行业密切相关以外，还需要证明该业务“可以被合理期待能够为公众带来利益，比如说更大的便利、增加竞争或提高效率，而且这些利益带来的好处超过了可能带来的不利影响，比如说资源过度集中、竞争下降或不公平竞争、利益冲突、不稳健的银行实践或危及美国银行或金融系统的稳定性”。⑦ 即

---

① 《1956年银行控股公司法》在立法之初只规制控制多家银行的控股公司，其后控制一家银行的控股公司迅速发展，1969年国会提议修法，《1970年银行控股公司法修正案》将控股一家银行的单一银行控股公司纳入规制范围，但是给予了10年的时间让单一银行控股公司剥离非银业务。

② 12 USC § 1843 (a).

③ 12 USC § 1843 (e).

④ 12 USC § 1843 (c) (8).

⑤ 12 CFR § 225.28 List of permissible nonbanking activities.

⑥ 516 F.2d 1229 (1975).

⑦ 12 USC § 1843 (j) (2) (A); 12 CFR § 225.26.

使被批准开展业务，也可以被美联储基于《银行控股公司法》的目的，依职权终止豁免。[①]

需要注意的是，根据1999年《金融服务现代化法》，银行控股公司可从事的非银业务将限于美联储截至1999年11月11日通过其规章、法令所确定的范围，不得再扩大。如果想开展新的业务，则需要申请转变为金融控股公司，并由美联储决定该业务是否属于“金融业务或金融业务的附带业务”。

（2）“金融业务或金融业务的附带业务”。满足特定条件转变为金融控股公司的银行控股公司可以从事或收购“金融业务或金融业务的附带业务”或是“对金融业务有补充作用，并且不会给存款机构或整个金融体系的安全和稳健造成实质的风险”的业务。[②] 未转变的银行控股公司仍然只能从事“与银行业密切相关的附带业务”。[③]

《金融服务现代化法》规定的金融性质业务类型包括：贷款、兑换、转让、为他人投资、保管货币或证券；保险业务以及保险委托人、受托人或经纪人业务；提供财务、投资或经济咨询服务，包括为投资公司提供咨询；证券承销、交易或做市；发行或出售票据；联储理事会认定的与银行密切相关的合理的附带业务；保险关联方或证券关联方为持有一定时间后在合理基础上进行出售或处置，而直接或间接控制的其他实体的股份、资产或所有者权益，且除再出售和处置投资的合理回报所必需以外，不对该公司或实体进行日常管理和运营。[④] 此外，Y条例还规定了更为广泛的金融业务或附带金融业务。[⑤]

对于之前不是银行控股公司但在《金融服务现代化法》颁布后成为金融控股公司的公司，因其之前并未控股银行，所以对其从事工商业务的限制较少。于是法律允许其继续从事原有的任何业务，或者直接或间接地保有从事原有的任何业务的公司的所有权或控制其股份，[⑥] 但是其应当主要从事金融业务，即在合并报表基础上，该控股公司及其子公司从金融性质业务或附带金融业务获得的年总收入占总公司合并总收入（不含存款类子公司收入）85%及以上。[⑦] 同时，从工商业务获得的年总收入不得超过该金融控股公司合并年总收入（不含存款类子公司收入）的15%。[⑧] 不过对于这些免受《金融服务现代化法》限制的工商业务，金融控股公司都应当在该法颁布后10年内，终止这样的业务并且剥离对这样的公司股份的所有权或控制权。联储委员

---

① 12 USC § 1843 (a).
② 12 USC § 1843 (k) (1).
③ 12 USC § 1843 (l) (1).
④ 12 USC § 1843 (l) (4).
⑤ 12 CFR § 225.86.
⑥ 12 USC § 1843 (n) (1).
⑦ 12 USC § 1843 (n) (2).
⑧ 12 USC § 1843 (n) (4).

会可以根据金融控股公司的申请，在不损害公共利益的前提下，给予不超过5年的延期。①

（3）发行在外的5%以内投票权股份。《银行控股公司法》允许银行控股公司持有任何公司发行在外的不超过5%的有投票权股份，② 也允许持有仅从事证券投资业务的投资公司的股份，而该投资公司持有的股票不超过任何公司发行在外的有投票权股份的5%。③ 对于这5%持股，美联储认为“第4节c款第6项应作如下正确解释，即它为全面禁止银行持有股票设置了例外，银行只能仅仅以消极投资者身份持有不超过5%的股票”④。

也就是说，银行控股公司可以直接或间接持有任何公司发行在外的不超过5%投票权股份，但是这一数量限制实际上是为了确保银行控股公司不会获得对非金融公司的控制，以致违反保持银行业与工商业分离的政策。

（4）商人银行业务。《金融服务现代化法》规定金融控股公司可以善意地直接或间接对非金融企业进行股权投资，包括有投票权和无投票权的权益，并取消了非金融企业投资的股权比例限制，这被称为“商人银行业务”（merchant banking activities）。这使得金融控股公司可以参与《银行控股公司法》并未豁免的非金融业务。

但是为了确保商人银行业务的授权是被用来进行善意的财务投资，同时也是为了维护《银行控股公司法》基本宗旨——保持银行业与工商业分离并保护银行业的安全和稳定，法律规定限制了持有此类投资的时限，同时，除非必要或为出售股权以获得合理回报所必需，禁止金融控股公司参与被投资的非金融公司的日常管理和运营。⑤ 此外，金融控股公司从事商人银行业务收益不得超过其总收益的15%。⑥

（三）小结

1864年《国民银行法》限制了商业银行及其子公司直接从事非银行业务以及其投资范围；1933年《格拉斯—斯蒂格尔法》强化商业银行持有工商企业股票的限制性规定；《1956年银行控股公司法》及其1970年修正案，禁止银行控股公司及其关联方从事与银行业无关的业务，首开既对银行进行监管也对银行的法人所有者进行监管的先河，不允许工商实业控制银行，也不允许银行业和工商实业在一个法人结构或法人控股结构下的联营。美国在立法上建立了完整的

---

① 12 USC § 1843 (n) (7).

② 12 USC § 1843 (c) (6).

③ 12 USC § 1843 (c) (7).

④ ［美］马克·J. 洛著，郑文通等译：《强管理者 弱所有者：美国公司财务的政治根源》，272－273页，上海远东出版社，1999。

⑤ Federal Reserve System, “Bank Holding Companies and Change in Bank Control”, 66 Fed. Reg. 8466 (January 31, 2001) (codified at 12 CFR § 225.170 et seq.).

⑥ David L. Glass, “The Gramm－Leach－Bliley Act: Overview of the Key Provisions; Presentation before the State of New York Banking Department”, 17 N. Y. L. S. J. Hum. Rig. 1, p. 17 (2001).

分离框架，限制了银行资本与工商企业资本的双向流动。

三、 美国银行业与工商业分离立法的争议及政策考量因素

无论是金融力量还是产业力量，本身都是中性的，但是拥有力量后便存在滥用的可能，所以不仅要控制金融力量和产业力量本身的无限制增长，更要防止金融力量与产业力量相结合导致更大范围的集中。在美国银行业与工商业分离政策背后，体现了对经济资源集中、不公平竞争、联邦安全网扩大、利益冲突、银行体系安全与稳固以及公共利益等诸多因素的权衡。

（一）经济资源集中

银行与工商企业联营的直接后果就是经济势力变大，经济资源集中在几个庞大的机构，这也是联营必然导致的客观结果。

如果允许银行控制工商企业，由于银行的巨大规模和其掌握的丰富资源，银行会很快主导其所进入的新领域，并最终抑制竞争。但反对者认为这种观点没有多少说服力，因为在现代金融市场上，银行并不会因其拥有的放贷资源或其他资源而在非金融领域拥有竞争优势。实践中，在允许银行从事证券承销业务或其他传统的非银行业务的情形下，银行都没有在这些业务领域取得独占的市场地位。不但如此，事实上银行在其传统业务领域反而正面临着来自非银行机构的激烈竞争，也面临着来自国际性金融集团的竞争。①

如果允许商业机构控制银行机构，也会导致资源持续集中在少数几个大机构中，比如说零售集团西尔斯（Sears）已经控制了重要的经济资源。通过发放消费者贷款极大地增长了他们已经控制的资产。经济权力的集中将会导致整体经济的不稳定。拥有经济权力的机构可能会用其权力保持其优势，可能会利用其相较于其他竞争者拥有的不公平的优势，进行各种形式的互惠或搭售安排。对于部分消费者来说也具有不确定性，因为他们不知道自己能否公平接受融资服务。②

经济资源集中暗示了美国反对大的经济实体的目标，在《银行控股公司法》之后，美联储也多次以“导致经济资源过度集中”而否决了银行收购非银行产业的申请。在德意志银行（Deutsche Bank AG）的申请中，联储理事会并未批准德意志银行与意大利汽车制造商和多元化工业制造公司 Fiat S. P. A. 合资经营的申请，认为美国大银行与非银行机构密切的合作关系会导致经济资源的过度集中，不符合《银行控股公司法》的目的和公共利益。③ 在 BankAmerica Corp.

① 杨勇：《金融集团法律问题研究》，90 页，北京大学出版社，2004。

② Nancy R. Guller, “The Separation of Banking from Commerce: the Nonbank Bank Dilemma”, 7 Ann Rev. Banking L. 407 (1988), p. 411.

③ Deutsche Bank AG, Order Approving Proposed Bookkeeping and Data Processing Activities and Denying Proposed Finance, Loan Servicing, Leasing and Insurance Activities, 69 Fed. Reserve Bull., No. 5, 449, 451 (May 1981).

的申请中，联储理事会同样否决了，认为美国大银行机构与大保险机构密切的合作关系最终将会在美国和海外合营者之间编织一个关系网，可能会导致美国本土和海外商业经济资源的集中。①

（二）不公平竞争

不公平竞争实际上是经济力量集中可能带来的后果。因为存在经济力量优势，便有实施某些破坏竞争行为的可能性。

1. 银行领域。银行领域的不公平竞争主要体现在地区小银行，如果有银行与工商企业联营，这一经济集团可能通过搭售或互惠等安排给银行带来更多的客户。这一担忧在沃尔玛申请设立工业贷款公司时集中爆发了。沃尔玛提交申请后遭到了多家社区银行的反对。它们认为，申请设立工业银行的商业公司都是有规模、有资源进行掠夺性定价的，只要其进入市场，就容易把当地竞争者赶出市场。在美国特定的金融体系背景下，美国的银行机构众多，其中包含了大量的地方小银行，它们天然地对庞大的银行组织有着直接的恐惧。② 不过反对者认为，现在美国银行业已经发生了巨大的变化。银行跨州设立分支机构及跨州扩张的发展，③ 使得银行领域出现被少数大型背后有联邦政府资金支持的银行主导的现象，在一定程度上也削弱了反竞争的担忧。④ 中小规模的银行变得越来越脆弱，因为它们并不是“大而不倒”的，未来集团化还会继续，并且小银行很难在未来银行危机中存活，⑤ 与商业机构联营可能为中小银行提供另一种途径——通过依靠商业母公司——存活下来。⑥

2. 工商业领域。支持分离政策的人认为，银行与工商企业联营，将会使得工商企业便于获得银行的廉价资金，比如说银行向工商企业发放优惠贷款，相较于没有银行关联方的工商企业来说，这些工商企业因为便于获得廉价资金而获得竞争优势。进一步说，被控制的银行可能没有自主权，而成为工商企业的提款机，同时也排除其他竞争工商企业及其关联方从被控制的银行获得信贷。除此之外，还有“搭售”的问题，被控制的银行可能会要求借款人购买关联企业的

---

① BankAmerica Corp., Order Denying Investment in Allstate International S. A., Zurich, Switzerland, 60 Fed. Reserve Bull., No. 7, 517, 519 (July 1974).

② FDIC, “Mandate for Change: Restructuring the Banking Industry” (1987), pp. 1 - 14.

③ Reigle - Neal Interstate Banking and Branching Efficiency Act of 1994, Pub. L. No. 103 - 328, 108 Stat. 2338 (1994) (codified at 12 U. S. C. § 1831u (a) (1)).

④ Arthur Wilmarth, “The Dark Side of Universal Banking: Financial Conglomerates and the Origins of the Subprime Financial Crisis”, 41 CONN. L. REV. 963, (2009).

⑤ Arthur Wilmarth, “The Dark Side of Universal Banking: Financial Conglomerates and the Origins of the Subprime Financial Crisis”, 41 CONN. L. REV. 963, (2009).

⑥ Mehrsa Baradaran, “The ILC and the Reconstruction of U. S. Banking”, 63 S. M. U. L. Rev. 1143 (2010), p. 1174.

产品作为发放贷款的前提条件。

不过反对者认为，不公平竞争的观点忽略了银行给关联企业提供低于市场利率贷款的机会成本。关联银行所在的集团安排银行向银行的关联机构或关联机构的客户以低于市场水平的利率发放贷款得不到任何益处，因为如果这样做，银行以及整个集团丧失了本来可以市场利率向第三方发放贷款获取利息收入的机会，增加了机会成本。不管银行的筹资成本多低，也不管形成银行筹资低成本的原因是什么，上述机会成本的原理都成立，所以，银行如果认真考虑机会成本，就不会给其关联工商企业提供优于市场条件的贷款，从经济上说，银行业和工商业联营形成不公平竞争的基础不存在。对于拒绝向竞争者贷款，实际上，一家银行很少有能力将市场权力从存款和零售银行业务扩张到非银行业务，即使银行拒绝向其非银行关联方的竞争者贷款。因为商业贷款市场竞争太过激烈，非银行业公司的竞争者可以从其他当地银行获得融资，尤其是那些无意促进垄断的银行，而且也可以通过其他可替代的非银行渠道获得资金，或者是从非当地银行处获得资金。① 就“搭售”而言，现在没有哪一家银行的实力强大到足以能强迫客户在取得贷款时向其购买其他产品或服务，银行不可能因能提供信贷服务而拥有市场优势。

（三）联邦安全网扩大

联邦政府给银行系统提供了一个安全网（safety net），包括联邦存款保险、美联储贴现（Federal Reserve Discount Window）和最后无风险结算支付系统交易（final riskless settlement of payment system transaction）。联邦安全网通过允许商业银行和其他存款机构获得低成本资金来向它们提供补贴。联邦存款保险将银行失败的风险从银行所有者和他们的关联方转移到联邦存款保险资金，最终转移到纳税人。

银行业与商业混业的一个主要问题是，联邦存款保险可能会刺激工商企业与投保银行联营来将风险从不被联邦安全网覆盖的商业实体转移到受保的银行关联方。结果就会增加安全网的风险，任何相关的补贴，可能会被转移给商业实体。风险在投保银行与未投保商业实体之间潜在地转移可能会导致不合适的风险管理和资源错配，并且在其他工商业领域造成不公平的竞争。② 尤其当商业母公司是“太大而不能倒”时，FDIC 资金将会被用来救助商业母公司。③ 在 2008 年金融危机时，就有人站出来反对将不良资产救助计划基金用来救助通用汽车金融服务公司，认

---

① Whitehead, “Interstate Banking: Taking Inventory”, Fed. Reserve Bank of Atlanta Econ. Rev., May 1983, p. 18.

② GAO Rep. 05 – 621, p. 72.

③ See generally Consideration of Regulatory Reform Proposals: Hearing Before the S. Comm. on Banking, Housing, and Urban Affairs, 108th Cong. 338 – 40 (2004) (written testimony of Ed Mierzwinski, Director of Consumer Protection, U. S. Public Interest Research Group & Margot Saunders, Managing Attorney, National Consumer Law Center).

为联邦救助是对联邦安全网拓展到非金融工业。①

反对分离者认为，这种观点假定商业关系会增加风险，而商业公司本质上比银行更具风险并容易失败。从历史数据来看，有商业母公司的工业贷款公司与其他投保存款机构相比，也并未表现出更大的失败的风险。② 事实上，在 FDIC 保险基金和最终贷款人的美联储的保护下，银行使用其投资者和存款人资金从事冒险行为，已经承担了过高的风险。③ 而且这种风险也可以通过在银行和它们的商业关联方之间设置安全墙进行规制。比如说，《联邦储备法》（*Federal Reserve Act*）的第 23A、23B 条对正常交易的要求和对关联交易规模的限制就是一项安全措施，用来保护投保机构避免不利的集团内部公司交易。

（四）利益冲突

利益冲突来自银行多种身份的重叠，各种身份所代表的利益不同而产生冲突，从而可能导致不稳健的银行实践。其中，银行最初的身份就是吸收公众存款并发放贷款的金融中介机构。

《1933 年银行法》针对内生于银行与证券公司关联关系的利益冲突而导致了影响银行偿付能力的行为。到了 1970 年修订《银行控股公司法》时，“利益冲突”又一次被用来当作立法修订的目标。当时国会认为，银行可能会因为有非银行关联方而违背了其“经济中立”（economic neutrality），这种担心不再源自经济实体规模带来的政治和经济的影响，而是在于没有银行关联方的小企业可能会因为资本市场的圈定而被钳制。④ 如果允许银行业和工商业在一个集团中联合经营，将增加银行从事不当竞争或其他不当行为的风险，加大利益冲突的可能性；一旦银行被认为存在利益冲突，其信贷决策的客观性会受到影响，银行将丧失其信贷决策信号的市场价值和可靠性，影响其在市场中的传统公正融资者地位，而且可能导致稀缺资源的低效配置。实际上，让公众公平和平等地获取信贷在当前仍然是监管当局和国会的一项十分重要的目标。

总体来说，银行与工商企业混业的利益冲突主要体现在银行以存款人利益为代价和违背银行经济中立地位进行自我交易。

（五）银行体系安全和稳固

正如前文所述，银行与工商企业联营将会使银行处于一个利益冲突的地位，可能导致不稳健的银行实践。

---

① Arthur E. Wilmarth, “Viewpoint: Giving GMAC Aid Would Be Big Mistake”, AM. BANKER, Dec. 3, 2008.

② Christine E. Blair, “The Mixing of Banking and Commerce: Current Policy Issues”, 16 FDIC BANKING REV., no. 4, 2004, p. 114.

③ IERGIORGIO ALESSANDRI & ANDREW G. HALDANE, BANK OF ENGLAND, BANKING ON THE STATE 8 (2009), citing from Mehrsa Baradaran, “The ILC and the Reconstruction of U. S. Banking”, 63 S. M. U. L. Rev. 1143 (2010), p. 1177.

④ Symons, “The Business of Banking in Historical Perspective”, 51 GEO. WASH. L. REV. 676 (1983), pp. 714 – 718.

在银行被商业企业控制的情况下，银行被迫向关联企业发放优惠贷款，虽然从整个集团利益来看，盈亏相互填补，但是对于银行来说，却是实实在在的收入损失。再者，如果银行被迫拒绝关联工商企业的竞争者的贷款申请，即使竞争者可以从其他途径获得融资，但是关联银行却是丧失了盈利的机会。

在1956年《银行控股公司法》立法之前，就出现了控股公司与银行进行关联交易最终导致银行暂时关闭的案例。1953年2月，得克萨斯州的达拉斯银行贴现公司（Bankers Discount Corp. of Dallas, Tex.）获得了埃尔姆伍德公园第一州立银行（the First State Bank of Elmwood Park，以下简称埃尔姆伍德公园银行）、芝加哥北德文郡州立银行（the Devon – North Town State Bank of Chicago，以下简称德文银行）的控制权，几乎在获得股票的同时，银行贴现公司就从每家银行获得了银行法定贷款限制数额的信用贷款。银行贴现公司还与两家银行分别签订了购买商业票据的合同，约定两家银行分别从银行贴现公司购买2 180 000美元、925 000美元的票据。1953年3月31日，伊利诺伊州政府账目审计师向FDIC建议，如果埃尔姆伍德公园银行和德文银行没有在4月2日前移除向银行贴现公司的贷款以及向其购买的票据，将会接管两家银行。虽然对整改期限进行了展期，但是两家银行仍然未能按照规定整改，4月11日，审计师接管了两家银行，同时还接管了刚刚同意购买银行贴现公司800 000美元票据并向其发放65 000美元信用贷款的西部欧文州立银行（West Irving State Bank，以下简称欧文银行）。因为接管行为，欧文银行与银行贴现公司的票据买卖交易被取消了，在银行贴现公司返还65 000美元信用贷款后，欧文银行在没有其他公司进行财务支持的情况下于4月20日重新开业。德文银行在处理完其持有的银行贴现公司的票据后在5月28日重新开业。而埃尔姆伍德公园银行在从FDIC获得大约4 820 000美元的财务救济后，被重新组建为一家新的银行。① 在这样的背景下，国会看到了银行控股公司对银行安全带来的隐患，认为需要对公司控制银行的行为进行规制。

此外，美国金融监管的实践表明，金融集团作为一个企业实体整体运行，会倾向于利用经营正常成员的资源援助出现财务问题的关联机构。花旗集团前任主席沃特·斯瑞顿（Walter Wriston）曾说过："大银行会弃其控股公司的任何子公司于不顾，那是不可想象的。如果你的大名写在大门上，那么在实践中你的所有资金都会用于支持你的子公司。律师可以辩论说存在法人分离（而不用银行为子公司承担责任），但市场不会那么看，市场的态度最有说服力。"② 即使法律对银行与其关联工商企业之间的交易进行了限制，并且这些限制很有效，但关联工商企业出现财务困难也不可避免地会损害人们对银行本身的信心，因为消费者和市场总是习惯于将控股公

---

① H. R. Rep. No. 84 – 609 (1955) pp. 18 – 19.

② W. Wriston, Testimony before the Senate Committee on Banking, Housing and Urban Affairs, Financial Institutions Restructuring and Service Act of 1981, 97th Cong. 1st Session, 1981.

司视为一个单一的整体。[①] 所以，“允许银行和工商企业的集团化将加大政府安全网以及相关补贴转移到工商业的危险，并导致不当承担风险，不当配置资源，引发其他产业的不平等竞争。尽管有人认为这类风险可通过在银行和其商业关联机构之间设立防火墙来降低，但研究表明防火墙在经济不景气时期并没有发挥作用，或管理人员故意规避了防火墙的限制”[②]。

而且在美国立法者通常的观念中，工商企业就是在市场上自由竞争，它们相较于银行面临更大的经营失败的风险，所以，立法者选择了分离政策，从源头上防止过多的风险传导到银行。

（六）公共利益

“公共利益”也被作为美国银行业与工商业分离的政策考量因素，它的内涵外延并不是十分清晰，其与前面五种因素的界限也并不十分清晰。它包含了竞争和效率因素，[③] 也包含了便利，比如说方便社区居民获得金融服务。

2012 年，美国政府责任署（United States Government Accountability Office，GAO）向国会提交报告，建议保留现有工业贷款公司等机构的豁免规定，公共利益的考虑起了很大作用。虽然被豁免的机构造成了银行业与工商业混业的情况，可能会出现利益冲突，导致不稳健的银行实践，甚至对联邦存款保险造成损失，但是它也增加了社会福利，比如说更廉价便利的金融服务，更多的就业机会。同时豁免机构资产数额在信贷市场的份额不足 1%，影响甚微。最终 GAO 建议保留现有豁免规定。

（七）小结

银行作为获许吸收公众资金的金融中介机构，其所拥有的庞大的资金规模代表了其所具有的金融力量，银行的金融资本可以为工商企业扩大生产服务提供廉价资金。同时，银行又具有脆弱性，银行是靠信用维系的，现代商业银行都是部分准备金体系，如果公众丧失了对银行信用的信心，那么银行就会面临严重的流动性危机，甚至可能引发系统性风险。

正是因为银行兼具力量性和脆弱性，在银行与工商企业联营时也可能产生两方面问题：一是垄断和反竞争，二是金融风险。与之对应的，美国坚持银行业与工商业分离立法也主要基于两点考虑：一是保护竞争，二是维护金融安全。

前文所述的政策考量因素基本上也可以归纳入这两个大类，防止经济资源集中和不公平竞争是典型的保护竞争的表现，维护银行体系安全和稳固是维护金融安全的考虑。防止联邦安全网的扩大一方面体现了给予了有关联银行的工商企业相对竞争优势，另一方面也体现了工商企

---

① J. Virgil Mattingly, Keiran J. Fallon, “Understanding the Issues Raised by Financial Modernization”. 2 N. C. Banking Inst. 25, 1998, p. 32.

② Financial Restructuring, Leach Circulates GAO Study Criticizing Mixing of Banking and Commerce, Banking Policy Report, April 7, 1997, p. 10.

③ 12 USC § 1843 (j) (2) (A); 12 CFR § 225. 26.

业的经营失败可能传导至金融体系而需要纳税人的钱为私人行为买单。利益冲突实际上描述了在联营情况下，银行所处的客观状态，因为存在利益冲突，所以银行可能会采取不稳健的行为，不论是自愿的还是被迫的，这都造成两方面影响：一是违背了银行中立贷款者的身份，而给予关联工商企业竞争优势；二是不稳健的实践可能导致银行损失，不利于银行稳定。

实际上，银行业与工商业混业或是分离的收益成本都是不确定的，很难用收益成本方法来确定何种选择是最符合经济理性的。因为无论是国民经济表现或是单一企业的业绩表现都取决于多项因素，包括宏观经济政策、竞争、产业结构、教育以及管理者和职工的动力对竞争力和生产率的影响，在保持其他因素不变的情况下，去比较有无单一政策可能产生的不同影响几乎是不可能的。在有限的混业实践中，经验研究也没有统一的结果。在一些从事机动车生产的控股公司中，工业银行为消费者提供信贷可以帮助控股公司销售产品，同时工业银行也可以通过控股商业公司的客户吸收存款，甚至可以通过强大的商业母公司获得更高的品牌声誉。但是也有一些大型零售商控股工业银行后没有实现预期的协同效应，最后选择剥离金融业务。[①] 比如说通用电气自2013年开始逐渐剥离其金融业务，回归实业，因为其金融业务已经成为整个集团发展的累赘。[②]

然而机构的力量具有明显的缺陷。它造成了严重的利益冲突，尤其是当机构对它拥有股份的企业指手画脚的时候。对机构持股的某些禁令是出于某些观念，尤其是罗斯福新政时期的某些观念，即机构如果拥有了权力就会滥用它们。即使这些观念有些夸张，它们却不是编造出来的，而且也不能保证机构被允许拥有权力后就不会滥用它们。[③]

四、 结语

历史上，美国监管当局一直致力于控制因银行引发的整体风险。为防止银行经营失败、控制存款人损失以及防止发生银行恐慌，银行监管当局首先采取了限制银行承担风险的做法。随着存款保险的诞生，控制银行风险的同时也控制了对存款保险金的耗用，从而保证了存款保险体系的运作。控制银行风险的努力是现行银行体系和保护存款人的重要因素，这些控制措施必须足以将银行承担的风险控制在与保护存款人利益、维护金融的整体稳定和存款保险体系持续运

① GAO Rep. 05 – 621 (2005), pp. 73 – 74.

② 陈广磊：“产融结合迷思之一：通用电气为什么要剥离金融业务”，资料来源：http://finance.sina.com.cn/zl/bank/2016 – 09 – 20/zl – ifxvyqwa3539218.shtml，2018年3月8日最后访问。

③ ［美］马克·J. 洛著，郑文通等译：《强管理者 弱所有者：美国公司财务的政治根源》，331 – 332页，上海远东出版社，1999。

作相匹配的程度上。①

其实，一些国家所谓的“全能银行”也并非全能，还是有一些限制性规定，因为集中的经济力量会有缺点，即使会带来生产效率的提高。为了控制银行持股非银行机构可能会给银行带来的风险，德国《银行法》接受了欧盟指令中有关银行对外投资的规定：“银行持有一个非金融企业股份的账面价值不能超过其自有资本的15%，银行对非金融企业投资的总额不能超过其自有资本的60%。”② 日本的《禁止私人垄断及确保公正交易法》第11条原则上禁止“经营银行业或保险业的公司，取得或拥有其他国内公司表决权超过占全部股东表决权的5%（经营保险业的公司为10%）”③。

当立法机构通过一项从公众利益出发的法律时，它也是从若干都可以实现公众利益的法规中进行选择。哪一个法规最终能得以通过并延续下来是由公共选择、偶然事件、利益集团的压力以及民众观点的某种组合决定的。④ 公众对大型货币中心银行的普遍厌恶以及小城镇银行的政治势力，促成了美国分散化的银行体制，使银行无法控制产业，也使得大型产业机构无法通过控制银行来帮助自身在产业领域获得垄断地位。

不过，从美国的历史来看，虽然确立了银行业与工商业分离的原则，但美国从来也没有实现银行业与工商业完全的分离，⑤ 而是在规制和放松规制的过程中寻求最佳的“度”，以回应当时的社会问题。在当下，原则性分离并给予必要豁免的立法就是美国立法者认为的恰当的“度”。

（责任编辑：宋　悦）

---

① ［美］肯尼思·斯朋 著，中国银行业监督管理委员会译：《美国银行监管制度》，42页，复旦大学出版社，2008。

② 杨勇：《金融集团法律问题研究》，77页，北京大学出版社，2004。

③ ［日］村上博正著，姜姗译：《日本禁止垄断法》，180页，法律出版社，2008。

④ ［美］马克·J. 洛 著，郑文通等译：《强管理者 弱所有者：美国公司财务的政治根源》，108页，上海远东出版社，1999。

⑤ FDIC，Mandate for Change：Restructuring the Banking Industry（1987），p. 140.

有关敌意收购防御措施之日本司法案例介绍

■朱宝玲*

摘要：本文通过介绍日本有关敌意收购的两个特别司法案例，介绍并分析日本企业针对敌意收购之防御措施方法及日本司法就防御措施合法性判断的标准和相关法律规制。企业就敌意收购所实施的防御措施是否合法有效，在日本，传统的司法判断标准原则上依据“主要目的规则”。依据该规则，即使是从结果上导致收购困难的新股发行，只要其主要目的是资金募集，则其发行具有正当性，防御措施合法。而如果该发行主要目的是维系现有经营团队对企业的支配权，则属于不正当发行，该防御措施不合法。但作为例外，即使主要目的是维系支配权，但从所有股东共同利益角度出发，存在使防御措施正当化的“特殊情况”时，则判断该防御措施不属于不公正发行。本文介绍的两个案例，在传统的判断标准以外，分别以股东平等原则、滥用权利和机构权限分配论、公平判断者论进行分析加以判断。

关键词：敌意收购　防御收购措施　企业价值　权利滥用　主要目的规则　权限分配论

20世纪90年代初日本泡沫经济崩溃后，日本企业所处的经济和法律规制环境都在变化，在此之前长期存在的企业间相互持股现象逐渐减少，企业跨国交易更加活跃，这些环境变化促使敌意收购①增多。而当时在日本，针对敌意收购的防御措施②合法性标准，并没有充分的司法判决实践，因此就何种防御措施妥当合法，并没有一个十分明确的判断标准。企业价值研究会③根据判例和学界研究，2005年5月制定了《企业价值研究报告》，在其基础上，日本经济产业省和

---

* 北京大学法学院博士研究生，天津财经大学法学院副教授。

① 本文中所谓“敌意收购”，是指没有获得对象企业（是指收购对象企业，也称标的企业）经营团队的同意和协助，而进行转移对象企业支配权的企业收购行为。

② 本文中所谓“防御措施”，是指对象企业以现有经营团队阵营为主体，针对敌意收购所采取的对抗措施。其方法比如第三方定向增发等。

③ 企业价值研究会是日本经济产业省（国家级行政机构，相当于我国商务部）设置的一个研究会，以研究日本的M&A和企业价值为目的。2004年9月16日第一次开会，其研究成果是2005年该研究会与经济产业省和法务省共同发表的「企業価値・株主共同の利益の確保又は向上のための買収防衛策に関する指針」，此外，该研究会对Livedoor与日本放送收购事件的案例讨论也有一定的影响力。

法务省[①]制定公布了《为确保和提高企业价值/股东共同利益之防御被收购措施的相关指南》（以下简称《防御措施指南》），根据该《防御措施指南》，具备提高企业价值和确保股东共同利益的要件，且不是经营团队为保自身而任意制作的防御措施，则应被允许。但因该《防御措施指南》与此前的司法判例所体现的判断标准有距离，其合法性被实务界质疑[②]。

此后，市场型间接金融制度环境深化下的日本，特别是在2006年《会社法》实施后，敌意收购等外来资本对企业的支配控制问题引发各界热议。海外投资基金等机构投资者或实体企业作为敌意收购者不满足于流通市场交易的获利，积极参与投资企业的经营，以短期收益为目的影响被收购企业的经营和投资方向，甚至以掠夺被收购企业的资产作为目的进行收购。针对敌意收购之合法有效的防御措施之标准再次成为各界关注的问题。

本文通过介绍美国投资基金 Steel Partners Japan 对日本食品制造商 Bull - Dog Sauce 的股票收购事件，以及 Livedoor 对日本放送收购案中第三方定向增资两审司法判决，分析日本司法就敌意收购之防御措施合法性之判断标准。

一、 美国资本 Steel Partners Japan 收购 Bull - Dog Sauce 股票事件

（一）收购背景和案件概要

20世纪90年代以后，日本泡沫经济崩溃，众多的金融机构和企业都存在不良债权问题。以银行为代表的金融机构苦于以不动产担保贷出的款项难以收回，而众多企业则苦于持有的不动产价格持续下跌导致企业负债率突增以致资产负债表难以见人。进入21世纪初期，日本金融机构的不良债权仍无法处理完，于是欧美的金融资本特别是投资基金等就盯上了价格低廉的日本股市，开始积极收购日本企业的股票。

同时期20世纪末到21世纪初期，日本的相关立法改革也为欧美投资机构提供了便利。日本为消除之前长期存在的为确保经营稳定而存在的公司间相互持股制度，修订商法，从法律上认可持股公司，并就企业合并和收购等企业重组规制新颁布《会社法》[③]，于2006年5月开始实施。传统的日本型经营要素包括终身雇佣、论资排辈、企业内工会等企业文化和特质，形成企业内部升迁惯例，董事一般来自员工，企业受董事等经营阵营主导，这种企业治理机制长期存续，成为惯例。《会社法》从立法上导入美国型重视股东机制后，这种传统的企业治理机制开始发生变化，传统的日本型企业治理结构遭遇前所未有的挑战。包括欧美投资银行等资本运营者对日

---

① 经济产业省是日本主管经济的国家级行政机构，相当于我国的商务部。法务省是主管企业注册和律师注册等的国家级行政机构，其管辖事务范畴，相当于我国工商管理总局和司法部两个部门。

② 寺本健人：《敵対的買収に対して許容される防衛策》、立命館法政論集 第12号（2014年），76－77页。

③ 日本《会社法》规定了四种企业形态，近似我国的《公司法》。

本企业的影响逐渐增强。

在这种背景趋势下，发生了美国投资基金 Steel Partners Japan（以下简称 Steel）收购日本制造商 Bull－Dog Sauce（以下简称 Bull－Dog）股票的事件。作为对日投资的一环，Steel 从 2002 年 5 月就开始对日本百年老店 Bull－Dog 的股票进行公开收购，并在 Bull－Dog 股东会中积极发言，要求增加股东分红，改变投资方向，要求该公司以短期股价提升为目的开展投资行动。针对 Steel 发起的 TOB①，Bull－Dog 展开对抗，召开股东会，决议发行新股期权，只对 Steel 不交付新股，而是支付相当于该发新股的对价，以此方法使得 Steel 所持有的有表决权股份比例降低约 3%②。83% 的股东表示赞成该决议，股东会决议通过。就此，Steel 向东京地方法院提出了暂停处分申请，要求暂停该股东会决议的实施，同时面向股东更改 TOB 条件，将每股价格提高（从 1584 日元提高到 1700 日元）。东京地方裁判所拒绝了该申请。后 Steel 上诉到东京高级裁判所和最高裁判所，其申请结果都被以滥用权利为由被拒。由此，Bull－Dog 的防御措施获得司法的认可。此后，就这种司法判断、日本的金融市场模式、企业经营理念和企业价值、股份公司之社会责任等问题，以及具体到股东平等原则、新股期权的公正性、敌意收购者的概念问题等，在日本掀起了一番热议③。

（二）Steel 对 Bull－Dog 案争议点和司法判断

Bull－Dog 是一家百年老店，从日本大正年间④就开始生产制造调味酱，一直以尊重他人、提供让人幸福的商品为经营方针。然而 Steel 的 TOB 从一开始就充满了火药味，其积极参与股东会想方设法让其投资方向转向短期收益。Bull－Dog 在其 2007 年 8 月发布的针对该 TOB 的声明中指出，这种 TOB 不仅不能提高被收购企业的价值，还有损所有股东的共同利益，认为这种对企业事业方针和财务决议的干涉是有害的，是有损企业价值的，必须阻止，否则难以维系企业健全

① takeover bid（美式英文也称 tender offer），指公开收购，即将收购股票和期间、收购数目和收购价格进行公示，在股票交易市场外，面向不特定多数股东进行的股票收购。在日本证券市场，根据《金融商品交易法》（2006 年前是《证券交易法》），达到一定数量以上的证券交易，需进行公开收购。

② 参考：2007 年 8 月 30 日 Bull－Dog Sauce 株式会社《当社の株券等の大規模買付行為に関する対応方針（買収防衛策）について》中的对策方案。

③ 参考：《日本经济新闻》2007 年 6 月 8 日，7 月 10 日，7 月 16 日，8 月 8 日各报报道。当时 Steel Partners 在日收购的状况，除了持有 Bull－Dog Sauce 的 10.15% 股份以外，Steel Partners 当时还大量持有其他日本企业股票，Aderans24.69%，三精输送机 24.57%，札幌持股公司 17.96%，Noritsu17.59%，日清食品 14.89%，Esaki Glico14.44%，Fukuda Electronics14.09%，Yushiro 化工 13.69%，Citizen Holding11.59%，天龙制锯 11.18%，Brother Industries9.19%，House Food Products7.94%，Kikkoman5.65%。Steel Partners 的这些收购后，不是着眼于被收购企业的长期发展，而是以短期内获利为目的，并积极干预企业经营。

④ 日本年号之一，明治之后，昭和之前，1912 年 7 月 30 日到 1926 年 12 月 25 日。

发展①。尽管Steel表示其希望100%持有Bull－Dog，支持现有经营者，但Steel对Bull－Dog经营基本战略的干涉和投资操纵却显示出其欲掌控经营的意图。② Bull－Dog在2007年6月24日召开股东会作出特别决议，决议发行新股期权，只对Steel不交付新股，而是支付相当于该发新股的对价。一周后Steel向东京地方裁判所提出申请，要求法院中止Bull－Dog启动该股东会特别决议的防御收购措施。

东京地方裁判所认为，该防御收购措施决议是股东会特别决议（三分之二以上股东赞成），相对于普通决议更能确保意思决定的公正性，不违反股东平等原则。股东会作为企业最高决议机构，有权决定是否应该对收购者采取对抗措施。并且Steel并没有明确全部收购后的经营方针，其主张缺乏合理性。就该防御收购措施中的新股期权的分配，对所有股东均是一股配三个期权，不允许Steel行使期权，但对此给予Steel一股396日元的对价，现金总额达23亿日元，这种方法能够确保经济利益的平等，不违反股东平等原则。③ 对该判决日本官方例外地发表言论表示支持，而Steel的CEO则批评说，该判决反映了日本市场对外国投资者的不信任。就该判决日本学术界意见两分。有学者认为该判决打击了部分股东对企业的掠夺式专横控制。也有学者认为该判决仅以金钱保障为由，无视股东对企业的支配权，缺乏法律依据。④

Steel立即上诉。东京高级裁判所围绕Bull－Dog的股东会特别决议防御收购策略是否违反股东平等原则，是否存在防御手段不公正问题，以及Steel发起的TOB之性质问题等争议点进行审议，并作出Steel败诉的判决。东京高级裁判所在认同东京地方裁判所判决观点的基础上，补充指出Bull－Dog之对策是为了防御企业价值损毁，具有合理性，不违反股东平等原则，批评该收购有违诚信原则，有损企业价值，最终会导致股东共同利益受损，同时指出作为上市股份公司，从理念上本该是营利性的，是将企业价值最大化并将利益分配给股东的营利组织，但同时作为社会一员，不能单纯追求盈利，对内有企业员工，对外有交易对象和消费者，其经济活动牵动多种多样的利害关系人，其企业价值不应仅考虑股东利益。上述企业社会责任理念最初是日本从美国引进的，东京高级裁判所将该理念用于对美国投资基金的Steel上诉案中也实属有趣。⑤

Steel向最高裁判所提出抗诉。日本最高裁判所也围绕前述三点争议点展开审议，最终还是判决做出不支持Steel主张的结论。就是否违反股东不平等原则，最高裁判所认为，除Steel以外

---

① 参考：2007年8月30日Bull－Dog Sauce株式会社《当社の株券等の大規模買付行為に関する対応方針（買収防衛策）について》。

② 参考：Steel Partners《ブルドック株式会社の株式公開買付開始について》第1页。

③ 参考：2007年6月29日《朝日新聞》。

④ 前者是早稲田大学上村達夫教授观点，后者是大阪大学末永敏和教授观点。前者支持者居多。作为金融资本市场一员的大和综合制度调查部横山淳先生也表示支持该判决，指出该判断尊重股东决议，是相对平稳的判决。

⑤ 参考：《週刊エコボミスト》2007年7月24日第12－13页。

的几乎所有股东都认为该收购以及 Steel 的经营权掌控将有损企业价值，有损股东共同利益，同时 Steel 未明确收购成功后的经营方针以及如何回收投资的方法，且 Bull – Dog 经由股东会特别决议作出的对策，也不存在有违正当性的重大瑕疵，因此不违反股东平等原则。就新股期权的发行是否属于不公正方法，最高裁判所认为，Bull – Dog 对 Steel 支付相当于新股期权价值的现金为对价，而其他股东仅是无偿获得期权，这种做法不违反股东平等原则，该期权并不是仅给予经营者团队，不存在经营团队自保的问题，因此不能判断新股期权发行方法存在不公正。就 Steel 是否存在滥用权利，最高裁判所支持了东京地方裁判所的观点认为 Steel 是滥用权利的收购者。

（三）对该司法判决日本政府显支持态度

对于该案，日本政府的态度也明显支持 Bull – Dog。2005 年日本经济产业省等曾经制作《防御敌意收购指南》，并组织学界开展研究会。① 当时的日本政府认为，尽管企业合并和收购的立法制度不断在修订改善，但防御敌意收购却没有被充分研究，因此制定指南，方便企业学习②。政府答记者问时指出，日本的防御措施，才刚刚追上美国，并不存在针对外资投资机构的问题，内外都一样。日本政府一直在做促进外资对日本投资的努力，但只欢迎能够提高日本企业价值并增强产业能力和就业的投资，而不是无视投资伦理的投资③。

二、 Livedoor 收购日本放送案

（一）收购背景和案件概要

株式会社日本放送以经营电视和广播为主业，在东京证券交易所二部上市，2005 年 1 月当时持有诉外第三方株式会社富士电视 22.5% 的股票。株式会社 Livedoor 是当时日本一家依靠并购等业绩快速增长的 IT 企业，2005 年 1 月当时持有富士电视 5.4% 的股票。2005 年 2 月 8 日 Live-

① 参考:《経済成長に向けたファンド（Fund）の役割と発展に関する研究会》。

② 参考: 2005 年版日本内閣府《経済財政白書》。

③ 参考: 2007 年 7 月 16 日《日本経済新聞》、「法務インサイドブルドック基準どう影響」。参考: 野中郁江等编著的《ファンド規制と労働組合》2014 年出版，第 50 – 63 页。无视投资伦理的典型案例之一 Union 光学收购案，收购者韩国三星对 Union 光学的经营带来的毁灭性打击。在东京证券交易所二部挂牌上市的 Union 光学是一家光学仪器厂家，创始于 1948 年，被韩国三星集团收购前拥有 300 名员工，且是相关技术领域的领头企业。1995 年三星集团看上了该企业的技术能力开始收购，2002 年三星将持有该企业的股份全部转让给注册在避税地的投资基金 Grand Point Trading。该基金委派到日方的经营者通过多次第三方定向增资操作，利用证券市场，将内部资金转移至海外，并利用此在流通市场对股价进行操纵，且存在不当解雇员工问题，2009 年因操作股价等罪名该基金委派的经营者被捕，Union 光学退市并破产（2010 年相关人员重新设立同名公司）。Grand Point Trading 所派经营者所实施的不正当金融，多发生在股价低迷的企业上，这种从发行市场和流通市场吸金的手法，被日本金融监管当局盯上了。通过这种不正当金融所获得的资金，通过投资或融资流向其他企业，无法回收而被作为特别损失进行记账。除了上市企业被当作吸金操作的壳以外，很多非公开企业也成为基金收购利用的对象，这种掠夺式投资的基金，成为以工会为核心的企业员工反抗的对象。

door 通过东证交易所 ToSTNet－1[①] 进行交易，通过其子公司 L 获得日本放送的 29.6% 股票，此时 Livedoor 和其子公司 L 合计持有日本放送 35.0% 的股票。然而在此之前，富士电视对日本放送股东发出收购要约（收购 50% 已发行股；收购期间为 2005 年 1 月 18 日到 2 月 21 日），日本放送于 2005 年 1 月 17 日书面声明赞同富士电视的该公开收购。而就 Livedoor 表示收购日本放送是想与富士电视台等进行业务合作，富士电视经营团队对此持否定意见，变更公开收购条件，降低收购比例至 25%，并延期两次直至 3 月 7 日。而 Livedoor 和其子公司 L 仍持续收购日本放送股票直至 37.85%。日本放送 2005 年 2 月 23 日董事会决议，向富士电视定向增发新股期权 4700 万股（相当于既有已发行股票总数之 1.44 倍），并公示第三方定向增发新股期权通知，由此，Livedoor 持股率降低到 17%，而富士电视行权后持股率将升至 59%。对此，Livedoor 以该定向增发属于有利条件定增，且以显著不公正方法发行，违反商法规定为由，向东京地方裁判所提出中止该新股期权发行申请。

（二）一审判决概要

就日本放送针对 Livedoor 敌对收购所实施的新股期权计划，东京地方裁判所认可了 Livedoor 提出的暂停实施申请。与上述 Steel 收购 Bull－Dog 案所不同的是，日本放送的新股期权计划决议是董事会的决议，而 Bull－Dog Sauce 是经由股东会特别决议。就公正性问题，仅以董事会决议来作出针对 Livedoor 敌意收购之决策，东京地方裁判所认为这不能满足公正性条件，这是其作出认可 Livedoor 的暂停实施申请的一个理由。[②]

此外，就日本放送提出的，该防御措施尽管从结果上能致使收购变得困难，但存在使其正当化的“特殊情况”（收购者之收购意图并不是要合理地经营对象企业等情况）。而东京地方裁判所认为，就 Livedoor 取得日本放送支配权一事，对其交易方和员工的影响等问题，是事业经营问题，就其妥当性之判断，不属于司法程序中法院应作出判断的范畴。[③]

最终，东京地方裁判所认可了 Livedoor 的申请。就此判决，日本放送上诉至东京高级裁判所。

（三）二审判决内容及理由

二审东京高级裁判所作出不支持上诉人诉求的判决。。其理由概要如下：

1. 机构权限论[④]。商法中董事的任命与解任权在股东会。董事是基于股东的资本多数决议而

---

① ToSTNeT（Tokyo Stock Exchange Trading NeTwork System）是一种交易方式，指在东京证券交易所的场外交易。ToSTNet－1 是指 1998 年 6 月 29 日开始的单一股票交易。

② 田中亘《企業買収と防衛策》，商事法務，2012 年，第 121 页。

③ 東京高決平成 2017 年 3 月 23 日判例時報 1899 号 56 页。

④ 笔者注释：就敌意收购，对象企业所实施的防御措施是否合法及合理，在日本大致存在两种学说。一种是“权限分配论”，另外一种是“经营判断原则适用论”，即经营团队为防止企业价值减损，保护股东的长期共同利益，所采取的防御措施，在现行法下属于正当的经营行为之说。参考：中山龍太郎《敵対的 M&A 対応の最先端》，商事法務，2005 年，第 126 页。

选出的执行机构，因此董事不能以改变股东结构为目的而进行新股等之发行，这有违商法就机构权限规制的立法宗旨。即使现有经营团队有合理理由认为，支持其自身的定发第三方比敌意收购方的经营方针更合理，其为改变股东结构而作出的定发决议也不妥。只有股东会有权决定谁可以作为经营者，以及什么样的事业方针。因此，现有经营者为维持自己坚信的经营方针，为变更股东结构而进行的新股发行原则上不应被允许。

2. 公平判断者论。在牵涉到董事自身地位变动和抢夺支配权的局面下，一般而言，董事到底是否能作出公平判断应被质疑：是否能从企业利益出发而不是自身利益出发进行判断？能否不仅是短期利益，而且从经济、社会、文化、技术的发展等中长期角度进行判断？大多数情况下，这些判断理应由股东和股票市场作出。

3. 就日本放送提出的，如果以机构权限论来作为根据进行判断，企业就敌意收购无法作出事前对抗措施的主张，东京高级裁判所认为：机构权限论并不是否定从保护股东利益角度出发的事前对抗措施。就新股期权的发行决定，应根据具体情况、新股期权的内容以及发行手续等个别具体的情况，来判断其是否具备合法性。从保护整体股东的利益角度，如果存在新股发行正当理由，以经营支配权维护为主要目的的新股发行也不是都属于不公正发行。比如，敌意收购者并无参加企业经营的意思，而仅仅是以抬高股价为目的进行收购；或者一时性支配该企业经营，收购目的是为获得该企业的知识产权、专有技术、商业秘密、交易对象信息等进而转移到其自身控制的其他企业（焦土化经营）；或者收购目的是将对象企业的优良资产等出售获利，进行股东分红，进而通过这些分红抬高股价后抛售股票获利。持有这些滥用目的之敌意收购者是没有资格受到保护的，如果不对其采取措施就将损害其他股东的权益。在这种情况下，董事会作出对抗措施是有必要的、妥当的，即使是以维持经营权为主要目的的新股发行也是正当的。即发生经营权争夺的情况下，以维持现有经营支配权为主要目的之新股发行，原则上应作为不公正发行允许中止申请，但如果从整体股东的权益保护角度看存在新股发行正当的特殊理由，对象企业可以证明敌意收购者的支配会给企业带来难以恢复的损害的情况下，则不能允许该新股发行中止申请。本案新股期权发行，是以降低 Livedoor 对其持股比例之定向增发（富士电视支持现有经营者），其主要目的是确保董事自身经营支配权，并且不存在正当化之情形，原则上属于不公正方法发行，有损股东一般利益。

4. 就日本放送主张的，Livedoor 成为日本放送的母公司取得经营支配权时，会对日本放送产生不可恢复的损失，东京高级裁判所认为：与日本放送在 Livedoor 的支配下的经营和在富士电视支配下经营的企业价值对比，更应重视顺应经济、社会、文化等国民意识的变化，对有关事业内容进行技术革新等，对企业价值进行中长期的判断，而不是收购后的短期判断，最终能够进行判断的是股东和股票交易市场。从经营判断的法理角度看，也不应是司法程序中的司法机构进行判断，司法机构不能从事业经营判断之相关要素角度来判断新股方向的适当性与否。因此，对于上诉人之相关主张不予支持。①

三、 有关敌意收购防御措施合法性的司法判断标准

在日本，防御敌意收购多以发行新股或新股期权的方法②，而就新股或新股期权发行措施之合法性的司法判断标准，原则上依据“主要目的规则”。据该规则，即使是从结果上导致收购困难的新股发行，但如其主要目的是资金募集，则其发行具有正当性，防御措施合法。而如果该发行主要目的是以维系现有经营团队对企业支配权为目的，则属于不正当发行，该防御措施不合法。但作为例外，即使主要目的为维系支配权，若从所有股东共同利益角度出发，存在使防御措施正当化的“特殊情况”时，则判断该防御措施不属于不公正发行。本文介绍的两个案例，在传统的判断标准以上，分别从股东平等原则、滥用权利和机构权限分配论、公平判断者论进行分析并加以判断。

在 Steel 对 Bull – Dog 案中，Bull – Dog 实施的新股期权将 Steel 和其他股东差别对待，引发是否违反股东平等原则以及是否属于不公正发行之争。一审判决认为经由股东特别决议，对 Steel 不给予新股期权但支付高额对价，并不违反股东平等原则。二审判决认为，Bull – Dog 的防御措施有必要性和适当性，Steel 作为收购者是滥用权利。最后，最高裁判所仍作出支持一审判决的结论，尊重股东决议，认为属于公正发行，不违反股东平等原则。

但就以上判决，有批评意见说，新股期权无偿给付，是关系到股东平等原则（强制性法规）的问题，不应是章程或者股东特别决议就可以使其当然具备合法性的。③ 尽管存在这种反对声音，主流观点还是认为，现行日本法下，采用通过股东决议实施差别对待的新股期权发行的方法，是一种合法且合理性高的防御敌意收购措施。④ 此外，还有观点认为 Bull – Dog 的防御措施中给 Steel 的对价是以其公开收购价格为基础计价的（而不是市场价格），假设 Steel 之收购本意不在经营权的获取，而是意在让对象企业对其支付高价对价（以自己提出的价格回购相关股票），那么这种判决是否会让这种行为得到法的背书获得公认。⑤

---

① 田中亘《買収防衛策の限界を巡って一日本放送事件の法的検討一》日本銀行金融研究所 2007 年 10 月第 1 页到第 6 页。

② 除了新股或新股期权发行措施以外，防御敌意收购措施还有多种：作为日常防御型的一种常见方法是形成稳定股东势力（支持现有经营阵营的稳定股东），而随着日本企业间相互持股状态的减少，有些企业采取将董事任期或解职条件作为董事会决议事项，还有通过发行能够有权拒绝董事会决议的特别种类股票，或者规定高额的董事解职金等，让收购者难以获取企业的支配权。

③ 田中亘：《企業買収と防衛策》，商事法務，2012 年，第 246 页。

④ 藤本周・茂木美樹・谷野耕司编著：《敵対的買収防衛策の導入状況— 2012 年 6 月総会を踏まえて一》，商事法務 1977 号，第 24 页。

⑤ 田中亘：《ブルドックソース事件の法的検討（上）》，商事法務 1809 号，第 19 页。

在 Livedoor 对日本放送案中，日本放送采取的第三方定向新股发行防御措施是通过董事会决议作出的。从该判决中也可以了解到，就是否经由股东决议关系到防御措施合法性的认定，这是日本司法界和学界的普遍认识。但就此也存在质疑声音，即如果是事前导入的预防措施，在通过股东决议的那一刻，股东并不可能获得未来收购者的信息，也因此并不能判断未来收购者的收购是否有损于企业价值和股东共同利益的提高。[①] 而董事等经营团队往往为保身而作出防御收购措施案，这种目的出发的防御措施案本该是违法的（违反董事对企业的忠实义务等），但经由股东会决议后则合法化。尽管企业的支配权问题应由股东决定，股东会决议应被尊重，但股东会决议也存在缺点，事前预防时所进行的决议往往股东很难掌握相关信息，同时很多股东对经营并不关心（特别是上市企业，这种风险就更大），因此股东会的判断到底存在多大合理性很难判断。在这种意义上，防御措施的正当化，程序上应经由股东会决议，但其前提条件至少应是股东们掌握充分信息情况下进行的决议。

（责任编辑：彭雨晨）

① 寺本健人：《敵対的買収に対して許容される防衛策》，立命館法政編集第 12 号，2014 年，第 83 页。

《金融法苑》征稿启事

《金融法苑》由北京大学金融法研究中心主编，以金融法研究为对象，采用以书代刊的形式出版。自1998年创刊至今，《金融法苑》已公开出版百辑，目前一年出版两辑，每辑15～18篇论文，约20万字，由中国金融出版社出版。《金融法苑》已被北京大学法学院列为学院核心刊物，并自2014年起入选CSSCI来源集刊。《金融法苑》目前授予“北京大学期刊网”“中国知网”“元照数据库”“北大法宝”“超星数字期刊”等数据库电子版权。凡向《金融法苑》投稿的作者，视为同意上述授权，本刊所支付的作者稿酬已包含上述著作权使用费；如不同意，请在投稿时注明，编辑部将作适当处理。

《金融法苑》设有“热点观察”“专论”“金融实务与法律”“金融法前沿”“公司与证券”“银行与法律”“财会与法律”“保险与法律”“WTO与金融”“金融刑法”“金融创新”“金融监管”“金融法庭”“海外传真”等栏目，及时反映金融法理论、热点事件、立法与实务等最新研究成果和动态，文风活泼，文字清新，深入浅出，侧重阐明事理，解决问题。作为专业特色明显的刊物，《金融法苑》在学界和实务界有着良好的影响，适合立法者、金融法务工作者、相关专业的师生阅读和参考。

为规范《金融法苑》用稿，提高编辑质量和效率，编辑部拟订《〈金融法苑〉写作要求和体例》，请投稿者务必自觉遵守。自2014年1月起，本刊只接受电子版投稿，投稿邮箱为：jinrongfayuan@ 126. com。投稿文档请按如下格式标明，并同时标注于邮件主题上：“投稿日期_ 作者_文章名”，例如：“20031022 _ 吴志攀_ 银监会的职责与挑战”。

凡投寄本刊的稿件，请勿一稿多投。投寄本刊的稿件三个月内未收到编辑部用稿反馈的，可自行处理。在编辑部编辑稿件过程中，如遇到他刊拟采用的，请作者及时告知相应的决定，以免造成重复刊发。

有意投稿者还可关注北京大学金融法研究中心网站（www. finlaw. pku. edu. cn）和微信公众号（“Pkufinlaw”和“北京大学金融法研究中心”），获取金融法研究中心和《金融法苑》的出版资讯、学术活动、征稿主题等相关信息。网站地址和微信公众号二维码请见本辑封底。

《金融法苑》写作要求和注释体例

一、字数要求

一般不超过8 000字（包含注释，以Word的字数统计为准），特别优秀的论文可适当增加1 000~2 000字。

二、编排体例

1. 文章标题：居中，三号加粗宋体字，标题一般不超过25个字，尽量不使用无实质意义的副标题；

2. 作者：居中，小四号宋体字，用＊标记脚注，注明学习/工作单位、电子信箱、联系电话、通讯地址（邮编）等；

3. 中文摘要：小四号宋体字，不超过300字，写明文章的主要观点、研究方法等；

4. 关键词：小四号宋体字，2~5个关键词，需体现文章核心内容；

5. 正文：目次采用“一、（一）1. （1）1）”顺序，尽量避免过多层次，标题加粗，全文小四号宋体字，1.5倍行距，段前段后不空行；

6. 注释：采用当页脚注，每页重新编号，①②③格式，五号宋体字，单倍行距，注释间不空行。

三、内容规范

文章需符合基本学术规范和著作权规则。对违反法律法规、学术规范的文章，由作者本人承担一切后果。

四、格式规范

（一）数字

1. 文章中涉及的确切数据一般用阿拉伯数字表示。例如：20世纪80年代，不采用“1950年代”的写法。

2. 约数用汉字表示。例如：大约十年，近二十年来。

3. 法律条文，应该以中文大写数字表示，包括所引用的法条中涉及的条款。例如：《中华人民共和国刑法》第十一条。引用法律或案例应准确无误，作者应核对与文章内容时点对应的有效法律条文内容，注意条文序号是否已被调整。

4. 农历的年、月、日一般用中文汉字；古代皇帝的年号也用汉字。例如："光绪二十九年"等。

（二）图表

1. 图表应简洁大方，同一图表尽量避免跨页排版。

2. 图表标题应标明序号，置于图表上方，图表下方注明资料来源。

（三）法律规范或其他规范性文件

1. 无论中西文法律或规范性文件，首次出现，写明全称（注明中华人民共和国），以后可以用简称，但需在首次出现的全称之后用括号界定。

2. 必要时，在法规之后注明其生效或实施时间。

（四）注释

1. 总体要求

（1）注释以必要为限，对相关文献、资料等来源进行说明，以便读者查找。直接引证不使用引导词，间接引证应使用引导词。支持性或背景性的引用可使用"参见""例如""例见""又见""参照""一般参见""一般参照"等；对立性引证的引导词为"相反""不同的见解，参见""但见"等。

（2）注释的标识位置。一般紧跟着要说明的词语或句子。一般地，注释标识放在逗号和句号后面，也可在句号前，根据所需注释的内容而定。涉及引号时，如果引号里有句号，注释标在引号后。如果引号里无句号，注释标在引号和句号之后。

（3）超过100字引文的处理。正文中出现100字以上的引文，不必加注引号，直接将引文部分左右缩排两格，并使用楷体字予以区分。100字以下引文，加注引号，不予缩排。

（4）重复引用文献、资料的处理。重复引用的，需标注全部注释信息，不采用同前注、同上注等简略方式。

（5）作者（包括编者、译者、机构作者等）为三人以上，第一次出现时，最好都列明，如果有主编，撰写者可以省略。第二次出现可仅列出第一人，使用"等"予以省略。

（6）引证二手文献、资料，需注明该原始文献资料的作者、标题，在其后注明"转引自"该援引的文献、资料等。

（7）引证信札、访谈、演讲、电影、电视、广播、录音等文献、资料等，在其后注明资料形成时间、地点或出品时间、出品机构等能显示其独立存在的特征。

2. 具体注释范例

中文作品

（1）专著

作者:《书名》(卷或册或版次),页码,出版社,出版年。

例如:

李琛:《论知识产权法的体系化》,110 页,北京大学出版社,2005。

储怀植:《美国刑法》(第 3 版),90 - 97 页,北京大学出版社,2005。

葛克昌、陈清秀:《税务代理与纳税人权利保护》,第 30、35 页,北京大学出版社,2005。

(2) 编辑作品或编辑作品中的文章

作者及署名方式:《书名》(卷或册或版次),页码,出版社,出版年。

作者:《文章名》,载编辑作品主编人:《编辑作品名称》,页码,出版年,出版社。

例如:

刘剑文主编:《出口退税法律问题研究》,21 页,北京大学出版社,2004。

张建伟:《法与经济学:寻求金融法变革的理论基础》,载吴志攀、白建军主编:《金融法路径》,31 页,北京大学出版社,2004。

(3) 译著

[国别] 作者著,译者译:《书名或文章名》,页码,出版社,出版年。

例如:

[美] 兰德斯、波斯纳著,金海军译:《知识产权法的经济结构》,460 页,北京大学出版社,2005。

(4) 学位论文

作者:《论文名称》,页数,学校系所年份。

例如:

李英:《一般反避税条款之法律分析》,19 页,北京大学法学院 2004 年硕士论文。

(5) 期刊、报纸类作品

作者:《文章名》,载《书名或杂志名》,年代和期数。

例如:

刘剑文:《论避税的概念》,载《涉外税务》,1999 (2)。

刘军宁:《克林顿政府经济政策》,载《人民日报》,1993 - 03 - 23 (6)。

(6) 研讨会论文

作者:《篇名》,主办单位,"研讨会名称",时间。

例如:

王文宇:《台湾公司法之现况与前瞻》,韩忠谟教授法学基金会,"两岸公司法制学术研讨会",2003 年 7 月。

(7) 法院判决、公告等

《名称》，（年份）编号名称（说明：具体名称是否添加根据文中情况判断。）

例如：

（2001）海知初字第104号民事判决书。

《国家税务总局关于出口货物退（免）税若干问题的通知》，国税发〔2003〕139号。

（8）网络资讯

原则上，如果同样内容有纸质文献，请选用纸质参考，以方便保存查阅。

文献内容（格式同上），资料来源：网址，访问时间。

例如：

王波：《台湾中正大学黄俊杰教授访谈》，资料来源：http：//www.cftl.cn/show.asp？c _ id = 478&a _ id = 1381，2005年4月17日访问。

外文作品

（1）基本说明

1）重复引用文献的，在再次引用时需标注出全部注释信息，不采用Id.等简略形式。

2）文章标题大小写

除冠词与介系词之外，书名和文章名称的第一个字母都要大写。例如：A Theory of Justice.

3）缩写加上句点

例如：

e.g.；等等：et al.；主编：ed.；第×页：p. *；第×－×页：pp. * － *。

4）顺序和中文著作基本相同。多个作者之间不用顿号，而用“&”或者逗号。作者与书名之间用逗号；书名和杂志名用斜体，作者名、文章名用正体；文章名、书名无需书名号。

5）字体用Times News Roman

6）组织机构、法案名称等，第一次使用全称，后用括号注明英文全称和简称，之后可使用简称。

例如：国际货币基金组织（International Monetary Fund，IMF）

（2）著作

例如：

William E Scheurman（ed.），The Rule of Law under Siege，Berkeley：University of California Press，1996，p. 144. Bellow & Kettleson，The Politics of Society in Legal Society Work，36 NLADA Briefcase 5（1979），pp. 11 –16.

（3）期刊文章

例如：

Robert J. Steinfeld，Property and Suffrage in the Early American Republic，41 Stanford Law Review 335（1989），p. 339.

关于《金融法苑》的订阅

感谢广大读者对《金融法苑》的喜爱和支持。北京大学金融法研究中心限于人手，无法一一为读者们办理纸质版杂志的订阅服务。为此，中心特委托《金融法苑》的出版商中国金融出版社代为办理，由其读者服务部具体承办《金融法苑》的订阅服务。

中国金融出版社读者服务部电话：（010）66070833　62568380

（在每本《金融法苑》的封二都可以查看到读者服务部的信息）

如您不想采用订阅的方式，也可通过当当网、亚马逊、京东或新华书店等网站购买到纸质版的《金融法苑》。

北京大学金融法研究中心